BIBLIOTECA DE DERECHO PENAL Y PROCESAL PENAL

CARLOS PÉREZ DEL VALLE
(Director)

Carlos Antonio Agurto Gonzáles
Sonia Lidia Quequejana Mamani
Benigno Choque Cuenca
(Coordinadores Generales)

Elsa Norma Delgado Rueda

EL DELITO DE TRATA DE PERSONAS
ESCLAVITUD DEL SIGLO XXI

Ediciones Olejnik

El delito de trata de personas. Esclavitud del siglo XXI

© Ediciones Olejnik
Huérfanos 611, Santiago-Chile
E-mail: contacto@edicionesolejnik.com
Web site: http://www.edicionesolejnik.com

Primera edición en Ediciones Olejnik: 2022

ISBN: 978-956-407-156-5

Diseño de Carátula: Ena Zuñiga
Diagramación: Janett Ruiz Rebaza

Impreso en Argentina 2022 Printed in Argentina

DEDICATORIA

A Dios, primeramente, por permitirme escribir y poder ser una luz en el camino;

A San Miguel Arcángel, que siempre ha sido mi guía y protección;

A mis padres, que con su amor, cariño, esfuerzo y abnegación sembraron en mí, el amor por el estudio, la responsabilidad y la perfección en lo que se eligiera ser;

A mis hijos que siempre han estado prestos para dar su apoyo.

ÍNDICE

CAPÍTULO III
LA TRATA DE PERSONAS EN COLOMBIA REFERENTES HISTÓRICOS Y NORMATIVOS NACIONALES E INTERNACIONALES, MARCO CONVENCIONAL, CONSTITUCIONAL, LEGAL Y POLÍTICO

CAPÍTULO IV
TIPO PENAL

CAPÍTULO V
ANÁLISIS DEL TIPO PENAL DESDE LA PERSPECTIVA DE LA TEORÍA DEL DELITO

CAPÍTULO VI
LINEA JURISPRUDENCIAL

CAPÍTULO VII
TIPOLOGÍA DE LA TRATA DE SERES HUMANOS EN ESPAÑA Y REFERENTES LEGALES SOBRE EL DELITO DE TRATA DE PERSONAS EN ALGUNOS PAÍSES LATINOAMERICANOS

CAPÍTULO VIII
CUMPLIMIENTO POR PARTE DEL ESTADO COLOMBIANO DE LOS ESTÁNDARES INTERNACIONALES RESPECTO A LA ESCLAVITUD CONTEMPORÁNEA

CAPÍTULO IX
ANÁLISIS JURISPRUDENCIAL

CAPÍTULO X
CONSIDERACIONES FINALES SOBRE EL CUMPLIMIENTO DEL ESTADO COLOMBIANO, FRENTE A LOS ESTÁNDARES INTERNACIONALES

CAPÍTULO XI
CONCLUSIONES Y PROSPECTIVA

SIGLAS

Art.	Artículo
Arts.	Artículos
C.P.C	Constitución Política de Colombia
C.P.	Código Penal
C.P.P.	Código de Procedimiento Penal
C.S.J.	Corte Suprema de Justicia
C, Const.	Corte Constitucional
DRAE	Diccionario de la Real Academia Española.
DUDH	Declaración Universal de los Derechos Humanos.
PIDCP	Internacional de Derechos Civiles y Políticos
CIDH	Comisión Interamericana de Derechos Humanos
Cor.IDH	Corte Interamericana de Derechos Humanos
M.P.	Magistrado Ponente.
ONU	Organización de Naciones Unidas
UE	Unión Europea
PPPRS	Protocolo de Palermo para Prevenir, Reprimir y Sancionar la Trata de Personas especialmente Mujeres y Niños

PRÓLOGO

La autora, Elsa Norma Delgado Rueda, nos regala una magnifica obra sobre un tema profundo y actual que nos interpela de manera cotidiana ya que mirando hacia atrás se hizo bastante, advirtiendo la realidad nos compele a seguir y redoblar esfuerzos, y por ello con la vista al futuro podemos caminar como quien persigue las utopías, es posible - necesario y conveniente- que sigamos tratando de erradicar la "trata de personas "que es - como bien dice la autora - la esclavitud del siglo XXI.

Siempre se busca que el prólogo sea la motivación e invitación más linda para la lectura de una obra, el estudio de la querida Elsa Norma nos deleita por la amplitud con que aborda una problemática compleja, antigua, dolorosa y lo hace con precisión y claridad conceptual, advirtiendo en sus raíces esta cuestión que nos convoca.

Es un honor inmerecido que me haya convocado para que presente su obra. Esta se presenta sola, por su densidad tan condensada que la transformará en una clásica de obligada lectura cuando algún tema de trata de personas nos convoque.

Elsa Norma para su estudio parte de ubicar este problema en un contexto internacional y después de hacerlo analiza la cuestión en su patria - Colombia- con valentía y decisión en esta problemática.

Sabe que con esta prédica impregnada de coraje se alzará con nítida voz para transformarse en abanderada de un sector al que la fuerza bruta de la incivilización y egoísmo le aplica todo el peso del egoísmo y la maldad que solo pueden tener los hombres como el mal más grande de la especie humana.

Celebro este coraje cívico porque parto del mismo lugar que Elsa Norma Delgado Rueda, después de que en el siglo XIX se haya conquistado los derechos más elementales al grito de libertad, igualdad y fraternidad, solo lo primero logramos en aquella época; más tarde la igualdad se abrió paso mediante las luchas de los obreros y la lucidez de intelectuales románticos, científicos después y motivo - revoluciones Rusa y Mexicana mediante- que se empezara a concebir la igualdad a través del constitucionalismo social; debió pasar casi medio siglo, una guerra mundial y el holocausto, para que después tuviéramos derechos de solidaridad y fraternidad y así dimos respuesta a los más débiles y protegimos el espacio común. Pero la querida amiga va por más, y señala el camino la 4ª generación de derechos humanos tiene rostro de mujer.

La lucha de la mujer en la última mitad del siglo pasado y en la actualidad, al decir de Ferrajoli[1]- de la mano del feminismo- fue la fuerza que abrió caminos y marco el sendero del cambio que hoy alumbra. Desde la Convención de la eliminación de todas las formas de discriminación contra la mujer- instrumento valioso declamado y poco acatado por todos - a la Convención de Belen Do Para - en 1994, fue la mujer la que logro que la pluralidad, los derechos de género, ver la vida con diversidad que nos enriquezca y no divida.

Pero la ley - más allá de la formalidad de esta- todavía aparece como un atisbo de una vieja cultura colonial - la ley se acata, pero no se cumple; sumado a una cultura autoritaria y machista y nos interpela, convoca y compromete.

El aporte sustancial de la autora es ubicarnos en este contexto. Señalar que en pleno siglo XXI donde algunos creemos que estamos ante una 4ª generación de derechos sobre la base de la democracia constitucional y convencional que no solo es sistema político sino forma de vida, pero también una metagarantía que es capaz de satisfacer otros derechos que solo con la democracia se puede lograr. La declaración de la ONU "nuevo siglo, nuevos derechos" del 2000, como nuestra Carta democrática Interamericana del 2001, son testimonios de ello.

Estas conquistas tienen perfume de mujer. Lo describe la autora y luego pone el ancla en Colombia, que como a todo país de América latina, pero me atrevo a decir del mundo mucho nos queda por hacer para terminar con este flagelo de tomar a una persona humana como una cosa, y peor aún, usar la fuerza y el poder para conquistar ese deleznable propósito, el comercio humano, que como bien dice, es institución de la Esclavitud del siglo XXI.

Pone foco en lo que bien lo describe, antes fue un espacio marginal - y por ello ocultado- para tener otra relevancia por la organización criminal que se mueve detrás de ella,

1 Ferrajoli, Luigi "Escritos sobre derecho penal. Nacimiento, evolución y estado actual del garantismo penal. Nicolas Guzman coordinador. Ed Hammurabi Bs As. 2018.

Desde la sociología jurídica y con estadística precisa nos muestra la evolución de la lucha contra la esclavitud en Colombia, y de la trata de personas en particular, y pasa revista a los instrumentos jurídicos que contamos para afrontar el desafío de terminar con el mentado flagelo.

Con fundamento señala el marco cultural, socioeconómico del desgraciado fenómeno y con lucidez nos obsequia casos paradigmáticos para observar el problema. Algunos casos - reveladores del problema- que relata dan muestras de un estudio profundo sobre el tema, más cuando ubica el mismo en la rica jurisprudencia que nos dejan los distintos tribunales que abordaron el tema.

El espinoso tema es estudiado como lo Protocolo de Palermo[2] para prevenir, reprimir y sancionar la trata de personas, especialmente mujeres, teniendo en cuenta que "por trata de personas se entenderá la captación, el transporte, el traslado, la acogida o la recepción de personas, recurriendo a la amenaza o al uso de la fuerza u otras formas de coacción, al rapto, al fraude, al engaño, al abuso de poder o de una situación de vulnerabilidad o a la concesión o recepción de pagos o beneficios para obtener el consentimiento de una persona que tenga autoridad sobre otra, con fines de explotación. Esa explotación incluirá, como mínimo, la explotación de la prostitución ajena u otras formas de explotación sexual, los trabajos o servicios forzados, la esclavitud o las prácticas análogas a la esclavitud, la servidumbre o la extracción de órganos" que es la definición común tomada como consigna mundial de la lucha contra esta práctica criminal.

Claramente pone el foco en que la red - u organización criminal transnacional- se mueve detrás de este crimen contra la humanidad ya que es el rentable negocio de la carne humana que degrada y cosifica a la mujer.

Después de recorrer la ruta internacional se detiene en Colombia y allí apunta al ordenamiento jurídico describiendo como este debe proteger al ser humano y como aborda el problema de la trata de personas, como lo dice es el abuso más radical que puede llegar a realizarse contra un ser humano.

Las citas y comentarios sobre los fallos de la Corte Interamericana de Derechos Humanos son muestra clara de la jerarquía e importancia del tema y como lo vincula a Colombia es una muestra de destreza jurídica que no

---

2 Protocolo para prevenir, reprimir y sancionar la trata de personas, especialmente mujeres y niños, que complementa la Convención de las Naciones Unidas contra la Delincuencia Organizada Transnacional. ONU Palermo Italia 2000, entro en vigencia en el 2003.

solo es erudición sino el aporte académico que solo los maestros son capaces de lograr.

De ello, da muestra el análisis desde la dogmática penal cuando - teoría del delito mediante- y con los más avanzados estudios en la disciplina nos regala el análisis del tipo penal en las diversas modalidades de comisión del injusto típico que reseña la ley penal Nro 599 de la querida Colombia.

También desde la perspectiva constitucional analiza y justifica la norma punitiva en franca compatibilidad con el bloque de constitucionalidad cuando aborda la reforma de la ley 747 de 2002, como el aumento de la entidad punitiva de los referidos delitos con la ley 890 y 985.

Entonces la "acción tipifica, antijurídica y culpable adecuado a una figura penal previamente establecida por ley" como decimos del delito se aborda con rigor sistémico partiendo del sujeto activo realizador del injusto, como del sujeto pasivo quien sufre la inclemencia de la comisión del mismo en las diversas modalidades que describe como el núcleo del tipo analizado: captar, trasladar, acoger, recibir, etc para después abocarse al análisis del objeto y donde vuelve a insistir en la dignidad humana como el desvelo de su estudio.

El elemento de la subjetividad - como dolo especifico - del accionar reprochable sumado a la antijuridicidad completan el acertado análisis con apoyo de la mejor doctrina.

El análisis jurisprudencial de la prestigiosa corte constitucional colombiana a través de la protección que brinda la acción de tutela y como ubica al delito como lesivo a los derechos humanos es paradigmático. Similar contracción demuestra al analizar las sentencias de la Corte Suprema que avala con la estadística.

La conclusión del estudio del tema en Iberoamérica son demostrativos que estamos transitando un cambio de época, que las normas van abriendo el camino que la cultura autoritaria y machista aun constituye el obstáculo más firme para terminar con el flagelo.

Este libro será, sin dudas una referencia obligada, materia del estudio preciso y la orientación adecuada cuando se trate del horroroso crimen de la esclavitud del siglo XXI que todavía es la trata de personas.

La Autora, a los enamorados del derecho nos contagia su entusiasmo pues podemos decir con Sabina " que diccionario detenga las balas, que gane el quiero la guerra del puedo..." para que las mujeres tengan solo noches de boda para gozar y no esta lacerante realidad.

Con esta contribución la querida Elsa Norma Delgado Rueda nos demuestra que "quien no vive para servir, no sirve para vivir" pues su coraje solo se equipara a su erudición y estudio en un tema que, al decir del manifiesto liminar de la reforma universitaria de 1918, los "dolores que nos quedan son las libertades que nos faltan".

RAFAEL ARMANDO AQUINO BRITOS[3]

3 Profesor de la Universidad del Nordeste de Argentina.

INTRODUCCIÓN

El presente trabajo, sobre el delito de Trata de Personas, fenómeno éste enmarcado por la doctrina, dentro del contexto socio- jurídico de la Esclavitud del siglo XXI o Esclavitud Contemporánea, pretendo realizar un análisis dogmático del tipo penal y sus correspondientes desarrollos jurisprudenciales, desde la perspectiva de la Teoría del Delito, haciendo especial énfasis en lo reglado por el artículo 188 A del Código Penal, adicionado por la Ley 747 del 2002, sin dejar de lado algunas referencias históricas, sociológicas y culturales, que sirven para contextualizar y relacionar los fenómenos fácticos presentados en las distintas épocas con la reglamentación que ha existido. Sin descuidar, hacer referencias a las legislaciones latinoamericanas que han sido expedidas, para hacerle frente a esta conducta, que por lo general se requiere de cooperación internacional, debido a que quienes la perpetran son organizaciones transnacionales del Crimen Organizado.

Se trata de hacer un estudio desde el punto de vista dogmático -jurisprudencial de las normas que en la actualidad regulan el tema en el ordenamiento jurídico-penal colombiano, reiterando la necesidad de destacar los distintos aspectos que hacen de este delito, un delito pluriofensivo, con grave detrimento para la sociedad más marginada y permeada por la miseria, la violencia y bajos niveles educativos..

Se analiza esta conducta punible desde el punto de vista de las categorías del delito: tipicidad, antijuridicidad y culpabilidad; mirando la estructura del tipo penal: sujeto activo, sujeto pasivo, bien jurídico, objeto material, ingredientes normativos y la conducta en sus diferentes ma manifestaciones que consagra el artículo 188 A del Código Penal Sustantivo.

Conforme a lo anterior, se revisó la legislación existente, dando una mirada en retrospectiva hacia años anteriores; así como los pronunciamientos por parte de la Corte Constitucional y de la Sala Penal de la Corte Suprema de Justicia, con la advertencia desde ya, que son escasos los pronunciamientos de las Altas Cortes por diversos motivos; dentro de ellos, se encuentra la confusión que se presenta desde su Génesis de la Investigación, en la Fiscalía, al efectuarse imputación por delitos diferentes como el constreñimiento ilegal, el tráfico ilegal de personas, el secuestro, entre otros, por una defectuosa adecuación típica de la conducta debido al desconocimiento de la estructura dogmática de este tipo penal, tal vez, por la escasa literatura jurídica que existe sobre el tema. Realmente los estudios que existen en la actualidad sobre el flagelo de la Trata de Personas abarcan más conceptos históricos, sociológicos, criminológicos, o de otra índole, que propiamente los relacionados con la Teoría del Delito. Por ello, este estudio, tiene como finalidad, llevar una luz a quienes de una u otra forma, tienen que tener contacto con esta clase de conductas, y encuentren que existe una diferencia sustancial con otras conductas punibles, con las que suele confundirse, y entones, encaminar la investigación desde el comienzo, en la dirección correcta, Pues no es lo mismo, que para una conducta de trata, se haga imputación por secuestro o constreñimiento ilegal, en lugar, de realizarla por el delito, que realmente se adecua, a la descripción que de tal conducta ha hecho el legislador, esto sin interesar, que el otro delito, tenga una pena mayor, como es el caso del secuestro extorsivo, ello, por cuanto trae implicaciones de Política Criminal. Pues, siendo el delito de Trata de Personas, un delito, verdaderamente atroz, se le puede restar importancia, debido a que, al desdibujarse de manera equívoca, y confundirse con otras conductas, las estadísticas de su comisión disminuyen, lo que implica, una pérdida de interés en las Políticas de Estado, para hacerle frente. Se destaca, en este trabajo, la flagrante violación a la dignidad humana, de las víctimas de trata, por parte de los victimarios o tratantes.

Era imprescindible, que en la obra se tratara el Derecho Internacional de los Derechos Humanos, dando una mirada a Los Tratados, Convenios y Protocolos a que han abordado el tema; destacando lo señalado, por la Corte Interamericana de Derechos Humanos, en sus diferentes pronunciamientos, bien preliminares o de fondo, o en opiniones consultivas, donde se ha mirado el tema, desde diferentes perspectivas, según haya sido el asunto sometido para dirimir. Se ha establecido que los Estados están en la obligación de cumplir Estándares Internacionales que permitan hacerle frente a este crimen que es violatorio de la dignidad del ser humano. Para ello, han dicho que la debida diligencia; la obligación de prevenir, investigar, juzgar y sancionar a los responsables de esta clase de delitos; así como el deber de atender a las víctimas, repararlas y garantizarles la no repetición, son estándares internacionales que los Estados deben cumplir.

La esclavitud es una práctica social que ha evolución ado conceptualmente en la historia de la humanidad y ha dependido de sus distintos contextos sociales. Desde su abolición han surgido nuevas formas de esclavitud del siglo XXI, provocando una reacción del derecho internacional y en consecuencia del Estado colombiano.

Se consideró importante hacer un recorrido histórico para darle una mirada a la institución de la esclavitud, desde su aceptación legal hasta el siglo XVIII cuando empezó el abolicionismo; desde entonces entro su práctica al área de la ilegalidad. Se creyó entonces que el fenómeno de la esclavitud había desaparecido y esta práctica cruel e inhumana era parte de la historia.

Se hizo un recorrido por los instrumentos internacionales que sirven de fundamento para la protección de los Derechos Humanos, y dentro de ellos, la normatividad que le hace frente al fenómeno con la finalidad de exigirle a los gobiernos implementar estrategias que prevengan, investiguen, juzguen y sancionen a quienes cometan esta clase de delitos, y a su vez se garantice a las víctimas el derecho a la reparación y a la garantía de no repetición.

Se realzó, también un análisis de las respuestas que normativamente ha dado el Estado colombiano, sin haberse podido dejar de lado obviamente tanto el estudio de la jurisprudencia internacional como de la nacional.

La obra cuenta con datos reales, para el momento en que fue escrita, entregados por las autoridades encargadas de suministrarlas, se efectuó la inmersión en el tema, no solo en la normatividad, sino en la realidad viviente; identificando las fuentes con la búsqueda y selección de información, recopilando después todo el material elegido. Se efectúo un interesante trabajo de campo donde se logró entrevistar a varios funcionarios involucrados en el tema de trata de personas, de quienes recibimos importantes e interesantes aportes, que nos llevaron a sacar conclusiones no meramente teóricas sino reflexiones ceñidas a un mundo en concreto,

Se logró obtener de fuentes oficiales datos estadísticos, documentación oficial importante al momento de sentar los resultados de la investigación.

CAPÍTULO I
CONTEXTUALIZACIÓN

1.1 CONTEXTUALIZACIÓN DEL CONCEPTO DE TRATA DE PERSONAS

Previo a entrar de lleno al estudio desde el punto de vista de la teoría del delito, considero necesario, darle un vistazo al flagelo de la Trata de Personas, desde perspectivas diferentes a la tipificación en el Código Penal Colombiano, para que una vez lleguemos allí, tengamos un concepto más claro de lo que en realidad implica este fenómeno a nivel global.

La Trata de personas, desde un punto de vista sistémico, podemos ubicarla a nivel Político-Social Cultural y Jurídico Internacional dentro del fenómeno de la muy desconocida institución de la Esclavitud del siglo XXI.

Desconocida por muchos, por cuanto llegó a pensarse, erróneamente, que la esclavitud, ya era historia y asunto del pasado. Que solamente podíamos encontrar referencias sobre la misma en los libros, que trataron en su época la esclavitud de seres humanos (negros), para ser utilizados como animales en las diferentes labores especialmente domésticas, agrícolas y mineras.

Esa falsa apreciación hizo que, por décadas los Estados y la sociedad abandonaran la idea de esclavitud; y entonces, se permitiera el avance desproporcionado del "mercado humano" para ser utilizado y disfrazado con apariencia de situaciones legales, que con un camuflaje de camaleón, cruzaban las finas fibras entre la libertad y la apariencia de gozar de ésta, pasando entonces el fenómeno desapercibido frente a las autoridades, sin que se percataran que existía una esclavitud expresada bajo distintas modalidades como el matrimonio servil, la prostitución u otras formas de explotación sexual, la servidumbre, la mendicidad , la extracción de órganos, el turismo sexual, el reclutamiento, especialmente de menores, por los Grupos Armados Ilegales, y otras formas análogas, que en muchas oportunidades fueron aceptadas por la sociedad y el mismo Estado, quitando de esta manera la prioridad a la protección de Derechos Fundamentales; visualizándolos únicamente como un problema social de menor categoría. Sin observar, que realmente detrás de estas expresiones sociales de marginalidad se escondían grandes redes criminales que con su conducta atroz e inhumana estaban siendo más crueles que con la esclavitud de épocas pasadas.

Si bien, este desarrollo dogmático, como su título lo indica, trata especialmente sobre el Delito de Trata de Personas, en Colombia, dando un desarrollo al tema dentro de las específicas condiciones de La Teoría del Delito; ello no obsta, para contextualizar el tema a nivel nacional e internacional en su concepto; así, como para efectuar algunas referencias al aspecto sociocultural de una situación que frente al delito se ha internacionalizado con bandas criminales de gran poder económico, y con utilización de sistemas estructurales delincuenciales, que no son de fácil detección por parte de las autoridades.

Es tan importante esta contextualización del concepto, para destacar que no obstante, su definición abstracta, tiene su origen desde el siglo XIX; pero, no hace realmente mucho tiempo, que las autoridades Estatales, a nivel mundial están detectando el problema socio jurídico, encontrando graves dificultades para prevenir, investigar, juzgar y sancionar dicha conducta punible. Esto, por la razón antedicha, que se pensó que la esclavitud era una reminiscencia que no merecía prestar la atención debida; con la grave consecuencia, que el tema creció a pasos agigantados, y, cuando las autoridades quisieran afrontarlo, se han encontrado con enormes dilemas, ya que, las redes criminales tienen una estructura y organigrama de tal formación, que no es fácil desmantelarlas. En tal virtud, se presenta también una dificultad en el aspecto probatorio, no solamente, por la estructura criminal organizada; sino, por cuanto en la mayoría de los casos las víctimas tienen serios inconvenientes tanto personales como sociales para afrontar la situación degradante a que han sido sometidas. En otras circunstancias, no llegan a tener la oportunidad siquiera de contar su historia dramática, sino que mueren estando en cautiverio ilegal, ante cualquier intento de liberación, por ejemplo, o por cualquier otra circunstancia. Así, que el tema no es de menor envergadura como se cree.

Este flagelo, que en un comienzo afectaba a personas de estratos sociales marginados, aprovechándose las bandas criminales de su nivel socioeconómico y cultural; hoy, ya está tocando niveles un poco más altos, lo que agrava el problema. Lo anterior, por cuanto se amplía, el círculo de posibles "presas" para la delincuencia; y, al ampliarse, se aumentarán los casos en el mundo entero, sin que las autoridades siquiera se den por enteradas.

Este delito, es considerado en la actualidad, como una conducta delictiva, que genera unos ingresos ilícitos, que se puede afirmar están superando a los percibidos por tráfico de armas e igualando al tráfico de estupefacientes; con el agravante, que en muchas ocasiones son las mismas redes criminales las que ejecutan el concurso de estas conductas; es decir, tienen como actividad ilegal las tres, recayendo entonces, en las mismas personas, el sujeto activo de estas tres conductas ilícitas, todas deplorables por la grave afectación que hacen al ser humano, a la sociedad y al Estado en general, siendo la dignidad humana, el Derecho Humano, más quebrantado con esta acción delictiva.

Esta esclavitud del siglo XXI es una verdadera afrenta a la dignidad de la persona. Nada más cruel e inhumano que privar de manera ilegal, a una persona de su libertad, para obligarlo, demás, a ejercer una actividad o realizar actos en contra de su moral, su consentimiento, sus valores, su ideología, su religión, etc., donde ya no son dueños de su vida, sus decisiones, sus pensamientos, sus emociones ni sus pasiones, es una verdadera afrenta contra la dignidad humana. Viven como los demás decidan, reciben lo que el Dominador decida, comen, beben y actúan como el Tratante quiera, y la mayor crueldad, deben ejecutar acciones, muchas veces ilegales, o al menos ignominiosas, generando ganancias económicas, para el Dominador o Tratante y su Red Criminal, sin tener derecho a reclamo, so pena, de poner en riesgo su propia vida. Así, que es una violación flagrante al Principio de dignidad humana, entendido como aquél valor intrínseco que tiene y debe gozar toda persona por el solo hecho de serlo, sin interesar ni la clase social, ni el color de la piel, ni la raz*a, ni el sexo, ni sus creencias, nada. Basta el hecho de ser persona.*

Además de lo anterior, ha dicho la Corte Constitucional de Colombia, sobre el principio de Dignidad Humana, en sentencia T. 881 de 2002: "... *Dignidad Humana, como entidad normativa, puede presentarse de dos maneras: a partir de su objeto concreto de protección y a partir de su funcionalidad normativa. Al tener como punto de vista el objeto de protección del enunciado normativo "Dignidad Humana" la sala ha identificado a lo largo de la jurisprudencia de la Corte lineamientos claros y diferenciales: (i) la dignidad humana entendida como autonomía o como posibilidad de diseñar un plan vital y de determinarse según sus características (vivir como quiera), (ii) la dignidad humana, entendida como ciertas condiciones materiales de existencia (vivir bien), (iii) la dignidad humana entendida como intangibilidad de los bienes no patrimoniales, integridad física e integridad moral (vivir sin humillaciones), de otro lado, tener como punto de vista la funcionalidad del enunciado normativo "dignidad humana" la sala ha identificado tres lineamientos: (i) la dignidad humana entendida como principio fundante del ordenamiento jurídico y por tanto del Estado, y en este sentido la dignidad, como valor. (ii) la dignidad humana entendida como principio constitucional, y (iii) la dignidad humana entendida como derecho fundamental autónomo"*[4]. De conformidad con la anterior postura de la Corte Constitucional, podemos afirmar sin lugar a equívocos, entonces, que en la Trata de Personas se viola la dignidad humana, tanto desde el punto de vista normativo, como desde los tres lineamientos trazados por la Alta Corporación.

Como lo venía señalando, la esclavitud se "transmutó" de manera sigilosa, sin que los Estados ni la sociedad se percataran de ello, por la errada creencia, que era un fenómeno Jurídico- Social que había desaparecido. Pues, en 1.814 con el Tratado de París, y 1.815 con el Tratado de Viena, al culminar la guerra entre Francia y los Países de la sexta Coalición[5] se dio la abolición de la esclavitud en términos internacionales, ejemplo que fue seguido por Colombia para su posterior pronunciamiento legal sobre la abolición como lo veremos en su oportunidad.

Contextualizar el fenómeno de la Trata de Personas, no es tema del todo fácil; debido, a que, se ha denominado de distintas formas. Por ejemplo, en un comienzo para diferenciarlo del "Comercio de Negros" o la primogénita esclavitud se le denominó como "Trata de Blancas"; y, estaba más relacionado con el comercio sexual. Fue tal la influencia, que aún, en muchos sectores inclusive, en el campo jurídico, aun se le conoce como Trata de Blancas.

> Realizar un recuento de la Trata de Personas, como fenómeno, no es una situación que resulta fácil, no solo por lo anotado, en párrafo anterior; sino, porque "... ha sido estudiado y/o analizado, desde diferentes campos como los Derechos Humanos, el derecho por el lenguaje que se ha utilizado a nivel internacional para referirse a las conductas que hoy se identifican como Trata de Personas. Con frecuencia, se confunden conceptos como "trata" "TRÁFICO", "explotación" y " esclavitud" , al considerarlos como sinónimos, cuando en sentido estricto no lo son. Situación que dificulta la lectura de los instrumentos Internacionales que han incorporado disposiciones sobre la materia. Adicionalmente, hay que tener en cuenta que el fenómeno de la Trata de Personas ha Penal y derecho Internacional Humanitario. "[6]

4 Corte Constitucional, C 881 2002 M.P Dr, Eduardo Montealegre Lynett.

5 Sexta coalición confirma por Reino Unido; Rusia, España, Austria, Suecia, Portugal y Prusia.

6 Revista Criminalidad, Vol 50, N° 1 Bogotá, junio 2008, Autora del artículo: María Isabel Henao.

Es cierto, lo señalado en el anterior artículo, por su autor, con la salvedad, que tal vez, para la época de su emisión no era común catalogar la Trata de personas como Esclavitud; mientras que, hoy en día, la Trata de Personas, es considerada por la comunidad académica nacional e internacional, como una forma de Esclavitud en el siglo XXI.

Por lo demás, con total acierto el artículo establece la confusión de terminología jurídica, es muy común encontrar inclusive en especialistas del derecho penal, bien sean fiscales, jueces o abogados al momento de tipificar la conducta de Trata de Personas, en muchos casos la encuadran dentro del tipo penal de tráfico de personas; esto hace, que el delito de Trata de Personas tenga un bajo índice de investigaciones.

Se considera que la norma colombiana está bien escrita; no obstante, se evidencia un enorme desconocimiento jurídico. Luego de las entrevistas realizadas durante la investigación a los funcionarios públicos y a otras personas, y de revisar la jurisprudencia actual, se pudo comprobar que existe una amplia inexperiencia en el aparato judicial con respecto al tipo penal de la Trata de Personas.

Este hecho ha llevado a que cometan diferentes errores. Por un lado, la fiscalía, ante un caso manifiesto de trata, lo que hace es imputarle al acusado un delito diferente, mientras que el juez se niega a condenar a un acusado por trata, debido a su conocimiento deficiente o inexistente de las conductas que constituyen este tipo penal.

> Este panorama va en detrimento directo de las víctimas, ya que el delito de trata es pluriofensivo, esto es, que además de vulnerar la autonomía de la persona afecta sus bienes jurídicos, como lo son su integridad física y, en casos extremos, su vida.
>
> Infortunadamente, la jurisprudencia existente en Colombia ignora a estos hechos, debido a lo cual los casos de Trata de Personas son confundidos con secuestro, por lo que el Tratante queda libre con sólo demostrar que la víctima consintió o aceptó ser trasladada al lugar donde posteriormente fue esclavizada. Este hecho demuestra que la Trata de Personas si suele confundirse con otra serie de delitos.[7]

---

7 Fascículo interactivo, tomo 6, Universidad Ciencia y Desarrollo, Problemas y Logros en la lucha contra la Trata de Personas en Colombia, Universidad del Rosario, Facultad de Jurisprudencia.

Dentro de la contextualización del delito de Trata de Personas, debemos hacer referencias internacionales de manera general en este capítulo, ya que su desarrollo pormenorizado lo encontráremos en capítulo posterior.

Como lo habíamos advertido desde los años 1.814 y 1.815, se hacía alusión a la Trata de Personas, no precisamente, como se presenta hoy en día el concepto que ha tomado más vigencia, que antes, sino haciendo referencia a su abolición.

Posteriormente, y de manera paulatina fueron surgiendo otros instrumentos internacionales, en un comienzo haciendo relación a "Trata de Blancas", esclavos, protección de niñas, niños y adolescentes, entre otras. Además, el tema es mencionado en diferentes Tratados y Convenios, que hacen referencia a temas diferentes; pero en todo caso siempre referidos a la protección de los derechos humanos.

Lo sintetiza así la revista Criminalidad[8] :*"convenio contra la esclavitud 1.926 (artículo 1°); convenio 29 contra el trabajo forzado, de 1.930 (artículo 2); Declaración de Derechos Humanos (artículo 4°); Pacto Internacional de Derechos Civiles y Políticos (artículo 8°); Convenio Americano de Derechos Humanos (artículo 6°); Convenio Internacional para la Represión de la Trata de Personas; Convenio Internacional para la supresión del tráfico de mujeres y niños; Convenio Internacional para la Represión de la Trata de Personas y Explotación de la Prostitución ajena, de 1.949; Convención Suplementaria sobre la Abolición de la Esclavitud, la Trata de esclavos y las instituciones y practicas análogas a la Esclavitud, de 1.949, (artículo 1°), Convención de los Derechos del Niño, de 1.989 (artículo 35); Convención sobre la Eliminación de todas las formas de discriminación contra la mujer, de 1.979, (artículo 6°) y convención Interamericana sobre el Tráfico de menores"*

Como podemos observar, la mayoría de Convenios y Tratados hacen referencia a la Protección de mujeres y niños; pues era lo que se había dado al descubierto en el comienzo del fenómeno. Hoy sabemos, que dicho flagelo afecta tanto a hombres como a mujeres, niños (a) o adultos y en un alto índice a la Comunidad LGBT. Las organizaciones criminales, desde hace ya muchos años pusieron sus ojos en todas las personas de manera indiscriminada, para desarrollar su actividad ilícita. Ven un "negocio" rentable el utilizar toda clase de personas; con el infortunio que encuentran "mercado" para las diferentes clases, especialmente en la sexual; sin querer decir que no sean utilizadas en todas las diferentes expresiones o modalidades de Trata de Personas.

---

8 Ob. Cit. Pag 2

1.2 CARACTERIZACIÓN DEL FENÓMENO CRIMINAL DE LA ESCLAVITUD

En este acápite, se hará referencia de manera somera a los antecedentes y a la dinámica conceptual de la esclavitud, con el fin de identificar en los distintos contextos y de manera cronológica sus diversas manifestaciones y evolución histórica; atendiendo a una descripción del fenómeno hasta encontrar la tipificación penal de la conducta, y la forma como surgieron nuevas manifestaciones de esclavitud que son aún más horrendas que las primitivas.

A. La esclavitud en la historia y sus continuos cambios

En un análisis histórico, conceptual y jurídico de la esclavitud, se determinarán sus definiciones, aceptación cultural y distinciones normativas hasta el momento de su abolición. Es pertinente definir qué es la esclavitud desde sus enfoques históricos, contextos culturales y desarrollos sociales. La esclavitud, es un concepto que ha cambiado a lo largo de la historia, ha sido una práctica del hombre, en sus orígenes con autorización legal, aceptación jurídico-social; pero, que gracias al reconocimiento de la dignidad humana y la búsqueda por el respeto a los Derechos Humanos, finalmente se ha tipificado la conducta elevándola a la categoría de delito que vulnera los derechos fundamentales de las personas; y, en general un tema de derechos humanos, sobre el cual ya han puesto sus ojos tanto Organismos Internacionales como el derecho interno de la mayoría de los países del mundo. Aunque tardías, las intervenciones, lo importante, es saber, que se ha dado comienzo a su prevención, su investigación, su juzgamiento y sanción a los autores de la norma penal.

"Puede decirse que todas las naciones, bárbaras o civilizadas, grandes o pequeñas, poderosas o débiles, pacíficas o guerreras, bajo las más diversas formas de gobierno, profesando las religiones más contrarias, y sin distinción de climas y edades, han conocido la esclavitud." [9]

La esclavitud independientemente de su actual apreciación como una práctica cruel, despiadada y bárbara, ha pertenecido a todas las sociedades, formando parte de su estructura intrínseca, sin importar su nivel de evolución. Así, en Mesopotamia "todos los imperios fueron gobernados por reyes guerreros y despóticos, que se consideraban representantes de los dioses; la posesión de la tierra estuvo siempre en manos de reyes, sacerdotes y nobles

9 JOSÉ ANTONIO SACO. *Historia de la esclavitud: desde los tiempos más remotos hasta nuestros días* (México: Editorial Alameda, 1955), página 7.

terratenientes; la sociedad estuvo dividida en libres, subalternos y esclavos; y los imperios se regían por leyes compiladas en códigos."[10]

Los esclavos conformaban una clase social que, con el resto, componían la sociedad antigua, clase social que en desventaja conformaba el conglomerado; y, que, su existencia llegó a pensarse era indispensable para La subsistencia de los pueblos. El fenómeno de la esclavitud nos remite a tiempos remotos, incluso se habla de esclavitud desde los tiempos bíblicos:

"Entonces subió al trono de Egipto un nuevo rey, que no había conocido a José, y dijo a su pueblo: -Fíjense como el pueblo israelita se ha hecho más numeroso y potente que nosotros. Hay que actuar con cautela para que no sigan multiplicándose, pues si se declara una guerra, se aliarán con nuestros enemigos, lucharán contra nosotros y se irán del país. Entonces les impusieron capataces que los oprimieran con rudos trabajos, mientras edificaban Pitón y Rameses, ciudades-almacén del faraón. Pero cuanto más los oprimían, más se multiplicaban y aumentaban, de modo que los israelitas llegaron a ser un motivo de temor para los egipcios. Por eso, los egipcios los sometieron a una dura esclavitud y les hicieron la vida imposible, obligándolos a realizar trabajos extenuantes, tales como la preparación del barro para fabricar ladrillos, y toda clase de faenas agrícolas."[11]

En esta referencia al pueblo judío esclavizado por el faraón Ramces, se ejemplariza esta práctica social como un mecanismo de sometimiento y de producción económica. Asimismo, otras circunstancias además de la política causaban la esclavitud: "También fue fuente de esclavitud la legislación, aunque no tan abundante como la guerra y el comercio. Los egipcios que no pagaban sus deudas podían ser esclavizados por sus acreedores"[12]. Podemos ver entonces que en el antiguo Egipto la ley era una fuente de la esclavitud.

Por otro lado, en la India, podemos ver que la esclavitud se asociaba desde la antigüedad con las mujeres y la explotación de su belleza.

"En la India hubo esclavos desde tiempo inmemorial y su número debió de aumentar con la conquista de las razas primitivas por la raza hindú. El Ramayana de Valmiki habla de esclavas destinadas a los harenes y de las

---

10 DIANA URIBE. *Historia de las civilizaciones (Colombia: Penguin Random House, 2008)* página 26.

11 Libro del Éxodo en la Biblia (Madrid: Editorial PPC, 2014), 1: 8-14.

12 JOSÉ ANTONIO SACO. *Historia de la esclavitud: desde los tiempos más remotos hasta nuestros días* (México: Editorial Alameda, 1955), página 12.

mil que adornadas con collares de oro, regaló el rey de Videhars a las hijas del monarca Dusha-rutha."[13]

En la antigua India la esclavitud era una práctica social que nacía por distintas causas, en esta referencia podemos dilucidar que esta usanza era al parecer bastante común, era un mecanismo de control social y siempre estuvo ligado a las obligaciones económicas.

"Varios fueron los orígenes de la esclavitud en la antigua India. Además de los prisioneros de guerra, eran esclavos el deudor insolvente, el hijo de una esclava nacido en la casa del amo, el que perdía su libertad en el juego o en una apuesta, y el que la trocaba por alimentos, o la vendía por dinero, siendo este último a los ojos de la ley el más vil de los esclavos. También era esclavo el que no pagaba la multa que se le imponía, y de aquí nació después la costumbre de vender a los criminales, a los que se hallaban fuera de la ley, a las concubinas y a los hijos ilegítimos. El hombre o mujer libre que cohabitaba con esclava o esclavo ajeno caía bajo el dominio respectivo del amo de éstos."[14]

Por otro lado, en la antigua China:

"Lo que sí dio a China muchos esclavos fueron los trastornos internos y las guerras civiles que la destrozaron. Pero la fuente perenne y más abundante de esclavitud en China fue la venta de personas libres. Acaeció esto por primera vez en el año 232 antes de la era cristiana. Muchos príncipes y señores habían sacudido la dominación imperial y formado reinos independientes. Deseando los emperadores subyugar a los príncipes sublevados, dieron lugar a guerras civiles, con su secuela de familias arruinadas, hambre en la nación y otras calamidades. Las personas indigentes preferían la esclavitud a la muerte, y siendo ya los hijos una carga insoportable para muchos padres, éstos se deshacían de los recién nacidos y pequeñuelos, y los mataban o los arrojaban a las calles y caminos. Para disminuir la frecuencia de estos hechos, el monarca fundador de la dinastía de los Han permitió, en el año 202 antes de la era cristiana, que las personas reducidas al último grado de miseria pudiesen vender su libertad y la de sus mujeres e hijos. Poco tiempo había pasado desde que se dio este permiso, cuando ya se procuró halagar a los trabajadores, presentándoles ricamente vestidos los muchachos que se llevaban al mercado. Las hembras encontraban compradores con más facilidad que los varones,

---

13 JOSÉ ANTONIO SACO. *Historia de la esclavitud: desde los tiempos más remotos hasta nuestros días* (México: Editorial Alameda, 1955), página 20.

14 JOSÉ ANTONIO SACO. *Historia de la esclavitud: desde los tiempos más remotos hasta nuestros días* (México: Editorial Alameda, 1955), página 20-21.

porque muchas se empleaban como mujeres principales o inferiores, y otras más infelices se destinaban a la prostitución."[15]

Vemos, que incluso las personas libres podían convertirse en esclavas si decidían vender su libertad. Siempre se ha asociado la esclavitud como una imposición con la que nacen las personas, pero la anterior cita demuestra que voluntariamente se podía entregar la libertad a cambio de esperar superar un estado de miseria absoluta. Nuevamente se hace referencia a las mujeres y como por cuestión de su género eran sometidas a desempeñar actividades sexuales.

Si se mira la esclavitud desde el pueblo persa, podemos ver que:

"Los persas trataban duramente a los esclavos, sobre los que se arrogaban el derecho de vida y muerte, desollándolos vivos, arrancándoles la piel entera o a pedazos; y los esclavos que les servían a la mesa no podían abrir la boca ni aún para respirar, porque todos llevaban una mordaza en ella."[16]

Esta reseña demuestra la crueldad de esta institución en el pueblo persa, demostrando que la usanza de la esclavitud dependía del desarrollo social y cultural del lugar donde se aplicaba; en este caso, un contexto netamente violento, sobrevenía el uso de la esclavitud de forma despiadada e implacable.

Hablando ahora de Grecia:

"Como en otros países, en Grecia la guerra fue la fuente más abundante de esclavos. En la primera invasión de los helenos y la conquista del Peloponeso por los dorios, tuvieron los griegos guerras externas e internas, las cuales les dieron esclavos, si bien las primeras menos que las segundas, porque ni fueron tan frecuentes ni siempre vencieron los griegos."[17]

Aunque es común que la guerra fue la principal fuente de la esclavitud, esta técnica de sometimiento no era exclusiva a los extranjeros, los connacionales en el caso de Grecia eran las principales víctimas.

El "origen de la esclavitud en Grecia fue también la pobreza, pues el hombre, para asegurar su subsistencia, vendía en ciertas ocasiones su liber-

15 JOSÉ ANTONIO SACO. *Historia de la esclavitud: desde los tiempos más remotos hasta nuestros días* (México: Editorial Alameda, 1955), página 26-27.

16 JOSÉ ANTONIO SACO. *Historia de la esclavitud: desde los tiempos más remotos hasta nuestros días* (México: Editorial Alameda, 1955), página 37.

17 JOSÉ ANTONIO SACO. *Historia de la esclavitud: desde los tiempos más remotos hasta nuestros días* (México: Editorial Alameda, 1955), página 40.

tad. Con ella respondía el deudor de sus deudas, y si no las pagaba, el acreedor podía venderlo o emplearlo en su servicio."[18]

Desde la antigüedad la pobreza y las necesidades han obligado a las personas a vender incluso su libertad con la finalidad de asegurar su subsistencia.

"También los griegos exportaron esclavos. Del Peloponeso, de otras partes de Grecia, y de la Jonia, vendiéronse a los corrompidos pueblos de Asia, cantadoras, bailadoras, flautistas y citaristas. Hubo griegos que se entregaron al negocio de comprar niñas hermosas para traficar con su belleza en la edad adulta. A tanto llegó la disolución, que la ley de Atenas se vio forzada a castigar con la misma pena al comprador que al padre, hermano, tío o tutor que vendía para placeres carnales, a la hija, la hermana, sobrina o pupila que tenía bajo su cargo."[19]

Sin duda la belleza y la inocencia de las mujeres han sido consideradas como mercancía rentable a lo largo de la historia, y aunque el negocio de satisfacer los placeres de los seres humanos resulta bastante beneficioso, podemos concluir que las mujeres eran comercializadas sin ningún remordimiento porque no eran consideradas como iguales a los hombres.

Como hemos venido afirmando la esclavitud tiene orígenes muy remotos, e inclusive ha sido aceptada a través del devenir histórico por grandes pensadores. Así pues, Aristóteles en su libro La Política[20], considera la esclavitud como un estado natural y legitimo al hombre; para Cicerón tampoco merecía un reproche social ni jurídico, veía entonces el fenómeno como un hecho inseparable de las necesidades de la vida.[21]

Otro indiscutible pensador y filósofo de la historia como Platón, se refirió también en sus escritos a la esclavitud, admitiéndole como una necesidad en la sociedad dada la organización de la época, eso sí, a diferencia del pensamiento de Aristóteles, aclara que la esclavitud no es natural al hombre y no le da sitio alguno en una sociedad ideal.[22]

---

18 JOSÉ ANTONIO SACO. *Historia de la esclavitud: desde los tiempos más remotos hasta nuestros días* (México: Editorial Alameda, 1955), página 43.

19 JOSÉ ANTONIO SACO. *Historia de la esclavitud: desde los tiempos más remotos hasta nuestros días* (México: Editorial Alameda, 1955), página 45.

20 ARISTÓTELES. *La Política* (Buenos Aires: TOR Universales, 1959).

21 EUGENIO PETIT. *Tratado Elemental de Derecho Romano* (Buenos Aires: Editorial Albatros, 1982).

22 PLATÓN. *La República* (Bogotá: Editorial Panamericana, 1993).

Séneca también aceptaba la esclavitud y aunque su propósito no era combatirla "en una carta admirable recomendaba a los amos tener humanidad con los esclavos".[23]

Tiempo después, en Roma, la esclavitud era considerada como una institución normalizada de uso cotidiano, asimilada como otra de sus prácticas comunes.

"... debemos aproximarnos a la esclavitud en Roma considerándola por encima de todo una institución social. Los individuos esclavos eran liberados, vendidos, recompensados o castigados por sus propietarios, los hombres, las mujeres y a veces los niños que dominaban totalmente sus vidas, lo que significa que debemos considerar la propia institución ante todo en términos de la relación social que unía a esclavos y a propietarios de esclavos. Esta relación era precisamente una de la serie de relaciones asimétricas que se daban en la sociedad romana, que vinculaban a unos individuos con otros, comparable a las relaciones que se establecían entre emperador y ciudadano-súbdito, padre e hijo, profesor y alumno u oficial y soldado."[24]

Aunque fuera una institución consuetudinaria, era una práctica cruel que sometía y reducía a las personas: "En efecto, el poder del propietario de esclavos romano era el poder de la vida y la muerte, y la misma esclavitud era considerada un estado de muerte en vida".[25]

En desarrollo de este planteamiento, en Roma:

"Pasando a considerar la situación del esclavo ante la ley, se verá que ésta le envileció tanto que, civilmente, lo estimó en algo equivalente a un ser muerto y como cosa respecto al amo, pero cosa que equiparó a los caballos, bueyes y otros cuadrúpedos. Por eso lo contaban algunos entre sus instrumentos de agricultura, diciendo que éstos son de tres especies: vocales, como los esclavos; semi-vocales, como los bueyes, y mudos como los vehículos."[26]

La conceptualización legal proporcionada por los romanos asimilaba al esclavo como un objeto, como un bien, como un humano incompleto, incluso

---

23 EUGENIO PETIT. *Tratado Elemental de Derecho Romano* (Buenos Aires: Editorial Albatros, 1982).

24 KEITH BRADLEY. *Esclavitud y sociedad en Roma* (Barcelona: Ediciones Península, 1998), página 17.

25 KEITH BRADLEY. *Esclavitud y sociedad en Roma* (Barcelona: Ediciones Península, 1998), página 39.

26 JOSÉ ANTONIO SACO. *Historia de la esclavitud: desde los tiempos más remotos hasta nuestros días* (México: Editorial Alameda, 1955), página 89.

nos permite divisar que los amos consideraban a los esclavos de distinta naturaleza, de otra especie.

Según Eugenio Petit (1982), la esclavitud en el Derecho Romano se definía como:

"La condición de las personas que están bajo la propiedad de un dueño. En rigor en todos los pueblos antiguos esta institución fue considerada como de derecho de gentes. Era un elemento esencial de las sociedades antiguas.

En la antigüedad la esclavitud nació de la guerra, en los pueblos primitivos el enemigo no era merecedor de ningún derecho y el vencedor se apropiaba tanto de los bienes como de las personas del vencido. En Roma bajo el mandato del emperador Justiniano la esclavitud floreció dejando una huella imborrable para la historia de la humanidad."[27]

La esclavitud fue cambiando con las sociedades y los tiempos, y la mano de obra era imprescindible para el desarrollo

"La esclavitud ha sido un fenómeno social, antiquísimo, propio de agricultores sedentarios, resultado característico de expansiones guerreras e imperialistas y peculiar afirmación de derechos naturales prioritarios como, por ejemplo, el derecho de la propiedad. A todos estos impulsos motivadores se unió, desde el siglo XVI, la conversión del esclavo en elemento de comercio y así, a través de la trata se verificaba la provisión de esclavos, mano de obra fundamental para determinados cultivos regionales. Bajo el estímulo de la demanda fue causa principal para la creación de grandes fortunas, promovió un gigantesco mundo de intereses económicos, todo ello envuelto en la mayor falta de escrúpulos morales. Pronto el esclavo, su triste condición social y la absoluta falta de rigor moral en su caracterización, constituyó un tema de discusión y problematicidad que, en realidad fue permanente desde el cristianismo, primera doctrina que planteó crudamente tal situación como un problema de conciencia ética."[28]

Independientemente de todo, la esclavitud fue un mecanismo de producción económica y riqueza. La compra y venta exorbitante de bienes convirtió al ser humano en un bien en sí mismo que planteó un problema ético a

27 EUGENIO PETIT. *Tratado Elemental de Derecho Romano* (Buenos Aires: Editorial Albatros, 1982).

28 MARIO HERNANDEZ SÁNCHEZ BARBA. "El abolicionismo en el mundo europeo: mentalidad e ideología" en *Estudios sobre la abolición de la esclavitud* (Madrid: Consejo Superior de Investigaciones Científicas, 1986), página 121.

medida que iba evolucionando la sociedad y la exaltación de la razón; empieza el abolicionismo.

"Todo ello otorga al tema de la esclavitud una densa estructura de relación de cuestiones políticas, morales, económicas, sociales e ideológicas que se refleja en la línea abolicionista. El uso de este concepto se ha aplicado, se refiere y aplica al comercio negrero, pero en rigor señala toda actitud que tenga como objetivo impedir o interrumpir el comercio de esclavos. En este sentido hay que decir que la primera actitud abolicionista propiamente dicha que se registra en la historia de Occidente (es decir, la negación de la licitud de la esclavitud como objeto de comercio) pertenece a la Corona española y se centra en la tajante orden dada por la Reina Isabel la Católica de devolver a sus lugares de origen a los indios que habían sido traídos por Colón a España para su venta como esclavos."[29]

Podemos ver que la primera línea abolicionista proviene de una mujer con conciencia católica. Continuamos con la siguiente definición:

"Abolicionismo, pues hace referencia a cualquier esfuerzo realizado para abolir la trata de esclavos, especialmente en cuanto fueran desarraigados de sus lugares de origen por medio del comercio y obligados a injertarse, como fuerza de trabajo principal, en otras regiones y en pugna con otras culturas en un profundo pie de desigualdad."[30]

A través de la esclavitud se ha sometido a las personas con la finalidad de incrementar la producción económica, produciendo desigualdades sociales que aún existen y regiones supeditadas a la autoridad de otras. Pero el desarrollo de las sociedades permitió un cambio legislativo que convirtió la esclavitud en una práctica prohibida:

"En el plano internacional existe un esfuerzo diplomático permanente durante todo el siglo XIX, desde el Congreso de Viena (1815) hasta la Conferencia de Berlín (1884-1885) y la Conferencia de Bruselas (1890), con un importante refuerzo en el plano de las relaciones bilaterales entre España e Inglaterra (Tratados de 1814, 1817 y 1835), que concluye en la ley española de abolición y represión de 1845, seguida por leyes semejantes de Dinamarca y

---

29 MARIO HERNANDEZ SÁNCHEZ BARBA. "El abolicionismo en el mundo europeo: mentalidad e ideología" en *Estudios sobre la abolición de la esclavitud* (Madrid: Consejo Superior de Investigaciones Científicas, 1986), página 121-122.

30 MARIO HERNANDEZ SÁNCHEZ BARBA. "El abolicionismo en el mundo europeo: mentalidad e ideología" en *Estudios sobre la abolición de la esclavitud* (Madrid: Consejo Superior de Investigaciones Científicas, 1986), página 122.

Francia (1846 y 1848), con otro refuerzo, puesto de manifiesto en el Tratado anglo norteamericano de 1862 y, tras las Conferencias de Berlín y Bruselas, el Tratado hispano británico de 1890."[31]

Hasta el momento podemos ver que el fenómeno de la esclavitud ha ido evolucionando al ritmo del desarrollo de las sociedades; de ahí, la importancia de hacer un examen en los distintos contextos y de manera cronológica. Así, por ejemplo, podemos observar que para los antiguos fue una institución que formaba parte de su organización social y fue aceptada inclusive hasta el siglo XIX. Partiendo de allí, considerábamos que la Esclavitud había desaparecido y que solo quedaba en las memorias como aquélla horrenda discriminación del ser humano.

"La esclavitud del siglo XVIII hasta bien entrado el siglo XIX se caracterizó por estar basada en un fundamento racial. La trata de negros era como habitualmente se identificaba la esclavitud moderna, mientras que la trata de blancas se centraba en el tráfico de mujeres para la explotación comercial de la prostitución ajena."[32]

Fue así, como evolucionó la esclavitud hasta encontrarnos hoy con las nuevas formas de esclavitud, también llamada esclavitud contemporánea o esclavitud del siglo XXI.

A partir de los años 1.800 se emprende una maratón jurídica internacional con repercusión nacional en contra de la esclavitud de seres humanos por ser una práctica ignominiosa.

"El primer Instrumento Internacional que pretendió erradicar tan aberrantes prácticas fue la Declaración relativa a la abolición universal de la trata de esclavos del 8 de febrero de 1815. Entre los primeros acuerdos hay que destacar el Tratado para la Abolición del Tráfico de Negros concluido entre el Reino de España y el Reino Unido de la Gran Bretaña e Irlanda en 1818, seguido por otro tratado firmado en 1835 hasta llegar hasta el de 1980, como consecuencia de la Conferencia antiesclavista de Bruselas celebrada entre noviembre de 1889 y julio de 1890".[33]

---

31 MARIO HERNANDEZ SÁNCHEZ BARBA. "El abolicionismo en el mundo europeo: mentalidad e ideología" en *Estudios sobre la abolición de la esclavitud* (Madrid: Consejo Superior de Investigaciones Científicas, 1986), página 122.

32 GUSTAVO EDUARDO ABOSO. *Trata de Personas* (Buenos Aires: Euros Editores, 2013).

33 JULIA MORENO GARCÍA. "España y la Conferencia Antiesclavista de Bruselas" en *Cuadernos de Historia Contemporánea* (Madrid: Universidad Complutense de Madrid, 1982), página 151.

Casi un siglo después, el 25 de septiembre de 1926, se firmó en Ginebra la Convención sobre la Esclavitud. Por primera vez un instrumento internacional definió lo que se consideraba como esclavitud y trata de esclavos; se precisa en el artículo 1.1 de la siguiente manera "... estado o condición de un individuo sobre el cual se ejercitan los atributos del derecho de propiedad o alguno de ellos".[34]

En aquella convención se diferenció entre el concepto de esclavitud y el de trata de esclavos, pudiéndose considerar, que es esta la génesis de lo que más adelante sería denominado como trata de blancas y luego convertido en un vocablo más amplio, como la trata de personas.

En el párrafo 2° del artículo 1 de dicha convención se definió la trata de esclavos como: "Todo acto de captura, adquisición o cesión por venta o cambio de un esclavo, adquirido para venderle o cambiarle, y en general todo acto de comercio o de transporte de esclavos."[35]

Como es sabido, la vida social, jurídica y política ha de ser considerada antes y después de la primera y segunda guerra mundial. Fue esta última la que después de arrasar con la humanidad, con destrucción y desgarradoras historias de muerte, exterminio y violación de los Derechos Humanos, hizo que no solamente se diera una transformación de los modelos de Estado[36], sino que, se constituyera la Organización de las Naciones Unidas en la Declaración Universal de Derechos Humanos de 1948, y desde entonces se prohibió la esclavitud y la trata de esclavos. El artículo 4° de manera expresa hizo tal prohibición, cobijando todas las formas.

Pero estos instrumentos internacionales y la abolición interna de la esclavitud por parte de los Estados hicieron frente a las formas que se conocían

---

34 SOCIEDAD DE LAS NACIONES. *Convención sobre la Esclavitud del 25 de septiembre de 1926* (Ginebra, 1926)

35 SOCIEDAD DE LAS NACIONES. *Convención sobre la Esclavitud del 25 de septiembre de 1926* (Ginebra, 1926)

36 BORIS BARRIOS GONZÁLEZ. *La Tutela Jurisdiccional de los Derechos Fundamentales -De la Justicia de Reglas a la Justicia de Principios* (Medellín: Biblioteca Jurídica Dike, 2014).

"(...) a razón del escenario fáctico de la Segunda Guerra Mundial, en donde la principal víctima fue el ser humano y sus derechos fundamentales les conlleva a los países de América continental a un nuevo modelo de Estado, contestatario del Estado Liberal protector entonces de los derechos humanos y fundamentales al que por definición se ha denominado Estado Constitucional, Social y Democrático de Derecho (...)", pág 17.

en el momento. En el pensamiento de los gobiernos, el mundo jurídico y la sociedad se creyó que este fenómeno formaba parte de un tenebroso y deshumanizado pasado; tanto así, que para muchos es sorpresa y de total desconocimiento hablar de esclavitud contemporánea o esclavitud del siglo XXI. Las mentes se niegan a aceptar que cuando el mundo ha evolucionado en todas sus aristas; cuando se nos vende la idea que nos encontramos en un mundo más civilizado; tal vez por los avances de la tecnología; cuando la comunidad jurídica internacional se ha preocupado y pronunciado constantemente sobre la importancia y el respeto debido y obligado a los derechos humanos, exista una esclavitud más perversa y cruel que la de antaño, que ni los organismos internacionales ni los Estados han podido frenar y ni siquiera controlar de manera efectiva, un flagelo desarrollado por bandas criminales organizadas que es más frio y cruel que muchos otros como el narcotráfico y el comercio de armas; pues arrasa con la dignidad de la persona, cosificándola, convirtiéndola sin piedad en un objeto material que se compra y se vende en los mercados sin escrúpulo de ninguna naturaleza, con la finalidad de obtener exorbitantes ganancias económicas.

Efectivamente hoy con la caída del muro de Berlín en 1989 y el "posterior derrumbe de la Unión Soviética como sistema político, social y económico en pugna con el Capitalismo, la globalización se ha ido imponiendo de manera paulatina en todo el mundo como modelo económico de mercado..."[37] , y con ella las bandas criminales también han entrado a esa globalización, pero con el crimen. El crimen organizado transnacional ha encontrado en la trata de personas y otras formas de esclavitud contemporánea la manera más vil de obtener jugosas ganancias tomando al ser humano como su mercancía más prometedora en la obtención de beneficios económicos desmesurados, con la más flagrante violación de los Derechos Fundamentales de las personas. Por ello, han tenido que intervenir de distintas maneras los Organismos Internacionales, imponiendo a los Estados obligaciones y creando Estándares Internacionales que deben cumplir. De ahí, el tema de esta tesis, realizar un análisis teórico y de campo para establecer si el Estado Colombiano está cumpliendo con esos estándares internacionales para hacerle frente a la criminalidad que más vejámenes comete contra los sectores menos favorecidos de la sociedad; considerado este delito como el crimen:

"que ocupa el tercer lugar en la lista de crímenes transnacionales, situado después del tráfico de drogas y el de armas, aunque las estimaciones

37 GUSTAVO EDUARDO ABOSO. *Trata de Personas* (Buenos Aires: Euros Editores, 2013), pág. 1.

señalan que, en la presente década, la trata de personas va a ocupar el primer lugar por las increíbles ganancias y los beneficios económicos que reporta, ya que se calcula que en todo el mundo la industria del sexo (mujeres, hombres, niñas y niños) mueve anualmente más de 77.500 millones de dólares y la trata sigue creciendo"[38].

B. La esclavitud en las américas

Hemos hecho hasta ahora, un recorrido generalizado de la esclavitud en la historia, su abolición y su calificación contemporánea; hablemos entonces, de la esclavitud en las Américas para contextualizar lo anteriormente mencionado en Colombia.

En la colonización española:

"La esclavitud, por definición, es una forma de servidumbre involuntaria y total, en la cual el esclavo es de propiedad del amo, quien dispone de él como un bien de cambio, es decir, como una mercancía. La voluntad del esclavo está sujeta a la del amo, y este le impone trabajo mediante coacción. De allí el carácter controvertido de la institución, la oposición -a veces violenta- de muchos esclavos, y la condena que de ella ha hecho la historia posterior. De allí también la profunda significación del fin de la esclavitud en el país."[39]

Aunque la esclavitud en las Américas compartía dinámicas similares a las mencionadas históricamente, se acentuaba el valor productivo y económico del esclavo.

"Los orígenes de la esclavitud en América están asociados con la expansión de las grandes potencias marítimas europeas en los siglos XV y XVI y la explotación de los recursos naturales para sus colonias. La drástica disminución durante el siglo XV de la mano de obra indígena utilizada en labores como la minería, la agricultura, la explotación de plantaciones, la ganadería, la construcción, el transporte y el servicio doméstico, estimuló el tráfico en gran escala de africanos hacia América. Tras una etapa inicial de permisos sueltos y licencias, comenzaron a efectuarse contratos de abastecimiento y los muy conocidos asientos de negros. Los contratos más importantes se celebraron con empresarios portugueses, franceses e ingleses que introdujeron

---

38 MARIBLANCA STAFF WILSON. Recorrido Histórico sobre la Trata de Personas (Panamá: Organización Internacional para las Migraciones).

39 ARCHIVO GENERAL DE LA NACIÓN. *La esclavitud en Colombia, testimonios, 150 años de su abolición* (Colombia: Archivo General de la Nación y Alcaldía de Bogotá, 2000), página 1.

grandes cantidades de esclavos a las Antillas, el Caribe, Canadá, Estados Unidos, Brasil y las colonias españolas. Las grandes ganancias que estimularon el tráfico legal dieron así mismo lugar a un floreciente contrabando, de manera que durante el tiempo de la trata se introdujeron por una u otra vía no menos de doce millones de africanos al continente americano."[40]

El tráfico de esclavos tenía como fin la explotación económica, en este contexto, la esclavitud no estaba asociada directamente con la explotación sexual de personas. En ciertas zonas había una mayor concentración de esclavos: "La mayoría de los esclavos traídos a la actual Colombia se destinaron a las zonas mineras de Cauca, Antioquia y Chocó, a las provincias agrícolas de Cartagena y Cali, y a algunas regiones del centro oriente del país."[41]

Todo esto fue posible hasta la Ley de Manumisión:

"Cerca de cuatrocientos mil esclavos africanos se trajeron a la Nueva Granada entre el siglo XVI y la primera mitad del XIX. La sanción de la Ley de Manumisión significó el fin en el país de este tráfico humano, que introdujo poderosos elementos modeladores de la nación en términos sociales, económicos, culturales y etnográficos." [42]

Esto fue posible gracias a los emergentes cambios sociales y culturales que se vivían en el mundo occidental, y las dinámicas propias de la región.

"La controversia alrededor del tráfico negrero y la esclavitud giró en torno a principios éticos, morales y religiosos. La institución entró en crisis a finales del siglo XVIII, la cual se agudizó con la independencia de las colonias españolas en América. Pero la crisis del sistema esclavista se había iniciado mucho antes, con el establecimiento de palenques y quilombos de los negros que conseguían escapar. La búsqueda de vías jurídicas para la manumisión, las prácticas de compra para la libertad y el ocasional otorgamiento de la misma por parte de algunos amos por razones éticas o religiosas, y aún la apelación a la violencia, fueron signos inequívocos de rechazo a la esclavitud. El

40 ARCHIVO GENERAL DE LA NACIÓN. *La esclavitud en Colombia, testimonios, 150 años de su abolición* (Colombia: Archivo General de la Nación y Alcaldía de Bogotá, 2000), página 1.

41 ARCHIVO GENERAL DE LA NACIÓN. *La esclavitud en Colombia, testimonios, 150 años de su abolición* (Colombia: Archivo General de la Nación y Alcaldía de Bogotá, 2000), página 1.

42 ARCHIVO GENERAL DE LA NACIÓN. *La esclavitud en Colombia, testimonios, 150 años de su abolición* (Colombia: Archivo General de la Nación y Alcaldía de Bogotá, 2000), página 1.

levantamiento de los negros en Haití fue el punto culminante de los esfuerzos de los propios negros por liberarse de su yugo."[43]

La abolición fue un paso trascendental en la historia de la humanidad y redefinió la forma en la que el hombre se percibía a sí mismo:

"En América, la esclavitud fue abolida con una sorprendente rapidez. Desde 1807, cuando Inglaterra prohibió el comercio de esclavos trasatlántico, hasta 1888, cuando el ultimo Estado del mundo que permitía la posesión de esclavos, Brasil, abolió la esclavitud, pasó menos de un siglo para erradicar una institución que durante cientos e incluso miles de años no se había cuestionado, hasta que a principios del siglo XVIII los filósofos y religiosos empezaron a plantearse la legitimidad moral y la aceptabilidad de la esclavitud. Contrastando con el fondo del nacimiento del capitalismo y a partir de esos principios comentados, se inició una revolución en las conciencias colectivas -el tormento de Lincoln es sintomático de esa concienciación- que, finalmente, condujo a un cambio histórico de características muy espectaculares y, como seguramente diría la mayoría, muy progresistas."[44]

La mentalidad renovada, de rechazo a la esclavitud, permitió una nueva reconfiguración legal internacional de ese fenómeno, que incluso, inspiró a próceres:

"En Colombia, el libertador Simón Bolívar, logró algunos avances en su lucha por abolir la esclavitud. Las ideas del doctor José Félix Restrepo, y don Juan del Corral sirvieron de guía a un proceso que culminó con la expedición de la Ley de Manumisión por parte del presidente José Hilario López en 1851, que entró en vigencia a partir del primero de enero de 1852."[45]

Finalmente podemos concluir que la sanción de la Ley de Manumisión le dio punto final a esta cruel práctica en nuestra región.

C. Las formas contemporáneas de esclavitud

Como lo anotábamos, por muy aterrador, paradójico, cruel e inhumano que nos parezca, la esclavitud es una realidad del mundo actual; y no precisa-

---

43 ARCHIVO GENERAL DE LA NACIÓN. *La esclavitud en Colombia, testimonios, 150 años de su abolición* (Colombia: Archivo General de la Nación y Alcaldía de Bogotá, 2000), página 1.

44 KEITH BRADLEY. *Esclavitud y sociedad en Roma* (Barcelona: Ediciones Península, 1998), página 162.

45 ARCHIVO GENERAL DE LA NACIÓN. *La esclavitud en Colombia, testimonios, 150 años de su abolición* (Colombia: Archivo General de la Nación y Alcaldía de Bogotá, 2000), página 1.

mente la esclavitud del comercio transatlántico de esclavos de los siglos XVIII y XIX, sino la llamada esclavitud del siglo XXI o esclavitud contemporánea o formas contemporáneas de esclavitud, que hoy ya no se vinculan al derecho legal de propiedad sobre el esclavo, sino que de facto se toma el dominio de la persona, "teniendo el control sobre una persona de tal manera que se le prive significativamente de su libertad individual"[46], y ese control es precisamente el "atributo del derecho de propiedad conocido como posesión"[47].

Como lo afirma el profesor Esteban J. Pérez Alonso[48]:

"En las tres últimas décadas fundamentalmente y en el contexto de la globalización económica; se está produciendo un complejo fenómeno migratorio de alcance global provocado por el incremento de la población mundial y de la pobreza, que está causando la aparición de nuevas formas de esclavitud y de delincuencia, como el tráfico ilegal de personas sobre las que se debe tomar conciencia y conocer en profundidad."

"(...) En consecuencia, debe quedar claro desde un principio que no estamos hablando de cualquier tipo de explotación de la persona para identificar a la nueva esclavitud, sino que nos referimos a situaciones de extrema explotación humana donde el control de la libertad de la persona está en manos de un tercero y ello acompañado de un absoluto desprecio por la condición de persona del sometido a tal situación (...)

Es por tanto la falta de libertad general y la degradación de la persona lo que caracteriza a estas formas extremas de explotación humana. Como señala Bales, la nueva esclavitud "no es solo robar el trabajo de alguien sino su vida entera."[49]

Entonces, ¿de dónde surge el concepto de formas contemporáneas de esclavitud?

"En 1988, la Comisión de Derechos Humanos, perteneciente a la ONU, atribuyó el nombre de "Grupo de Trabajo sobre Formas Contemporáneas de

---

46 RED DE INVESTIGACIÓN SOBRE LOS PARÁMETROS JURÍDICOS DE LA ESCLAVITUD *Directrices Bellagio-Harvard* (USA: Harvard, 2012) Directriz 2.

47 RED DE INVESTIGACIÓN SOBRE LOS PARÁMETROS JURÍDICOS DE LA ESCLAVITUD *Directrices Bellagio-Harvard* (USA: Harvard, 2012) Directriz 3.

48 ESTEBAN PÉREZ ALONSO. *Estudio sobre Globalización, Migración Internacional y Formas Contemporáneas de Esclavitud: Respuestas Jurídico Penales* (España: Universidad de Granada, 2014)

49 ESTEBAN PÉREZ ALONSO. *Estudio sobre Globalización, Migración Internacional y Formas Contemporáneas de Esclavitud: Respuestas Jurídico Penales* (España: Universidad de Granada, 2014) Pág. 3.

Esclavitud" al Grupo de Expertos nombrado en 1975, en el seno de la Subcomisión de Prevención de la Discriminación y Protección a las Minorías de Naciones Unidas, para analizar las cuestiones relativas a la esclavitud, la trata de esclavos y las prácticas esclavistas, el apartheid y el colonialismo, la trata de personas y la explotación de prostitución ajena, y que en principio se denominó "Grupo de Trabajo sobre la Esclavitud"."[50]

Posteriormente, para el año 1991, con resolución de fecha de 17 de diciembre, la Asamblea General estableció el Fondo Fiduciario de Contribuciones Voluntarias de las Naciones Unidas para luchar contra las Formas Contemporáneas de Esclavitud, encaminada principalmente a prestar todo tipo de asistencia a las víctimas y a las ONG que se ocupen de asuntos relativos a la nueva esclavitud en cualquier región del mundo.[51]

Ante la inoperancia del referido grupo, se le encomendó la misión a un relator especial, y se continuó denominando Formas Contemporáneas de Esclavitud, que según el sociólogo K. Bales se define como "una condición que se caracteriza por la pérdida del libre albedrio, y en virtud de la cual una persona sometida a la violencia o a la amenaza de la violencia se ve obligada a renunciar a su capacidad de vender libremente su propia fuerza de trabajo". Entonces, la relatora señala tres condiciones fundamentales que tiene la esclavitud contemporánea: "el control por otra persona, la apropiación de la fuerza de trabajo y la utilización o la amenaza de la utilización de la violencia". Creo que estas tres dimensiones o caracterizaciones se presentan en cualquiera de las manifestaciones de la Esclavitud Contemporánea[52] .

La organización Anti-Slavery International, fundada en 1839, con sede en Londres, que es la Organización de Derechos Humanos más antigua, encamina su labor a trabajar por la eliminación de todas las formas de esclavitud, señala las siguientes características de la Esclavitud del Siglo XXI, que la diferencia de otras violaciones de los Derechos Humanos:

---

50 ESTEBAN PÉREZ ALONSO. *Estudio sobre Globalización, Migración Internacional y Formas Contemporáneas de Esclavitud: Respuestas Jurídico Penales* (España: Universidad de Granada, 2014)

51 ESTEBAN PÉREZ ALONSO. *Estudio sobre Globalización, Migración Internacional y Formas Contemporáneas de Esclavitud: Respuestas Jurídico Penales* (España: Universidad de Granada, 2014).

52 ESTEBAN PÉREZ ALONSO. *Estudio sobre Globalización, Migración Internacional y Formas Contemporáneas de Esclavitud: Respuestas Jurídico Penales* (España: Universidad de Granada, 2014) Pág. 3.

"Se le obliga a trabajar mediante amenazas psicológicas o físicas. Se le convierte en propiedad de un "empleador" generalmente mediante maltrato físico o mental o mediante amenazas de maltrato; se le deshumaniza y se le trata como a una mercancía, o se le compra y vende como una "pertenencia"; se le limita físicamente o se le impone restricciones a su libertad de movimiento"[53].

D. Formas de manisfestación del fenómeno

Son diversas las formas de esclavitud que el crimen organizado internacional ha creado y convertido en formas contemporáneas; por ello, no es fácil su clasificación. Sin embargo, algunos autores han realizado una clasificación que nos atrevemos a afirmar seguirá creciendo en un futuro no muy lejano, debido al aumento de población, al desarrollo tecnológico e inclusive a la creatividad de las organizaciones criminales esclavistas.

"Me refiero ahora a la trata de seres humanos como proceso que lleva a la esclavitud y que es en si mismo esclavizante, el trabajo forzoso y la explotación sexual forzosa que en realidad es una modalidad de trabajo forzoso pero que tradicionalmente se trata de forma diferenciada por su importancia y por razones socio culturales"[54].

Según el mismo documento:

"Son muchas las prácticas que pueden incluirse dentro del concepto de formas contemporáneas de esclavitud. Como ejemplo, cabe citar el informe sobre la trata de personas elaborado por la Comisión de Libertades Públicas y Asuntos Exteriores del Parlamento Europeo de 1995, en donde declara que la trata de personas, verdadera forma de esclavitud camuflada puede adoptar diferentes formas:

- El trabajo forzado de los migrantes clandestinos,
- La mendicidad practicada en la calle por menores y adultos extranjeros,
- La venta de droga por los extranjeros (mediante chantaje),

---

53 ANTI SLAVERY INTERNATIONAL ¿Qué es la Esclavitud Moderna? Base documental Anti Slavery International en: http://www.antislavery.org/homepage/antislavery/SPAmodern.htm

54 ESTEBAN PÉREZ ALONSO. *Estudio sobre Globalización, Migración Internacional y Formas Contemporáneas de Esclavitud: Respuestas Jurídico Penales* (España: Universidad de Granada, 2014) Pág. 15.

- Los delitos cotidianos cometidos por migrantes clandestinos (por ejemplo, el carterismo mediante chantaje),
- La pornografía en general,
- La prostitución de mujeres, hombres, jóvenes adultos y niños extranjeros,
- Los matrimonios ficticios,
- La adopción ilegal de niños extranjeros,
- la venta de órganos de migrantes clandestinos (por ejemplo, la venta de sangre),
- La experimentación médica en migrantes clandestinos (por ejemplo, extranjeros "alquilados" a servicios que los utilizan con fines experimentales)"[55]

Pero existen otras manifestaciones de la esclavitud no menos importantes y que han sido objeto de informes por parte de la Relatora Especial Gulnara Shahinian, sobre servidumbre doméstica, esclavitud infantil y matrimonio servil, en documentos elaborados durante el periodo en el que se desempeñó como relatora especial de las Naciones Unidas, de marzo de 2008 a mayo de 2014.

Pero no solamente encontramos las anteriores manifestaciones o finalidades de esclavitud contemporánea, existen otras tantas como la adopción ilegal de niños extranjeros, el tráfico ilegal de órganos humanos, la venta de sangre, la experimentación médica con migrantes clandestinos, la venta de esposas mediante el sistema de novias por catálogo, entre otras.

Como el objetivo de la presente tesis es el cumplimiento de los estándares internacionales por el Estado colombiano, y no es un trabajo sociológico, en estos capítulos nos limitamos a enunciar las diversas manifestaciones de forma simple, sin entrar en detalle a buscar sus causas, ni cómo se desarrollan los distintos fenómenos en el mundo criminal; pues este es un tema que demandaría para su desarrollo una ardua labor que sobrepasa el enfoque de esta investigación, y con seguridad se sale de los objetivos planteados; pero se hacía imperioso al menos su enunciación para que seamos conscientes de la magnitud del daño social y el ataque frontal a la violación de los Derechos

55 ESTEBAN PÉREZ ALONSO. *Estudio sobre Globalización, Migración Internacional y Formas Contemporáneas de Esclavitud: Respuestas Jurídico Penales* (España: Universidad de Granada, 2014) Pág. 9.

Humanos por parte de aquellos victimarios esclavistas que pisotean la dignidad de las personas, con el único propósito de obtener ganancias económicas desmesuradas e ilícitas a costa de los más desvalidos, pobres , de escasa educación y marginados sociales.

1.3 CONTEXTUALIZACIÓN DEL FENÓMENO EN COLOMBIA

Desde que se inició el Comercio de esclavos, hacia América, fueron tomando asiento sociocultural, de manera institucionalizada. Así vemos, que fue legalmente admitida, y aceptada por la sociedad que no veían en los esclavos seres humanos, sino instrumentos de trabajo y explotación sexual. Estaba marcada la discriminación y la deshumanización de esta clase de personas, que a los ojos de las clases sociales de la época eran tratados al igual que en el resto del mundo como "mercancía" que se compraba y se vendía al mejor postor. ¿Crueldad? Si claro, crueldad, que llevaba a marginarlos del mundo, de las demás personas y con total desconocimiento de sus derechos. Y Colombia no escapo a la presencia de tal modalidad esclavista.

Con los inicios de la abolición a nivel internacional de la esclavitud, empezó en Colombia, también un tránsito de abolición a la libertad, que duró durante un largo período, donde fueron enfrentadas las fuerzas de quienes querían liberarse junto con quienes secundaban la idea con argumentos socio- jurídicos de libertad e igualdad; contra los propietarios y las grandes élites que se oponían a esa emancipación por sus intereses económicos que predominaban frente a los derechos de los esclavos que como personas les correspondían.

Se dice, según la historia, que uno de los objetivos de Simón Bolívar en sus batallas independentistas era la liberación de esclavos. Pero, este fenómeno sociocultural, no desapareció con la independencia de Colombia de España, solo vino a desaparecer por lo menos 40 años más tarde.

No era fácil, la absolución, por cuanto existía una resistencia social por parte de las grandes élites y los propietarios, ya que, institucionalizada la esclavitud y protegida legalmente tenían la oportunidad de utilizarlos y comercializarlos como "mercancía" sin tener que darles trato de personas, con flagrante violación de sus derechos; y claro, por supuesto, con clara vulneración de los Derechos Humanos. El hecho, que para la época no se hablara de los mismos, toda vez que solo vinieron a conocerse expresiones **más marcadas** sobre los mismos, después de la Segunda Guerra Mundial, no puede decirse que no existieran, pues los Principios de dignidad humana y valor intrínseco de las personas, que son la base fundante de los derechos humanos, son conceptos naturalizados que son tan antiguos como la existencia misma del hombre.

El siguiente cuadro ilustrativo[56] nos da un reflejo de lo acaecido en la época en que se dio la esclavitud en Colombia, (comercio de negros) y las razones de su abolición, resaltando que era aceptada legal y socialmente:

Población esclava existente en Colombia, 1775-1851			
Años	Población Total	Esclavos	Proporción
1778	798956	62547	7.82%
1825	1129174	45133	4.00
1835	1570854	37547	2.39
1843	1812782	25591	1.41
1851	2105622	15972	0.76

En Colombia, la esclavitud fue abolida mediante la Ley 21 del 21 de mayo de 1.852. Desde entonces, se creía, que dicho fenómeno había desaparecido; y por lo tanto, no se criminalizó su práctica. Vino a tipificarse dicha conducta al hacerse la descripción del delito de Trata de Personas, cuando se vio azotada la sociedad por la Esclavitud del siglo XXI, que como lo hemos señalado tiene diferentes manifestaciones a saber: Trabajo Forzoso, Trabajadores migrantes, prostitución forzada, matrimonio servil, mendicidad, tráfico de órganos, reclutamiento forzado para Grupos ,Armados Ilegales (guerrilla, paramilitares, Bacrim) entre otras modalidades que van surgiendo día a día, llegándose al extremo de la criminalidad forzosa.

En síntesis, tanto dentro de la contextualización general, como a nivel doméstico, del fenómeno de la Trata de Personas, podemos señalar de manera consolidada y para mayor comprensión del tema, que existen Instrumentos Jurídicos Universales sobre Derechos Humanos, Instrumentos de las Américas sobre Derechos Humanos y normatividad Nacional; todas ellas encaminadas a prevenir y controlar distintos fenómenos que permitan el avance de la esclavitud contemporánea, por ello, los podemos agrupar de la forma siguiente:

56 https://www.banrepcultural.org/biblioteca-virtual/credencial-historia/numero-59/la-manumision-de-esclavos-en-colombia-1809-1851, Autor: Tovar Pinzón, Hermes.

INSTRUMENTOS UNIVERSALES DE DERECHOS HUMANOS[57]

- Protocolo Facultativo de la convención para la Eliminación de todas las formas de discriminación contra la mujer 2000.
- Convención para la Eliminación de la Discriminación Racial 1965.
- Convención sobre los Derechos del Niño 1989.
- Protocolo facultativo de la Convención sobre los Derechos del Niño relativo a la Participación en conflictos armados 2000.
- Protocolo Facultativo de la Convención sobre los Derechos del Niño a la Venta de Niños, la Prostitución Infantil y la utilización de Niños en Pornografía 2000.
- Convención Internacional sobre la Protección de los Derechos de todos los trabajadores Migrantes y de sus familiares 1990.
- Convención de Naciones Unidas contra el Crimen Organizado Transnacional 2002.
- Protocolo de la convención de las Naciones Unidas contra el Crimen Organizado Transnacional para prevenir, suprimir y sancionar la Trata de personas especialmente Mujeres y Niños 2002.

INSTRUMENTOS DE LAS AMÉRICAS SOBRE DERECHOS HUMANOS[58]

- Convención Interamericana para Prevenir y Sancionar la tortura 1985.
- Convención Interamericana para Prevenir, Sancionar y Erradicar la violencia contra la Mujer (Convención de Belén de Pará) 1994.
- Derecho Internacional Humanitario

  I. Convenio de Ginebra 1949.

  II. Convenio de Ginebra 1949

  III. Convenio de Ginebra 1949.

  IV. Convenio de Ginebra 1949.

---

57 Documento realizado por el equipo técnico de la Corporación Espacios de Mujer. La Trata de Personas en Colombia: la Esclavitud Moderna.

58 Documento realizado por el equipo técnico de la Corporación Espacios de Mujer. La Trata de Personas en Colombia: la Esclavitud Moderna.

I. Protocolo Adicional de 1977 Relativo a la Protección de VÍCTIMAS de los Conflictos Internacionales del 01/09/1.993.

II. Protocolo Adicional de 1.977 Relativo a la Protección de las VÍCTIMAS de los Conflictos sin carácter Internacional del 14/08/1.995.

III. Estatuto de Roma de la Corte Penal Internacional 1.998.

CAPÍTULO II

ASPECTOS SOCIOLÓGICOS Y CULTURALES DEL DELITO DE TRATA DE PERSONA

2.1 ASPECTOS GENERALES

La Trata de Personas es un acto delincuencial que afecta varios ámbitos de una sociedad. Así, el jurídico, el político, el económico, el social y el cultural. Hoy, por la magnitud del problema, no puede analizarse simple y llanamente desde el punto de vista jurídico, sino que, como se ha convertido en un tema de globalización de bandas criminales organizadas, no podemos mirarlo como un micro problema social, sino ya considerado como un macro problema que afecta varias esferas Estatales a nivel mundial; por lo tanto, no puede analizarse el Tipo Penal, independiente de los temas que rodean el sistema delincuencial organizado.

Si bien, el objeto principal de estudio de este trabajo, es el análisis dogmático del Tipo Penal de Trata de Personas, dentro de la Teoría del Delito; no puede ser mejor la oportunidad, para presentar un bosquejo general de lo que es y ha sido este flagelo desde diferentes perspectivas dentro de las ciencias afines al Derecho Penal; y en los aspectos más relevantes como el económico, social, político y cultural que rozan en su cotidianidad, al infringir la ley Penal con esta clase de conductas; que reitero, son cometidas por bandas criminales organizadas que traspasan fronteras, convirtiéndose, entonces en bandas transnacionales, a las que tienen que hacerle frente los Estados en cooperación Internacional; pues no son delitos de producción doméstica, sino con un grado inesperado de afectación mundial.

2.2 ASPECTO SOCIO-ECONÓMICO

El territorio colombiano no solamente es origen del flagelo de la Trata de Persona; también, sirve de tránsito y destino. Por ello, el aspecto social va estrechamente ligado al económico no solo desde el punto de vista de las víctimas, sino, también del victimario.

Como lo anotamos en capítulo anterior, este estudio tiene su eje central el análisis dogmático-jurídico del delito de Trata de Personas, visto desde su ubicación sistemática en el Estatuto Penal Sustantivo. Pero, reiteramos, ello no obsta para que no nos ocupemos de temas sociológicos, políticos, económicos o culturales, que son de apoyo óptico e intelectual, para comprender el tema con mayor acierto, y de esta forma saber dirigir la investigación y juzgamiento por caminos trazados mediante líneas en distintas direcciones y de diferentes figuras que nos permitan verdaderamente dar, no solo con la víctima de esta conducta criminal; sino que, sean desmantelados por parte de investigadores y policía judicial los verdaderos autores materiales y determinadores que operan de manera organizada como "empresa" criminal, y con su actuar delictivo violan constantemente los derechos humanos; y, que en la mayoría de los casos no se logran desmantelar, salvo algunas excepciones, precisamente por desconocimiento de aspectos como el social y económico, que son indispensables para llevar a cabo las pesquisas y de esta manera hallar a los responsables del crimen.

En apartados anteriores, señalaba, que años atrás la Trata de Personas se dio en sociedades marginales socialmente hablando. Esto significa, que la Red Criminal, operaba en círculos sociales de recursos económicos muy bajos, donde lo único que florece son las necesidades, la pobreza, la escasez y la ausencia del Estado. Hoy con la globalización del crimen, ya ha permeado otras esferas socioeconómicas de niveles más altos, inclusive, llegando a la comunidad Universitaria, donde sería de creer que poseen más conocimientos y habilidades para auscultar la mente de los "apresadores" o captadores de personas. Pero que, debido a la estructura organizacional de las bandas, su planeación y estudio del perfil de sus víctimas y el gran poder económico, no son pocas las personas que caen en esa realidad venenosa; que, utilizando toda clase de ardid y artimañas, hacen que ya ni las personas que tienen algún nivel de estudio escapen a tan ignominioso flagelo.

No obstante, lo anterior, si sabe que el mayor número de víctimas pertenecen a los estratos socioeconómicos menos favorecidos.

El profesor Esteban J. Pérez Alonso, en su estudio para presentar al Máster de Derecho Penal Internacional de la Universidad de Granada señaló al respecto:

> Uno de los elementos esenciales que configura el escenario de la nueva esclavitud es la desigualdad y la pobreza que caracteriza las condiciones materiales de vida de las personas sometidas a tales prácticas. Es la situación de extrema necesidad en la que

> se encuentran millones de seres humanos, como consecuencia de múltiples factores, como el hambre, las guerras, los desastres naturales, etc., lo que permite que existan prácticas esclavistas, nuevas o viejas. Es la especial situación de vulnerabilidad y de la dependencia material de las víctimas respecto del explotador lo que permite la existencia de nuevas prácticas esclavistas, no el color de la piel, o la etnia; pues, en definitiva, la moderna esclavitud, como la antigua, no consiste en otro caso que en la explotación de la pobreza y miseria humana para obtener provecho de ello. En este aspecto tampoco hay novedad, pues parece ser una constante histórica de la humanidad.[59]

Cuánta razón le asiste al Profesor Pérez Alonso. Tanto, lo uno como lo otro, son factores entrelazados entre sí, que tienen repercusión inescindible en la aparición, sostenimiento y nefastas consecuencias rentables; pero, de aberrante crueldad en este "negocio" con violación tan inconmensurable de los Derechos Humanos.

2.3. MIGRACIÓN

Otro de los aspectos destacados que han influenciado para el crecimiento desmesurado de la esclavitud del siglo XXI, es precisamente la Migración. Sin lugar a dudas, tiene una relación estrecha con el aspecto socioeconómico de las víctimas.

La migración, por lo general, la hacen personas que quieren forjar un mejor futuro que su país de origen por condiciones Políticas, de convulsiones internas, corrupción, falta de interés por parte del Estado en brindar una educación de calidad y en lo posible gratuita, prestar mejor atención al agro, no explotar al ciudadano con excesivos impuestos, pocas o ninguna opción laboral, excesivas cargas laborales a los empleados, excesivos impuestos para Comerciantes y Empresarios, poca capacitación en carreras técnicas entre otras múltiples circunstancias que hacen que la tasa de desempleo aumente cada trimestre; todo esto hace, que las personas salgan en una aventura migratoria, tornándose en presa fácil de las organizaciones rapaces de desvalidos sociales, desorientados, pobres y en un país extraño.

El profesor Pérez, en la obra citada expone:

---

59 PÉREZ ALONSO ESTEBAN J. Globalización, Migración Internacional y Formas Contemporáneas de Esclavitud: Respuestas Jurídico Penales desde la perspectiva Internacional y Europea. IAEU.

Se trata de una nueva forma de delincuencia que ha hecho de la gestión de los movimientos migratorios un rentable negocio a costa de aprovecharse y explotar a las personas más necesitadas y vulnerables del mundo. Los modernos traficantes o negreros tratan a las personas especialmente, mujeres y niños, como objetos o productos básicos con los que se comercia y abusa, mediante la venta, transporte y explotación personal, a través de las fronteras. Es algo parecido al tráfico ilegal de drogas o el comercio ilícito de armas, pero en vez de drogas o armas se trafica o comercia con seres humanos. En definitiva, el tráfico ilegal de personas es un nuevo y rentable negocio internacional, basado en las vidas baratas y en los grandes beneficios que está en manos fundamentalmente de la delincuencia organizada transnacional.[60]

Continua el citado autor:

Dentro de este complejo fenómeno de la migración internacional actual y del tráfico de personas, entendido en sentido genérico, hay dos situaciones diferentes que conviene distinguir claramente pues plantean problemáticas distintas que requieren de soluciones adecuadas a cada una de ellas. Aunque en el trasfondo de ambas siga estando presente el mismo fenómeno de la internacionalización de la mano de obra y no pueden separarse de ella…

… La primera es la inmigración clandestina o contrabando de inmigrantes (smuggling of migrants), que consiste en ayudar a controlar el transito fronterizo de personas en situación irregular con el **ánimo** de obtener un beneficio económico. Pero la realidad más cruel de este fenómeno es la Trata de seres humanos o tráfico ilegal en sentido estricto (trafficking in persons), que consiste en controlar o participar en la captación, traslado o recepción de personas con fines de explotación personal. Dicha finalidad se traduce fundamentalmente en la explotación sexual de las víctimas, sobre todo, mujeres y niños, aunque también se persigue la explotación laboral o el sometimiento a esclavitud o a servidumbre. Además, se lleva a cabo empleando medios o aprovechando situaciones que no permiten mostrar una opción verdadera y

60 PÉREZ ALONSO ESTEBAN J. Globalización, Migración Internacional y Formas Contemporáneas de Esclavitud: Respuestas Jurídico Penales desde la perspectiva Internacional y Europea. IAEU.

libre de la persona traficada. Aquí se produce una situación de dominación y sometimiento de una persona sobre otra que es tratada como si fuera un objeto o un bien de carácter patrimonial, sin libertad ni posibilidad de decidir por sí misma...[61]

2.4 ASPECTO CULTURAL

Aunado a todas las circunstancias anteriores, se suman otros factores de índole cultural, dentro de ellos la cultura del dinero fácil, tanto para víctimas como para victimarios.

Se ha creado una cultura del poco esfuerzo y la mayor ganancia. El volverse rico de la noche a la mañana, sin tener que esperar varios años para lograr sus objetivos económicos. Esto predicable tanto a víctimas como a victimarios. Los primeros buscando mejores horizontes económicos y los segundos aumentar su capital ilícito a costa de la violación de los derechos humanos de sus víctimas.

De otro lado, ayuda a esta cultura del dinero fácil, las producciones televisivas, cinematográficas y la aceptación socialmente del "rico" súbito; donde existe una sociedad permisiva y de pocos filtros sobre valores. La axiología ha ido en importante decadencia; entonces, no interesa el origen del dinero, sino que lo importante es el desmesurado y abundante capital y los lujos expuestos ante una sociedad endémica, donde el dinero y la apariencia son las bases fundamentales de aceptación.

2.5 PERFIL DE LAS POSIBLES VÍCTIMAS

En el desarrollo de cualquier temática dogmático-jurídica, no cabe duda de que están siempre presentes, la lógica, la coherencia y el orden histórico.

Por ello, cada capítulo es inescindiblemente el predecesor o la continuidad de otros, con tal conexidad que en ocasiones suele confundirse la coherencia con la repetición, cuando no se está atento a la lectura del texto.

Este acápite no es la excepción a la anterior aclaración.

Empezamos este tema, con el documento expedido por el Ministerio de la Presidencia de la República de Argentina, y la Dirección Nacional de Migraciones D.N.M, denominado: Protocolo para la Detección temprana de

---

61 PÉREZ ALONSO ESTEBAN J. Globalización, Migración Internacional y Formas Contemporáneas de Esclavitud: Respuestas Jurídico Penales desde la perspectiva Internacional y Europea. IAEU.

situaciones de Trata de Personas en pasos fronterizos, se estableció en el numeral 4.2.:

> Perfil de las posibles víctimas
>
> "es importante recordar que las VÍCTIMAS generalmente son personas que se encuentran en una situación de vulnerabilidad; es decir, que tienen especiales dificultades para ejercitar con plenitud ante el sistema de Justicia los derechos que les son reconocidos por el ordenamiento Jurídico"[62].

El anterior aspecto, es perfectamente aplicable a Colombia; y no solo a Colombia, sino que en la mayoría de países tiene aplicabilidad. Como lo anotamos en anteriores párrafos, las autoridades deben cumplir el ámbito de conocimientos, por cuanto no pueden quedarse tanto la policía e investigadores, como los funcionarios judiciales con los solos técnicos de investigación penal, haciéndose aún más exigente para jueces y fiscales, que al conocimiento de la Teoría del Delito y técnicas de interrogatorio y contrainterrogatorio y en general al conocimiento del derecho en todos sus campos, se suma la imperiosa necesidad de conocer las diferentes aristas que presenta el delito de Trata de Personas. Ese desconocimiento generalizado del compendio que contempla el delito de Trata de Personas, hace que el Gobierno Nacional se quede con informes en sus manos sin saber qué hacer con ellos.

Deben abarcarse distintas áreas para detectar no solo a los victimarios sino también saber detectar a las víctimas, quienes, en la mayoría de los casos, pasan desapercibidas frente a las autoridades. Recordemos que han perdido su libertad, ya están bajo el dominio de su verdugo, así que no pueden clamar auxilio, por cuanto la modalidad es la amenaza no solamente contra sus vidas, sino el exterminio a toda su familia. De ahí, la atrocidad del crimen.

Por ello, la importancia, que las autoridades estén preparadas en cómo poder perfilar a una eventual víctima.

Los perfiles son especialmente clasificados de la siguiente manera:

- Por su edad. Los niños (niñas y niños) como lo hemos venido reiterando son los más vulnerables. Así, que las autoridades deben estar muy atentas a mirar el tránsito, acopio o acogimiento de menores, ya sea en territorios nacionales o a la salida o ingreso al País. Deben observar, no solamente documentación, sino comportamientos rela-

62 Ministerio de Seguridad Social, ab. cit.

cionales y de afecto entre el adulto y el menor. Algunos les falsifican documentación para que, si ya el aspecto físico lo permite hacerles pasar como mayores de edad; así, que ante cualquier duda se debe acudir al dictamen médico-legal para determinar la edad. Esto parece fantasioso, estimado lector, pero no lo es, es una realidad que se presenta a diario; y, que es desconocida por muchos, inclusive, repito por las mismas autoridades.

- El género. Aunque, como lo anotamos, hoy en día, la realidad es que ya no se puede decir que la Trata de Personas, recaiga solamente en mujeres y niños; pues como quedó consignado los hombres adultos y la comunidad LGBT, también han ingresado a engrosar el desalentador número de víctimas. Lo que sí, está demostrado, según estudios es que, son más las mujeres víctimas que los hombres, especialmente, cuando se trata para explotación sexual, esto en casos reportados. Sin querer decir con ello, que los hombres estén exentos del flagelo en un número considerable, pues puede suceder que no lo denuncien, como sucede con la violencia intrafamiliar que por absurdo machismo y pena, no lo dan a conocer a las autoridades correspondientes quedando entonces estos delitos en la lista negra de los crímenes no investigados.

Como ha sido reconocido por la literatura jurídica que existe sobre el tema, y lo hemos afirmado a lo largo de este estudio, la mayoría de las mujeres que caen en manos de los Tratantes, lo hacen para forjar un mejor destino para ellas, y en muchos casos para sus familias. Aunado por su vulnerabilidad socioeconómica son más fáciles de amedrentar bajo la amenaza de desaparecer del globo terrestre a su familia.

Es por ello, que les corresponde a las autoridades fijarse muy bien en este perfil, para detectar más fácilmente a quienes estén siendo víctimas de este flagelo, pues separándonos de corrientes feministas o machistas, lo cierto es que las mujeres, por el motivo que sea, son más fáciles de caer en las redes del crimen organizado de la Trata de Personas, según lo demuestran las estadísticas.

En el Periódico el Tiempo se estableció respecto a las cifras de mujeres víctimas de trata:

- Colombia es origen, tránsito y destino de Trata de Personas, según ONU..., según cifras oficiales citadas por la ONU, en 2015 en Colombia se registraron 73 víctimas de Trata de Personas, mayoritariamente para explotación sexual, trabajos forzados, mendicidad y matrimonio servil. La mayoría eran mujeres (86%).

- Marginalidad. Se ha reiterado que los sectores más marginados de la sociedad, son los más vulnerables para que sean captados, asegurados, dominados y explotados por las Bandas Criminales. Ello no significa, que esta situación sea óbice, para que otras personas de otros estratos sociales más altos, también caigan en las redes de las Organizaciones Criminales por lo anotado con anterioridad, por ejemplo, por la cultura del dinero fácil, o la apariencia de pertenecer a un estrato social de nivel más alto, exhibiendo excentricidades en ropa de marca, joyas, carros de alta gama, etc., todo esto es el anzuelo lanzado para que caigan en manos de estas bandas criminales. Es por ello, que encontramos universitarios de los dos sexos, o de la comunidad LGBT que, bajo promesas de tener grandes comodidades y ostentaciones, son captados por las redes.

Pero en general, reiteramos, son las clases menos favorecidas, las mayores víctimas, por cuanto les hacen ofertas laborales que son apetitosas, o pueden tomarlos a la fuerza o bajo amenaza, que por sus especiales condiciones de vulnerabilidad no saben o piensan no poder acudir ante las autoridades en busca de protección.

A continuación algunos de los últimos reportes de prensa a nivel mundial, sobre la Trata de Personas, con los cuales podemos corroborar y reiterar como son los seres humanos más desvalidos socialmente, quienes conforman el mayor número de víctimas de este cruel y atroz delito, haciéndolos formar parte de las diferentes modalidades a saber: mendicidad, tráfico de órganos, explotación sexual, trabajo forzado, etc. En honor a la verdad estas noticias, no requieren de ningún comentario adicional, pues hablan por sí solas de la infamia universal que cometen estas bandas transnacionales, que toman al ser humano como "mercancía" para lucrarse de forma extravagante a costa de mancillar los derechos de sus víctimas.

Quise traer estas notas de prensa a este escrito, para que veamos, que el delito de Trata de Personas, es una descripción simplemente abstracta que hace la ley de una conducta. Si no que es una realidad viviente, con factores no solamente jurídicos, sino sociológicos, económicos y culturales que nos servirán al momento de interpretar este flagelo desde la perspectiva de la teoría del Delito. Aunado a que se pretende que todos hagamos una reflexión, cómo este delito está afectando no solamente a sus víctimas presentes, sino que, hay potenciales víctimas futuras, por quienes hasta el momento nadie aboga y los Estados, guardan absoluto silencio al respecto, como es el caso de este primer reporte de prensa, que es desgarrador.

"Los hijos de la trata: historias de bebes que nacieron en prostíbulos"[63]
Publicado: 18/05/2014

Luciana Paola tiene 8 años y es hija de una chica asesinada en cautiverio por su proxeneta. Andrea, de 15, aseguró haber visto a Marita Verón con un bebé en brazos. No hay registros de cuantos casos hay. Qué tienen en común con los casos de lesa humanidad.

Por *Florencia Alcaraz* **(Infojus Noticias)**

Cuando sonó el teléfono de Adriana Gordo de Rivas, hace seis años, no pensó que la periodista de Olavarría que la llamaba le iba a decir que su hija estaba muerta. Pero menos imaginó que se iba a enterar que tenía una nieta.

Su hija, Dana Pecci, había sido enterrada hacía un año como NN después de que su proxeneta la asesinara. La chica había tenido una beba durante su cautiverio a la que llamó Luciana Paola. Desde ese llamado en 2008 la mujer ha tratado de conseguir la tenencia de su nieta, que vive con un hijo del hombre condenado a once años de prisión por el asesinato de Dana.

"Hoy la nena tiene 8 años. En 2011 me dejaron verla algunas veces. Tenía un año y medio cuando mataron a mi hija. Sabe que su mamá murió. Hasta recuerda el día que le dispararon", dijo Adriana a Infojus Noticias.

Dana tenía 13 años cuando cayó en una red de trata sexual en la localidad de Olavarría. A los tres meses logró escaparse, pero los tentáculos de la organización volvieron a atraparla.

63 https://www.enlacecritico.com/destacados/los-hijos-de-la-trata-historias-de-bebes-que-nacieron-en-prostibulos/

En 2007 quiso otra vez huir, esta vez junto a su beba. No pudo: le dispararon seis veces y la dejaron abandonada en una ruta del conurbano. A partir de ahí, la nena se crió con la familia de Pedro Rudecindo Adorno, el hombre que había reclutado y matado a su propia madre. En 2009 la jueza María Cristina Beaucamp le dio una tenencia provisoria a la familia de Adorno.

Hija de víctima y victimario criada en el contexto hostil de la explotación sexual, la historia de Luciana Paola pone de relieve la realidad de aquellos niños que nacen en cautiverio. No hay números que señalen cuántos son. Tampoco, se conoce con exactitud cuántas son las mujeres desaparecidas que hoy son tratadas.

"El caso más emblemático y público es el de Dana pero obviamente hay otros más", explicó, Fabiana Túñez, de la Ong La Casa del Encuentro. *"No conozco ninguna legislación que nos ampare. Tampoco pude contactarme con otros casos como el mío"*, dijo a Infojus Noticias la abuela de Luciana Paola.

En general, las víctimas de trata no se convierten en madres durante el encierro, sus cuerpos se vuelven inútiles para quienes lucran con ellos. *"No se podía trabajar embarazada, ni tampoco indispuesta"*, declaró una mujer que era explotada en la localidad bonaerense de San Miguel en el marco de una investigación que el año pasado desbarató una red de prostíbulos que actuaba con complicidad policial.

En ese mismo expediente, otra de las víctimas contó en sede judicial cómo los tratantes obligaron a una mujer embarazada a practicarse un aborto. Sus propias compañeras le pusieron cuatro pastillas abortivas en la vagina que le produjeron un profundo sangrado. Como no expulsaba al feto, las mujeres le hicieron masajes en la panza para tratar de que lo expida. Nadie le dio asistencia médica.

Para retenerlas o reivindicar que esos cuerpos son de su propiedad algunos proxenetas violan y embarazan a sus víctimas.

La causa que empujó la aprobación de la ley de trata en 2008 y que dio visibilidad al delito es el caso de Marita Verón en Tucumán. En el expediente de la joven, desaparecida desde 2002 y buscada con intensidad por su madre Susana Trimarco, aparece la posibilidad de que haya tenido un hijo en cautiverio.

El caso de la chica que vió a Marita Verón con un bebé en brazos

Andrea fue una de las testigos del juicio por el secuestro de la chica tucumana. Ella tenía 15 años cuando conoció el encierro y la explotación. Perdió su identidad. Los tratantes la bautizaron "Barbie" y como se negaba a hacer los "*pases*" la sometían a castigos y torturas.

En ese tiempo Andrea dijo haber visto a Marita en un prostíbulo riojano. La habían golpeado, estaba atada de pie en la cocina y una mujer con un bebé en brazos entró al lugar. Le aflojó la soga y le sugirió que no llorara para que no la lastimaran. Le mostró heridas y cicatrices. También le dijo que se llamaba María de los Ángeles Verón, que era tucumana y que le decían Marita.

Andrea le preguntó si el bebé era de ella. Le confesó que "El Chenga" Gómez la había embarazado para que no se escapara.

La hija de Trimarco, además, le mostró una foto de Sol Micaela Verón que llevaba en el jean. Se prometieron que la primera que pudiera salir iba a avisarle a la familia de la otra. Andrea cumplió y en 2012 narró esta historia ante los jueces.

"*Si ese hijo existe, es mi nieto y quiero que aparezca*", dijo Susana Trimarco durante el juicio. También confió haberse acercado a Abuelas de Plaza de Mayo para buscar al supuesto hijo de Marita.

El Banco Nacional de Datos Genéticos de familiar es la única herramienta con la cual podría intensificarse la búsqueda de los hijos de la trata. También sería una línea para sumar a la búsqueda de las mujeres desaparecidas que se presumen víctimas de trata.

A medida que se acumula y sistematiza conocimiento en torno a este delito, cada vez son más los puntos de contacto con los casos de lesa humanidad.

Las herramientas para la búsqueda de las personas desaparecidas son las mismas. Los hijos nacidos en cautiverio de muchos detenidos ilegalmente apropiados por represores o dados en adopción, sufrieron la pérdida de identidad como los bebes criados por familias de proxenetas.

Hace poco se conoció que la Ong "Acciones Coordinadas contra la trata" en conjunto con la Procuraduría de Combate a la Trata y Explotación de Personas (PROTEX) que comanda el fiscal Marcelo Colombo propusieron la creación de un banco de datos genéticos para casos de trata.

El proyecto toma la herencia la del Equipo Argentino de Antropología Forense (EAAF). Con la ciencia al servicio de la justicia busca cruzar los datos de las denuncias por desaparición de personas que se registran en todo el país y la información sobre quienes aparecen como NN, se trate de personas vivas o de cuerpos cuya identidad se desconoce.

También existe la idea de que los familiares que realizan una denuncia por trata puedan dejar muestras de material genético, que posteriormente contribuya en la tarea de identificación. *"Se pretende conectar dos mundos: el de las personas desaparecidas y el de aquellas encontradas y anotadas como NN en morgues, psiquiátricos, hospitales o en otros sitios"*, dijo Colombo.

"Tráfico de bebés: rescataron a cuatro embarazadas y 24 recién nacidos"[64] Pagaban 1.400 dólares por un varón y 800 por una nena.

Publicado: 29/02/2020

La policía nigeriana liberó a **24 bebés y a cuatro adolescentes embarazadas** que se encontraban en una casa en la ciudad petrolera de Port-Harcourt (sur de Nigeria).

"Durante una operación llevada a cabo el martes, nuestros hombres descubrieron una organización dedicada a la **trata de bebés** en Port-Harcourt, donde 24 bebés de uno a dos años y cuatro adolescentes embarazadas fueron rescatados» dijo el vocero Nnamdi Omoni.

Otras "fábricas de bebés" del mismo tipo fueron descubiertas en los últimos años por la policía nigeriana. En algunos casos, los bebés pueden sufrir rituales de magia negra.

Los bebés varones son generalmente vendidos por 500.000 nairas **(1.400 dólares**) mientras que las nenas lo son a unas 300.000 nairas (800 dólares), indicó la policía en casos precedentes.

Nigeria, país petrolero, posee una de las mayores economías de África, pero es también una de las naciones del mundo con mayor número de habitantes que viven en una pobreza extrema.

Según la Unesco, el tráfico de seres humanos es el tercero más frecuente en Nigeria después de la corrupción y el tráfico de drogas."

64 https://tn.com.ar/internacional/trafico-de-bebes-rescataron-cuatro-embarazadas-y-24-recien-nacidos_1038487

"Trata de Personas: Rescatan en aeropuerto de Cancún a nena de 2 años que iban a llevar a Turquía.[65]

Publicado: 09/01/2019

Una niña de 2 años de nacionalidad española fue rescatada este martes en el Aeropuerto Internacional de Cancún en el momento en que estaba con una mujer filipina que la había secuestrado: la captora se prestaba a tomar un vuelo y llevarla a Turquía, según informó la Policía Federal de México.

"Gracias a un intenso dispositivo de seguridad", la pequeña fue rescatada en la terminal 4 del aeropuerto de Cancún, del Caribe mexicano, antes de abordar un vuelo a Estambul, reportó la agencia española de noticias EFE.

La niña fue secuestrada de su casa de la ciudad de Tulum, ubicada a unos 130 kilómetros de la turística Cancún. Tras la denuncia de la desaparición por parte de sus padres, la Justicia federal de México activó el protocolo de búsqueda y emitió los oficios correspondientes. Así, un grupo de policías localizó a la menor en compañía de una mujer filipina quien tenía en su poder dos pasajes de avión a Estambul.

Tras los operativos, la pequeña fue devuelta a su madre y captora trasladada a la Fiscalía Especializada en trata de persona.

El "Triángulo dorado"

Estambul es considerada por los analistas del plano internacional como la puerta de ingreso del imperio occidental al oriental y viceversa. Para la periodista feminista mexicana Lydia Cacho, la mítica ciudad turca es uno de los principales sitios de tráfico temporal de trata.

Desde Estambul, de acuerdo a lo que escribió la periodista mexicana en su libro Esclavas del poder, mujeres, niños y niñas son traídos de países de Asia y Europa, incluso de América Latina, para ser comprados por las mafias china, japonesa y albanesa, entre otras organizaciones delictivas dedicadas al tráfico de personas. Lugares de donde en la mayoría de los casos no regresan jamás.

---

65 https://despegalo.org/trata-de-personas-rescatan-en-aeropuerto-de-cancun-a-nena-de-2-anos-que-iban-a-llevar-a-turquia/

Turquía es el primero de los países al que la periodista visitó para investigar la ruta de trata y al que llama el "triángulo dorado", un lugar en donde policías y militares ven a la prostitución como un potencial negocio. De hecho, según dice la periodista en el libro, miembros de la fuerza del orden turcos son los principales clientes, mostrando así una doble moral que también se traslada a otros ámbitos, como en el caso de la prensa y la libertad de expresión.

Un policía le cuenta a Cacho en un bar de Estambul que en su país "prácticamente no hay prostitutas turcas" porque "todas vienen de Rusia", que en Turquía "se combate la prostitución sólo con videos educativos para advertir a los tratantes de los riesgos que corren mujeres y niños".

Y es Estambul el lugar que la periodista mexicana eligió para empezar a recorrer ella misma la ruta de la trata, ya que partió de la premisa de que es el lugar de paso en donde mujeres, niños y niñas que fueron robados de sus padres, son vendidos y llevados a otros lugares del mundo, hipótesis que corrobora en el final de su investigación luego de haber viajado desde México hacia Estambul, Ankara y de allí a Japón, China, Somalia y Albania, entre otros países hacia donde son llevadas las víctimas de trata capturadas en Asia, América Latina y otros lugares de Europa."

CAPÍTULO III

LA TRATA DE PERSONAS EN COLOMBIA.
REFERENTES HISTÓRICOS Y NORMATIVOS NACIONALES E INTERNACIONALES. MARCO CONVENCIONAL, CONSTITUCIONAL, LEGAL Y POLÍTICO

Para analizar desde la óptica dogmático-jurídica, el delito de Trata de Personas en el Derecho Penal Colombiano es de imperiosa necesidad revisar los fundamentos convencionales y constitucionales, que sirven de base para elevar a la categoría de delito aquellas conductas que atentan contra el ser humano cosificando o transformándolo en mercancía objeto de compra y venta al mejor postor; con total desprecio de la dignidad humana y en general de los DDHH. Con la trata, la persona pasa de ser un sujeto de derechos y obligaciones para convertirse en objeto-mercancía, quedando de esta manera eliminados los atributos de la personalidad, con grave violación de los derechos fundamentales.

El Estado colombiano, por definición constitucional, es un Estado Social y Democrático de Derecho, fundado en el respeto de la dignidad humana, por esta razón es responsable de sus coasociados y debe respetar los Derechos Fundamentales. Para sustento de esta afirmación, veamos algunas normas de la Carta Política Colombiana:

> **ARTÍCULO 1o.** Colombia es un Estado social de derecho, organizado en forma de República unitaria, descentralizada, con autonomía de sus entidades territoriales, democrática, participativa y pluralista, fundada en el respeto de la dignidad humana, en el trabajo y la solidaridad de las personas que la integran y en la prevalencia del interés general.[66]

---

66 Asamblea Nacional Constituyente. 2016. "Constitución Política de Colombia". Base documental Secretaría del Senado, 3 de junio de 2016, en http://www.secretariasenado.gov.co/senado/basedoc/constitucion_politica_1991.html

El Titulo II, denominado "de los Derechos, las Garantías y los Deberes", ubicado en el "Capítulo I. De los Derechos Fundamentales" de la Constitución Política, establece en el artículo 17 que "se prohíben la esclavitud, la servidumbre y la trata de seres humanos en todas sus formas."[67]

Correlacionado con lo anterior encontramos los artículos 11, 12, 13, 14, 15, 16, 21, 33, 44 y 250 de la Carta Política que fundamentan la necesidad de criminalizar la trata de personas. Veamos:

ARTÍCULO 11. El derecho a la vida es inviolable. No habrá pena de muerte.

ARTÍCULO 12. Nadie será sometido a desaparición forzada, a torturas ni a tratos o penas crueles, inhumanos o degradantes.

ARTÍCULO 13. Todas las personas nacen libres e iguales ante la ley, recibirán la misma protección y trato de las autoridades y gozarán de los mismos derechos, libertades y oportunidades sin ninguna discriminación por razones de sexo, raza, origen nacional o familiar, lengua, religión, opinión política o filosófica.

El Estado promoverá las condiciones para que la igualdad sea real y efectiva y adoptará medidas en favor de grupos discriminados o marginados.

El Estado protegerá especialmente a aquellas personas que (sic) por su condición económica, física o mental, se encuentren en circunstancia de debilidad manifiesta y sancionará los abusos o maltratos que contra ellas se cometan.[68]

Con la anterior normatividad constitucional, podemos evidenciar los derechos fundamentales protegidos desde la misma Carta Política. Un delito como la trata de personas, en su modalidad de abuso más radical puede llegar a atentar incluso contra la misma vida de la víctima. El trabajo forzoso y, por qué no; la explotación sexual puede poner en riesgo de manera grave permanentemente la salud del explotado y, en consecuencia, provocar una muerte prematura.

---

67 Asamblea Nacional Constituyente. 2016. "Constitución Política de Colombia". Base documental Secretaría del Senado, 3 de junio de 2016, en http://www.secretariasenado.gov.co/senado/basedoc/constitucion_politica_1991.html

68 Asamblea Nacional Constituyente. 2016. "Constitución Política de Colombia". Base documental Secretaría del Senado, 3 de junio de 2016, en http://www.secretariasenado.gov.co/senado/basedoc/constitucion_politica_1991.html

Nadie puede ser víctima de tratos crueles y degradantes, realidad reiterada de las personas explotadas, sometidas al abuso del tratante y del "cliente"; seres humanos que se convierten en bienes de intercambio perdiendo sus derechos, siendo esta una de las expresiones del crimen más crueles e indignas que la sociedad globalizada está afrontando ante el desmesurado incremento del crimen organizado.

Por otro lado, este delito atenta directamente contra la libertad de la persona sometida, pues no tiene control de su tiempo o espacio vital. Este derecho fundamental resulta también relevante en referencia a la actuación adelantada por el Estado, pues sin importar sus características de género socialmente discriminadas (un transexual, por ejemplo), deben las instituciones intervenir activamente. Ante la grave violación los derechos de libertad y autonomía personales, el Estado Colombiano, ha tenido que dar respuestas penales, tipificando la conducta de trata de personas, y de esta manera tutelar los derechos, que precisamente, como se verá más adelante son los bienes que se protegen al castigar la conducta punible desplegada por el infractor de la ley penal.

Pero, los anteriores no son los únicos derechos que se protegen, y que, una vez perpetradas la conducta se quebrantan; existen otros derechos fundamentales inscritos en la Constitución y conexos a nuestra materia. Veamos:

> "**ARTÍCULO 14.** Toda persona tiene derecho al reconocimiento de su personalidad jurídica.
>
> **ARTÍCULO 15.** Todas las personas tienen derecho a su intimidad personal y familiar y a su buen nombre, y el Estado debe respetarlos y hacerlos respetar.
>
> (...)
>
> **ARTÍCULO 250.** <Artículo modificado por el artículo 2 del Acto Legislativo No. 3 de 2002. El nuevo texto es el siguiente:> La Fiscalía General de la Nación está obligada a adelantar el ejercicio de la acción penal y realizar la investigación de los hechos que revistan las características de un delito que lleguen a su conocimiento por medio de denuncia, petición especial, querella o de oficio, siempre y cuando medien suficientes motivos y circunstancias fácticas que indiquen la posible existencia del mismo. No podrá, en consecuencia, suspender, interrumpir, ni renunciar a la persecución penal, salvo en los casos que establezca la ley para la aplicación del principio de oportunidad regulado dentro del

> marco de la política criminal del Estado, el cual estará sometido al control de legalidad por parte del juez que ejerza las funciones de control de garantías. Se exceptúan los delitos cometidos por Miembros de la Fuerza Pública en servicio activo y en relación con el mismo servicio.
>
> En ejercicio de sus funciones la Fiscalía General de la Nación, deberá:
>
> 6. Solicitar ante el juez de conocimiento las medidas judiciales necesarias para la asistencia a las víctimas, lo mismo que disponer el restablecimiento del derecho y la reparación integral a los afectados con el delito."[69]

Los anteriores postulados se evidencian en el sistema procesal penal, dado que la personalidad jurídica y la intimidad de la posible víctima y de su familia, son premisas indispensables que se deben tener en cuenta en la investigación y juzgamiento del delito de trata; atendiendo a que es una víctima con características muy especiales: temerosa, perseguida, maltratada en el tiempo, desconectada de la realidad actual, del mundo externo, con graves problemas psicológicos, decepcionada, avergonzada, insegura de sí misma y frente a los demás etc. Este procedimiento es responsabilidad de la Fiscalía General de la Nación quien deberá actuar de forma diligente en todos los trámites que se deban adelantar.

> "**ARTÍCULO 16.** Todas las personas tienen derecho al libre desarrollo de su personalidad sin más limitaciones que las que imponen los derechos de los demás y el orden jurídico.
>
> (...)
>
> **ARTÍCULO 21**. Se garantiza el derecho a la honra. La ley señalará la forma de su protección.
>
> (...)
>
> **ARTÍCULO 44.** Son derechos fundamentales de los niños: la vida, la integridad física, la salud y la seguridad social, la alimentación equilibrada, su nombre y nacionalidad, tener una familia y no ser separados de ella, el cuidado y amor, la educación y la cultura, la re-

---

69 Asamblea Nacional Constituyente. 2016. "Constitución Política de Colombia". Base documental Secretaría del Senado, 3 de junio de 2016, en http://www.secretariasenado.gov.co/senado/basedoc/constitucion_politica_1991.html

> creación y la libre expresión de su opinión. Serán protegidos contra toda forma de abandono, violencia física o moral, secuestro, venta, abuso sexual, explotación laboral o económica y trabajos riesgosos.
>
> Gozarán también de los demás derechos consagrados en la Constitución, en las leyes y en los tratados internacionales ratificados por Colombia. La familia, la sociedad y el Estado tienen la obligación de asistir y proteger al niño para garantizar su desarrollo armónico e integral y el ejercicio pleno de sus derechos. Cualquier persona puede exigir de la autoridad competente su cumplimiento y la sanción de los infractores. Los derechos de los niños prevalecen sobre los derechos de los demás."[70]

El libre desarrollo de la personalidad adquiere vital relevancia, dado que muchas veces las víctimas son menores que no han llegado a la madurez psicológica y crecen en un contexto penoso. Esta situación va concatenada a los derechos fundamentales de los niños, quienes necesitan una atención integral, obligando al Estado a darles protección especial de ayuda y seguimiento mientras dure el proceso de rescate e incorporación a la sociedad de la cual fue extraído por parte de los tratantes.

Esta óptica de derechos se consolida con la adquisición histórica de garantías irrenunciables al hombre:

> "Es así como la transformación del estado absoluto en estado de derecho acontece a la vez que la transformación del súbdito en ciudadano, es decir, en sujeto titular de derechos ya no solo "naturales" sino "constitucionales" frente al estado, que resulta a su vez vinculado frente a él. El llamado contrato social, una vez traducido a pacto constitucional, deja de ser una hipótesis filosófico-política para convertirse en un conjunto de normas positivas que obligan entre sí al estado y al ciudadano, haciendo de ellos dos sujetos con soberanía recíprocamente limitada." [71]

Las obligaciones del Estado y las obligaciones de los ciudadanos son el pilar para el cumplimiento de los parámetros sociales que rigen las rela-

70 Asamblea Nacional Constituyente. 2016. "Constitución Política de Colombia". Base documental Secretaría del Senado, 3 de junio de 2016, en http://www.secretariasenado.gov.co/senado/basedoc/constitucion_politica_1991.html

71 Derecho Constitucional, programa de Administración Pública Territorial, José Vicente Barreto Rodríguez.

ciones entre los individuos coasociados en un país. Es así, como todos son responsables de respetar paradigmas inquebrantables como los anteriormente mencionados.

Una vez establecidos estos fundamentos vinculados a los seres humanos; veamos, lo que nos señala el artículo 93 de la Constitución Política referente a que el Estado colombiano está obligado a aplicar los Tratados Internacionales que han sido ratificados por el Congreso de la República, de acuerdo con lo señalado por el artículo 150 numeral 16 de la Carta Política:

> **ARTÍCULO 93**. Los tratados y convenios internacionales ratificados por el Congreso, que reconocen los derechos humanos y que prohíben su limitación en los estados de excepción, prevalecen en el orden interno.
>
> Los derechos y deberes consagrados en esta Carta se interpretarán de conformidad con los tratados internacionales sobre derechos humanos ratificados por Colombia.
>
> <Incisos 3 y 4 adicionados por el artículo 1 del Acto Legislativo No. 2 de 2001.
>
> El nuevo texto es el siguiente:>
>
> El Estado Colombiano puede reconocer la jurisdicción de la Corte Penal Internacional en los términos previstos en el Estatuto de Roma adoptado el 17 de julio de 1998 por la Conferencia de Plenipotenciarios de las Naciones Unidas y, consecuentemente, ratificar este tratado de conformidad con el procedimiento establecido en esta Constitución (...)[72]

Esto significa que el Estado Colombiano debe sujetarse al control convencional y dar aplicación a los tratados y convenios que ha ratificado; esto ha sido denominado por la jurisprudencia[73] y la doctrina como bloque de constitucionalidad, en el entendido que los tratados internacionales quedan incorporados en la normatividad nacional.

Por lo tanto, el Estado colombiano está en la obligación de dar cumplimiento a lo señalado por la Convención Americana sobre Derechos Huma-

---

72 Asamblea Nacional Constituyente. 2016. "Constitución Política de Colombia". Base documental Secretaría del Senado, 3 de junio de 2016, en http://www.secretariasenado.gov.co/senado/basedoc/constitucion_politica_1991.html

73 Al respecto pueden consultarse las Sentencias C-027 de 1993, C-179 de 1993, C-225 de 95, de la Corte Constitucional sobre Bloque de Constitucionalidad.

nos, el Pacto Internacional sobre Derechos Civiles y Políticos, la Declaración Universal sobre Derechos Humanos, la Convención de las Naciones Unidas sobre la Delincuencia Organizada Trasnacional del 15 de noviembre del 2000, el Protocolo de Palermo para Prevenir y Reprimir la Trata de Personas Especialmente de Mujeres y Niños, y la Convención sobre los Derechos del Niño.

Por ello, no puede el Estado colombiano sustraerse a hacerle frente al flagelo de la esclavitud del siglo XXI o a las formas contemporáneas de esclavitud, concepto trabajado por varios autores, incluido el Doctor Esteban J. Pérez Alonso, quien afirma:

> Por todo ello, resulta conveniente realizar una breve descripción de este fenómeno calificado como la nueva esclavitud del siglo XXI, aunque con nuevas formas de manifestación y con unos rasgos criminológicos propios. Como con acierto ha advertido BALES, la nueva esclavitud es como una enfermedad para la que no hay vacuna. Mientras no la entendamos, mientras no sepamos cómo funciona realmente, pocas probabilidades tendremos de detenerla. Y esa enfermedad se está extendiendo. El número de esclavos es cada vez mayor. Nos encontramos ante una epidemia de esclavitud que está unida a nuestras vidas por medio de la economía global.
>
> Las formas contemporáneas de esclavitud constituyen un fenómeno estructural y no coyuntural en el nuevo orden de la mundialización, que está estrechamente relacionado con el alarmante incremento de la población mundial y con el fenómeno de la migración internacional sin precedentes que se está produciendo en las últimas décadas como una consecuencia más de la globalización económica. Este fenómeno hay que enmarcarlo, por tanto, en el contexto de la globalización mundial para conocer y hacer frente a los efectos que la una produce en el otro. [74]

Es indispensable conocer las dinámicas del delito a partir de los cambios provocados por la globalización. Las soluciones deben implementarse a partir de un análisis juicioso del contexto social y cultural, porque de lo contrario tendríamos un montón de políticas criminales disfuncionales e incoherentes.

---

74 Pérez, E. 2014. "Esquema de Conceptos Básicos del Master -Globalización, migración internacional y formas contemporáneas de esclavitud: respuestas jurídico-penales desde la perspectiva internacional y europea." Universidad de Granada. España.

Para continuar con el orden lógico-sistemático, vamos a señalar la normatividad internacional que tiene que ver con la Esclavitud Contemporánea o Esclavitud del siglo XXI, también denominada como esclavitud moderna, y que en el ámbito de tratados y convenios se ha llamado como trata de seres humanos.

DECLARACIÓN UNIVERSAL SOBRE DERECHOS HUMANOS

ARTÍCULO 1.
Todos los seres humanos nacen libres e iguales en dignidad y derechos y, dotados como están de razón y conciencia, deben comportarse fraternalmente los unos con los otros.

ARTÍCULO 2.
Toda persona tiene todos los derechos y libertades proclamados en esta Declaración, sin distinción alguna de raza, color, sexo, idioma, religión, opinión política o de cualquier otra índole, origen nacional o social, posición económica, nacimiento o cualquier otra condición.

Además, no se hará distinción alguna fundada en la condición política, jurídica o internacional del país o territorio de cuya jurisdicción dependa una persona, tanto si se trata de un país independiente, como de un territorio bajo administración fiduciaria, no autónomo o sometido a cualquier otra limitación de soberanía.

ARTÍCULO 3.
Todo individuo tiene derecho a la vida, a la libertad y a la seguridad de su persona.

ARTÍCULO 4.
NADIE ESTARÁ SOMETIDO A ESCLAVITUD NI A SERVIDUMBRE, LA ESCLAVITUD Y LA TRATA DE ESCLAVOS ESTÁN PROHIBIDAS EN TODAS SUS FORMAS. (Mayúscula y negrilla fuera del texto)

ARTÍCULO 5.
Nadie será sometido a torturas ni a penas o tratos crueles, inhumanos o degradantes.[75]

---

75 Asamblea General de las Naciones Unidas. 2016. "Declaración Universal de Derechos Humanos". Base Documental Naciones Unidas, 10 de junio de 2016, en: http://www.un.org/es/documents/udhr/

Sin duda, la Declaración Universal sobre Derechos Humanos es el pilar del cual emana la justificación de la existencia del derecho en general y específicamente del derecho penal. Sus fundamentos son el planteamiento de los acuerdos internacionales de la postguerra, y representa un hito histórico en la consolidación de garantías. Se destaca la mención a la prohibición de la esclavitud y trata de esclavos en todas sus formas, que incluye las formas contemporáneas en las que se ha trastocado esta grave infracción.

> **CONVENCIÓN AMERICANA SOBRE DERECHOS HUMANOS (Suscrita en San José de Costa Rica el 22 de noviembre de 1969)**
>
> "ARTÍCULO 4. Derecho a la Vida
> Toda persona tiene derecho a que se respete su vida. Este derecho estará protegido por la ley y, en general, a partir del momento de la concepción. Nadie puede ser privado de la vida arbitrariamente (...).
>
> ARTÍCULO 6. Prohibición de la Esclavitud y Servidumbre
> 1. **NADIE PUEDE SER SOMETIDO A ESCLAVITUD O SERVIDUMBRE, Y TANTO ÉSTAS, COMO LA TRATA DE ESCLAVOS Y LA TRATA DE MUJERES ESTÁN PROHIBIDAS EN TODAS SUS FORMAS.** (Mayúsculas y negrilla fuera del texto)
> 2. Nadie debe ser constreñido a ejecutar un trabajo forzoso u obligatorio (...).
>
> ARTÍCULO 7. Derecho a la Libertad Personal
> 1. Toda persona tiene derecho a la libertad y a la seguridad personales (...)."[76]

Los mencionados postulados de la Declaración Universal sobre Derechos Humanos se reiteran en la Convención Americana sobre Derechos Humanos, el derecho a la vida, el derecho a la libertad personal, y por supuesto, la prohibición al sometimiento de la esclavitud, servidumbre y trata de mujeres. Estos conceptos al ser los pilares de los bienes jurídicos y de la intervención del Estado no importa que sean abordados varias veces por los organismos internacionales, por el contrario, estos preceptos van adquiriendo nuevos matices producto de los cambios sociales que evidencian nuevas formas de vulneración de derechos.

---

76 Organización de los Estados Americanos. 2016. "Convención Americana sobre Derechos Humanos". Base Documental Organización de los Estados Americanos, 10 de junio de 2016, en: https://www.oas.org/dil/esp/tratados_B-32_Convencion_Americana_sobre_Derechos_Humanos.htm

Se habla, de la prohibición de trata de esclavos y trata de mujeres; como sabemos las respuestas jurídicas tanto internacionales como nacionales para enfrentar los problemas que agobian a la sociedad están definidas dentro de contextos témpora-espaciales concretos, y para entonces no se había expresado de manera ostensible la trata de seres humanos como la tenemos hoy, donde ya no es exclusivo de "esclavos" y mujeres, sino que entraron a engrosar el listado de víctimas niños, hombres y la comunidad LGBT. Pero queda muy claro, la expresa prohibición de la esclavitud en general.

PACTO INTERNACIONAL DE DERECHOS CIVILES Y POLÍTICOS

"ARTÍCULO 2

1. Cada uno de los Estados Parte en el presente Pacto se compromete a respetar y a garantizar a todos los individuos que se encuentren en su territorio y estén sujetos a su jurisdicción los derechos reconocidos en el presente Pacto, sin distinción alguna de raza, color, sexo, idioma, religión, opinión política o de otra índole, origen nacional o social, posición económica, nacimiento o cualquier otra condición social.

ARTÍCULO 7

Nadie será sometido a torturas ni a penas o tratos crueles, inhumanos o degradantes. En particular, nadie será sometido sin su libre consentimiento a experimentos médicos o científicos.

ARTÍCULO 8

1. Nadie estará sometido a esclavitud. La esclavitud y la trata de esclavos estarán prohibidas en todas sus formas.
2. Nadie estará sometido a servidumbre.
3. a) Nadie será constreñido a ejecutar un trabajo forzoso u obligatorio (...)."[77]

En síntesis, podemos señalar de manera consolidada y para mayor comprensión del tema, que existen instrumentos jurídicos universales sobre Derechos Humanos, instrumentos de las américas sobre Derechos Humanos y normatividad nacional, todos ellos encaminados a prevenir y controlar distintos fenómenos que fomentan la esclavitud contemporánea. Por ello, los podemos agrupar de la siguiente forma:

---

77 Organización de las Naciones Unidas. 2016. "Pacto Internacional de Derechos Civiles y Políticos". Base Documental Naciones Unidas, 10 de junio de 2016, en: http://www.ohchr.org/SP/ProfessionalInterest/Pages/CCPR.aspx

1. INSTRUMENTOS UNIVERSALES DE DERECHOS HUMANOS[78]

- Protocolo Facultativo de la Convención para la Eliminación de todas las Formas de Discriminación contra la Mujer 2000 (del 10/12/1999 - Firma)
- Convención para la Eliminación de la Discriminación Racial 1965 del 02/09/1981
- Convención sobre los Derechos del Niño 1989 (del 28/01/1991 - en reserva)
- Protocolo Facultativo de la Convención sobre los Derechos del Niño Relativo a la Participación en Conflictos Armados 2000 (del 25/05/2005)
- Protocolo Facultativo de la Convención sobre los Derechos del Niño Relativo a la Venta de Niños, la Prostitución Infantil y la Utilización de Niños en Pornografía 2000 (del 11/11/2003)
- Convención Internacional sobre la Protección de los Derechos de todos los Trabajadores Migratorios y de sus familiares 1990 (del 24/05/1995)
- Convención de Naciones Unidas contra el Crimen Organizado Transnacional 2002 (del 04/08/2004)
- Protocolo de la Convención de las Naciones Unidas contra el Crimen Organizado Transnacional para Prevenir, Suprimir y Sancionar la Trata de Personas, especialmente Mujeres y Niños 2002 (del 04/08/2004 - Reserva)

2. INSTRUMENTOS DE LAS AMÉRICAS SOBRE DERECHOS HUMANOS[79]

- Convención Interamericana para Prevenir y Sancionar la Tortura 1985 del 02/12/1998
- Convención Interamericana para Prevenir, Sancionar y Erradicar la Violencia contra la Mujer (Convención de Belem do Pará) 1994 del 15/11/1996

78 Corporación Espacios de Mujer. 2016. "La trata de personas en Colombia la Esclavitud Moderna". Base Documental Departamento de Estado (U.S.A), 17 de junio de 2016, en: http://www.tipheroes.org/media/1597/la-trata-en-colombia.pdf

79 Corporación Espacios de Mujer. 2016. "La trata de personas en Colombia la Esclavitud Moderna". Base Documental Departamento de Estado (U.S.A), 17 de junio de 2016, en: http://www.tipheroes.org/media/1597/la-trata-en-colombia.pdf

- Derecho Internacional Humanitario

  I Convenio de Ginebra 1949 del 08/11/1961

  II Convenio de Ginebra 1949 del 08/11/1961

  III Convenio de Ginebra 1949 del 08/11/1961

  IV Convenio de Ginebra 1949 del 08/11/1961

- I Protocolo Adicional de 1977 Relativo a la Protección de las Víctimas de los Conflictos Internacionales del 01/09/1993
- II Protocolo Adicional de 1977 Relativo a la Protección de las Víctimas de los Conflictos sin Carácter Internacional del 14/08/1995
- Estatuto de Roma de la Corte Penal Internacional 1998 del 05/08/2002

JURISPRUDENCIA INTERNACIONAL SOBRE TRATA DE PERSONAS

"En la actualidad existen tres tribunales penales internacionales: Tribunal Penal Internacional para la Antigua Yugoslavia (TPIY), Tribunal Penal Internacional para Ruanda (TPIR) y la Corte Penal Internacional, siendo más amplia la competencia del último tribunal mencionado.

El primero de los dos tribunales ad hoc del Consejo de Seguridad define su competencia en los artículos 2 a 5 del Estatuto del Tribunal, correspondientes a las graves infracciones a las Convenciones de Ginebra d 1949, las violaciones a las leyes o costumbres de la guerra (ambos pueden incluirse dentro de la categoría de crímenes de guerra), el genocidio y los crímenes de lesa humanidad. Para el TPIR la competencia material se evidencia en los artículos 2 a 4 de su Estatuto, estableciendo igualmente el genocidio, los crímenes de lesa humanidad y los crímenes de guerra (violaciones al artículo 3 común de las Convenciones de Ginebra de 1949).

Finalmente, el Estatuto de Roma de la CPI dispone en su artículo 5 los crímenes de la competencia de la Corte, a saber: el crimen de genocidio (artículo 6), los crímenes de lesa humanidad (artículo 7), los crímenes de guerra (artículo 8) y el crimen de agresión (el cual, si bien es de la competencia de la CPI, aún no se encuentra definido y, por ende, esta Corte no podrá conocerlo hasta tanto no se establezca su definición)".[80]

---

80 ASPECTOS JURÍDICOS DEL DELITO DE TRATA DE PERSONAS EN COLOMBIA, Aportes desde el Derecho Internacional, Derecho Penal y las Organizaciones no Gubernamentales.

Es importante, destacar que hasta el momento, por las razones, antes expuestas por el autor, la Corte Penal Internacional, no es competente para conocer el delito de trata de personas, por cuanto no se encuentra dentro de los delitos descritos para su conocimiento; aunque ya existen algunas voces a las que nos sumamos, que se busque la forma que este delito de tanta crueldad y tanta violación de los Derechos Humanos, puedan llegar a conocimiento de la Corte Penal Internacional; si bien, en la actualidad no se han visto los resultados esperados de sanción para los delitos de su competencia; pero si, al menos tener la expectativa que como delito tan grave de violación de derechos fundamentales y derechos humanos, en su condición subsidiaria como lo es la Corte Penal Internacional, si en un futuro, exista la posibilidad de sancionar penalmente a los tratantes, para atacar a las organizaciones criminales trasnacionales. Vale la pena destacar que la Corte Penal Internacional, si puede sancionar penalmente, a los autores de los delitos que están bajo su competencia; mientras que por ejemplo, la Corte Interamericana de Derechos Humanos, no sanciona penalmente a los individuos, si no su competencia está, en sancionar los Estados, que permiten la violación de derechos humanos, cohonestan con ello, o son negligentes en la prevención, investigación, juzgamiento y sanción de estas situaciones.

A continuación la Jurisprudencia de la Corte Interamericana relacionada con el delito de trata de personas:

> "**TRATA DE NIÑOS Y NIÑAS CON FINES DE EXPLOTACIÓN SEXUAL.**[81]
>
> **Corte IDH. Caso Ramírez Escobar y otros Vs. Guatemala. Fondo, Reparaciones y Costas. Sentencia de 9 de marzo de 2018. Serie C No. 351**
>
> 310. En el caso de los *Trabajadores de la Hacienda Brasil Verde vs. Brasil*, la Corte resaltó que los conceptos de trata de esclavos y de mujeres han trascendido su sentido literal a modo de proteger, en la actual fase de desarrollo del derecho internacional de los derechos humanos. a las "personas" traficadas para sometimiento a variadas formas de explotación sin su consentimiento.[82] A la luz del desarrollo en el derecho internacional de las últimas décadas, este Tribunal ha interpretado que la expresión "trata de esclavos y de mujeres" del artículo 6.1 de la Convención Ameri-

81 http://www.corteidh.or.cr/sitios/libros/todos/docs/cuadernillo23.pdf

82 Cfr. Caso Trabajadores de la Hacienda Brasil Verde Vs. Brasil, supra, párr. 288.

cana debe ser interpretada de manera amplia para referirse a la "trata de personas".[83] Por tanto, la prohibición contenida en el artículo 6.1 de la Convención se refiere a:

a. la captación, el transporte, el traslado, la acogida o la recepción de personas

b. recurriendo a la amenaza o al uso de la fuerza u otras formas de coacción, al rapto, al fraude, al engaño, al abuso de poder o de una situación de vulnerabilidad o a la concesión o recepción de pagos o beneficios para obtener el consentimiento de una persona que tenga autoridad sobre otra. Para los menores de 18 años estos requisitos no son condición necesaria para la caracterización de trata;

c. con cualquier fin de explotación.[84]

311. Tomando en cuenta esa definición, cabe recordar que la trata de personas constituye un delito que "convierte a la persona en un objeto que se puede comercializar, lo que conlleva su cosificación".[85] En atención a los alegatos de las partes, corresponde a la Corte determinar si la trata de personas, cuya prohibición la Corte entendió protegida por el artículo 6.1 de la Convención, también abarca la trata de personas con fines de adopción.

312. Como se desprende de la definición previamente establecida, el delito de trata de personas se puede cometer "con cualquier fin de explotación". El elemento de finalidad no está limitado a un fin específico de explotación, como el trabajo forzoso o la explotación sexual, sino que podría también comprender otras formas de explotación. Esta interpretación es acorde con el principio *pro persona* y el efecto útil de la prohibición de la trata de personas que -ante

---

83 En particular, la Corte ha destacado que, para dar efecto útil a la prohibición prevista en la Convención Americana y bajo la óptica de la interpretación más favorable al ser humano y el principio *pro* persona, la protección conferida por ese artículo no puede limitarse únicamente a las mujeres o a los "esclavos", de conformidad con la evolución del fenómeno de la trata de seres humanos en nuestras sociedades. *Cfr. Caso Trabajadores de la Hacienda Brasil Verde Vs. Brasil, supra*, párr. 289.

84 *Cfr. Caso Trabajadores de la Hacienda Brasil Verde Vs. Brasil, supra*, párr. 290.

85 Oficina de las Naciones Unidas contra la Droga y el Delito (UNODC), Manual sobre la investigación del delito de trata de personas - Guía de Autoaprendizaje, 2009, pág. 28 (expediente de prueba, folio 2423), y *cfr.* Peritaje rendido por Norma Angélica Cruz Córdova el 9 de mayo de 2017 (expediente de prueba, folio 7070).

la gravedad del delito- busca la protección más amplia posible contra las múltiples formas de explotación de las personas.[86] Ello también se evidencia en la definición de trata de personas contenida en el Protocolo para prevenir, reprimir y sancionar la trata de personas, especialmente mujeres y niños (Protocolo de Palermo), en el cual se indica, de manera explícita, que los fines de explotación incluídos en dicha definición son un "mínimo".[87] Por tanto, es claro que no existe una lista exhaustiva de los fines de explotación posibles en la comisión del delito de trata de personas.

313. Específicamente, respecto de niñas y niños, el artículo 35 de la Convención sobre los Derechos del Niño establece que "[l]os estados Partes tomarán todas las medidas de carácter nacional, bilateral y multilateral que sean necesarias para impedir el secuestro, la venta o la trata de niños para cualquier fin o en cual-

---

86 En ese sentido, el Tribunal Penal Internacional para la Ex Yugoslavia ha resaltado que "no es posible enumerar de manera exhaustiva todas las formas contemporáneas de la esclavitud que son una evolución de la idea original". Tribunal Penal Internacional para la Ex Yugoslavia (TPIY), *Caso Fiscal Vs. Dragoljub Kunarac, Radomir Kovac y Zoran Vukovic*, No. IT-96-23 y IT-96-23/1-A. Sentencia de 12 de junio de 2002, párr. 119. *Véase también*: Consejo de Derechos Humanos, Informe de la Relatora Especial sobre las formas contemporáneas de la esclavitud, incluidas sus causas y consecuencias, 1 de julio de 2013, Doc. ONU A/HRC/24/43, párrs. 28, 33, 46 y 85 (expediente de prueba, folio 5135, 5137, 5140 y 5147).

87 El artículo 3 del Protocolo de Palermo define la trata de personas como: "la captación, el transporte, el traslado, la acogida o la recepción de personas, recurriendo a la amenaza o al uso de la fuerza u otras formas de coacción, al rapto, al fraude, al engaño, al abuso de poder o de una situación de vulnerabilidad o a la concesión o recepción de pagos o beneficios para obtener el consentimiento de una persona que tenga autoridad sobre otra, con fines de explotación. Esa explotación incluirá, como mínimo, la explotación de la prostitución ajena u otras formas de explotación sexual, los trabajos o servicios forzados, la esclavitud o las prácticas análogas a la esclavitud, la servidumbre o la extracción de órganos [...]". (*Subrayado fuera del original*) Además, en el mismo Protocolo se incluyó una definición de trata de niños más amplia, al indicarse que "[l]a captación, el transporte, el traslado, la acogida o la recepción de un niño con fines de explotación se considerará 'trata de personas' incluso cuando no se recurra a ninguno de los medios enunciados en el apartado a) del presente artículo". Protocolo para prevenir, reprimir y sancionar la trata de personas, especialmente mujeres y niños (Protocolo de Palermo) que complementa la Convención de las Naciones Unidas contra la Delincuencia Organizada Transnacional, entrada en vigor el 25 de diciembre de 2003, Doc. ONU A/RES/55/25, art. 3.

quier forma".[88] Este Tribunal advierte que los conceptos de venta y trata de niñas y niños están íntimamente interrelacionados, pero no son idénticos o intercambiables. La trata se definió *supra*, mientras que la venta de niñas y niños se ha definido como "todo acto de transacción en virtud del cual un niño es transferido por una persona o grupo de personas a otra a cambio de remuneración o de cualquier otra retribución".[89] Si bien estos delitos pueden solaparse, pues la venta de niñas y niños puede ocurrir en cualquiera de las etapas de la trata de niñas y niños, existen situaciones de trata de niñas y niños que no involucran venta de niñas y niños y viceversa.[90]

314. Por otra parte, la adopción ilegal ha sido considerada una forma de explotación de forma tal que la trata de personas con fines de adopción no requeriría para su configuración una explotación posterior del niño o niña, distinta a la propia adopción.[91]

---

88 Convención sobre los Derechos del Niño, art. 35. Adicionalmente, el artículo 2 de la Convención Interamericana sobre el Tráfico Internacional de Menores, de la cual Guatemala no es parte, define el tráfico internacional de menores como "la substracción, el traslado o la retención, o la tentativa de substracción, traslado o retención, de un menor con propósitos o medios ilícitos". Dentro de los "'Medios ilícitos' incluyen, entre otros, secuestro, consentimiento fraudulento o forzado, la entrega o recepción de pagos o beneficios ilícitos con el fin de lograr el consentimiento de los padres, las personas o la institución a cuyo cargo se halla el menor, o cualquier otro medio ilícito ya sea en el Estado de residencia habitual del menor o en el Estado Parte en el que el menor se encuentre". Convención Interamericana sobre Tráfico Internacional de Menores, entrada en vigor el 15 de agosto de 1997, art. 2.

89 Protocolo facultativo de la Convención sobre los Derechos del Niño relativo a la venta de niños, la prostitución infantil y la utilización de niños en la pornografía, entrada en vigor el 18 de enero de 2002, Doc. ONU A/RES/54/263, art. 2.a.

90 *Cfr.* UNICEF, Manual sobre el Protocolo facultativo relativo a la venta de niños, la prostitución infantil y la utilización de niños en la pornografía *(Handbook on the Optional Protocol on the Sale of Children, Child Prostitution and Child Pornography)*, Innocenti Research Centre, 2009, págs. 4, 9 y 10.

91 En los trabajos preparatorios del Protocolo de Palermo, se evidencia que para sus redactores la adopción ilegal podía estar dentro del alcance de aplicación de dicho protocolo y constituir una forma de trata de personas "[c]uando la adopción ilegal equivaliera a una práctica análoga a la esclavitud", definida como "[t]oda institución o práctica en virtud de la cual un niño o un joven menor de dieciocho años es entregado por sus padres, o uno de ellos, o por su tutor, a otra persona, mediante remuneración o sin ella, con el propósito de que se explote la persona o el trabajo del niño o del joven". Cfr. Oficina de las Naciones Unidas contra la Droga y el Delito, Travaux préparatoires de las negociaciones para la elaboración de la Conven-

Al respecto, el perito Nigel Cantwell resaltó que la Convención sobre los Derechos del Niño prohíbe la trata de niños "para cualquier fin o en cualquier forma" y que "la noción amplia de 'explotación' es un componente integral de la mayoría de los actos ilícitos que dan lugar a la adopción ilegal".[92] La Relatoría Especial sobre la venta de niños, la prostitución infantil y la utilización de niños en la pornografía ha indicado que la adopción in-

---

ción de las Naciones Unidas contra la delincuencia organizada transnacional y sus protocolos, 2008, pág. 366; Convención suplementaria sobre la abolición de la esclavitud, la trata de esclavos y las instituciones y prácticas análogas a la esclavitud, entrada en vigor el 30 de abril de 1957, art. 1.d. La perita Maud de BoerBuquicchio, Relatora Especial sobre la venta de niños, la prostitución infantil y la utilización de niños en la pornografía, explicó que, además, la adopción ilegal cumple el requisito de "fin de explotación" del delito de trata, aun cuando no equivale a una práctica similar a la esclavitud, porque obtener niños ilícitamente con el fin de una adopción constituye una explotación "del carácter, vulnerabilidad y necesidades de desarrollo inherentes de los niños", en tanto se explota la capacidad y necesidad de amor y vínculo del niño como parte de un proceso ilícito por el cual se obliga al niño a vincularse emocionalmente a personas extrañas en lugar de los padres y familia original del niño. Cfr. Peritaje rendido por Maud de Boer-Buquicchio ante fedatario público el 28 de abril de 2017 (expediente de prueba, folio 6998), y en sentido similar, peritaje rendido por Nigel Cantwell rendido ante fedatario público el 5 de mayo 2017 (expediente de prueba, folio 6954). Por otra parte, en relación con la venta de niñas y niños, instrumentos e informes internacionales se han referido, de manera específica, a su relación con las adopciones ilegales. El Protocolo facultativo de la Convención sobre los Derechos del Niño relativo a la venta de niños, la prostitución infantil y la utilización de niños en la pornografía, establece la obligación de los Estados de sancionar penalmente el "[i]nducir, en calidad de intermediario, a alguien a que preste su consentimiento para la adopción de un niño en violación de los instrumentos jurídicos internacionales aplicables en materia de adopción". Protocolo facultativo de la Convención sobre los Derechos del Niño relativo a la venta de niños, la prostitución infantil y la utilización de niños en la pornografía, entrada en vigor el 18 de enero de 2002, Doc. ONU A/RES/54/263, art. 3.1a.(iii). Asimismo, la Relatora Especial sobre la venta de niños, la prostitución infantil y la utilización de los niños en la pornografía ha indicado que "[l]a venta de niños para fines de adopción sigue también siendo un grave problema, ya que, según se informa, los padres adoptivos extranjeros están dispuestos a pagar de 20.000 a 40.000 dólares de los EE.UU. en derechos y gastos de adopción para adoptar a un recién nacido". Informe sobre la venta de niños, prostitución infantil y la utilización de niños en la pornografía por la Relatora Especial de la Comisión de Derechos Humanos de conformidad con la Resolución 51/77 de la Asamblea General, Sra. Ofelia Calcetas-Santos, 16 de octubre de 1997, Doc. ONU A/52/482, párr. 30.

92 Peritaje rendido por Nigel Cantwell rendido ante fedatario público el 5 de mayo 2017 (expediente de prueba, folio 6953).

ternacional es una causa de la trata[93] y se ha referido a las adopciones ilegales como unos de las "otras formas de explotación" a los que se destina la venta y trata de niños.[94] Además, la Relatora especial sobre la trata de personas ha resaltado que "son [...] muy numerosas las víctimas de trata que se destinan [...], en el caso de los niños, a la adopción internacional".[95] Por su parte, la Oficina de las Naciones Unidas contra la Droga y el Delito ha destacado que las adopciones fraudulentas son una modalidad de trata de personas.[96] Asimismo, la Organización Internacional para las Migraciones ha señalado que un indicador de la trata de personas es que las víctimas "son adoptados(as) con el uso de trámites fraudulentos (adopción irregular)".[97] La Corte también observa que varios países de la región han incluido el delito de trata de personas con fines de adopción en su legislación nacional.[98]

---

93 *Cfr.* Informe de la Relatora Especial sobre la venta de niños, la prostitución infantil y la utilización de niños en la pornografía, Sra. Ofelia Calcetas Santos, 29 de enero de 1999, Doc. ONU E/CN.4/1999/71, párr. 54. Asimismo, se ha indicado que el "[i]nternet ha provocado la expansión de la venta y la trata de niños con fines de adopción ilegal, en parte porque permite la creación de sitios web que ofrecen a niños como si fueran productos destinados a la exportación". Informe de la Relatora Especial sobre la venta de niños, la prostitución infantil y la utilización de niños en la pornografía, Maud de Boer-Buquicchio, 22 de diciembre de 2014, Doc. ONU A/HRC/28/56, párr. 35.

94 *Cfr.* Informe de la Relatora Especial sobre la venta de niños, la prostitución infantil y la utilización de los niños en la pornografía, Najat Maalla M'jid, 2 de agosto de 2011, Doc. ONU A/66/228, párr. 24.b (expediente de prueba, folio 5395). De manera parecida, en el Manual para Parlamentarios No. 9, publicado por UNICEF y la Unión Inter-Parlamentaria, se destacó que "[l]os niños, niñas y adolescentes son víctimas de trata para ser sometidos a diversas situaciones que constituyen explotación, las cuales incluyen [la] [a]dopción irregular". UNICEF y Unión Inter-Parlamentaria, Contra la trata de niños, niñas y adolescentes, Manual para Parlamentarios No. 9, 2005, págs. 13 y 14.

95 Informe de la Relatora Especial sobre la trata de personas, especialmente mujeres y niños, Sra. Sigma Huda, 22 de diciembre de 2004, Doc. ONU E/CN.4/2005/71, pág. 1 (expediente de prueba, folio 2709).

96 *Cfr.* Oficina de las Naciones Unidas contra la Droga y el Delito (UNODC), Manual sobre la investigación del delito de trata de personas - Guía de Autoaprendizaje, 2009, pág. 36 (expediente de prueba, folio 2431).

97 Organización Internacional para las Migraciones (OIM), Manual para la detección del delito de trata de personas orientado a las autoridades migratorias, 2011, págs. 72, 73, 87 y 88 (expediente de prueba, folios 5491, 5492, 5506 y 5507).

98 *Véase, inter alia:* (1) Bolivia: Ley integral contra la trata y tráfico de personas, Ley No. 263, 31 de julio de 2012, art. 34; (2) Costa Rica: Ley contra la Trata de Personas

315. Como se mencionó previamente, la finalidad de explotación no ha sido definida en el derecho internacional (*supra* párr. 0). Sin embargo, las formas de explotación que generalmente se incluyen de manera expresa, evidencian que la finalidad de explotación implica que el traficante realice el acto con el objetivo de utilizar una personas de manera abusiva para su propio beneficio. De esta menra, se atribuye un valor al individuo, por ejemplo por medio de su mano de obra, para después convertirlo en un beneficio propio, bajo condiciones abusivas e injustas o fraudulentas, beneficio que es el resultado de la cosificación o comercialización del mismo individuo. Tomando en cuenta todas las consideraciones anteriores, este Tribunal estima que la adopción ilegal puede constituir una de las finalidades de explotación de la trata de personas. Una adopción ilegal por sí misma no constituye el delito de trata de personas, pero cuando los actos de captación, transporte, traslado, acogida o recepción de personas (*supra* párr. 0) se cometen con el fin de facilitar o llevar a cabo una adopción ilegal se está ante un supuesto de trata de personas con fines de adopción. En este supuesto el traficante desarrolla estas conductas con el propósito de explotar a la propia niña o niño por medio de su cosificación para una adopción ilegal. La Corte estima que, para que se configure el delito de trata de personas en este contexto, no es necesario que la adopción ilegal sirva como medio para una explotación posterior del niño o niña adoptado, como el trabajo forzoso o la explotación sexual, pues la explotación viene dada por la propia comercialización del niño o niña

---

y Creación de la Coalición Nacional contra el Tráfico Ilícito de Migrantes y la Trata de Personas (CONATT), Ley No. 9095, 8 de febrero de 2013, art. 5; (3) El Salvador: Ley Especial contra la trata de personas, Decreto No. 824, 14 de noviembre de 2014, art. 5; (4) Guatemala: Código Penal, Decreto 17-73, enmendado por artículo 47 de la Ley contra la violencia sexual, explotación y trata de personas, Decreto Número 92009, 20 de marzo de 2009, art. 202 Ter. (expediente de prueba, folio 3881); (5) Honduras: Ley contra la Trata de Personas, Decreto No. 59-2012, 6 de julio del 2012, art. 6; (6) México: Ley General para prevenir, sancionar y erradicar los delitos en materia de trata de personas y para la protección y asistencia a las víctimas de estos delitos, 14 de junio de 2012, art. 10, numeral VIII y 27; (7) Nicaragua: Código Penal, Ley No. 641, 13 noviembre de 2007, art. 182; (8) Panamá: Ley sobre trata de personas y actividades conexas, Ley No. 79, 9 de noviembre de 2011, art. 4; (9) República Dominicana: Ley sobre Tráfico Ilícito de Migrantes y Trata de Personas, Ley No. 137-03, 8 de octubre de 2003, art. 1 y (10) Venezuela: Ley Orgánica contra la Delincuencia Organizada y Financiamiento al Terrorismo, 30 de enero de 2012, art. 41.

bajo condiciones abusivas o medios fraudulentos e injustos, sea antes, durante o después del procedimiento de adopción.

316. Este Tribunal ha destacado que la venta de una niña o un niño a cambio de remuneración o de cualquier otra retribución afecta claramente bienes jurídicos fundamentales tales como su libertad, su integridad personal y su dignidad, resultando uno de los ataques más graves contra una niña o niño, respecto de los cuales los adultos aprovechan su condición de vulnerabilidad.[99] Asimismo, respecto de la trata de personas, ha afirmado que los Estados deben adoptar medidas integrales, así como contar con un adecuado marco jurídico de protección, con una aplicación efectiva del mismo y políticas de prevención y prácticas que permitan actuar de una manera eficaz ante las denuncias.[100] Dicha obligación se ve reforzada por la obligación específica, contemplada en el artículo 35 de la Convención sobre los Derechos del Niño leído conjuntamente con el artículo 19 de la Convención Americana, por el cual los Estados tienen la obligación de adoptar todas las medidas idóneas para impedir toda venta y trata de niñas y niños, sin excepciones o limitaciones, lo cual incluye, entre otras medidas legislativas, administrativas y de cualquier otro carácter, la obligación de prohibir penalmente la venta y trata de niñas y niños, cualquiera sea su forma o fin, así como la obligación de investigar su posible infracción.[101]

319. Respecto al caso concreto, la Corte nota que existen algunos elementos e indicios contextuales, así como puntos de conexión con otros casos donde se ha verificado la comisión de trata de personas: (i) la Asesora Jurídica de la Asociación Los Niños, donde fueron internados los hermanos Ramírez y cuya trabajadora social realizó dos de los estudios sociales de la familia Ramírez (*supra* párrs. 85, 90 a 93 y 96), ha sido procesada y condenada en distintos casos por trata de personas, así como por otros delitos como coerción, amenazas y tráfico de influencias, entre otros, en relación con las adopciones de otros niños; (ii) tres jueces se excusaron de conocer el recurso de revisión contra la declaratoria de abandono en este caso por los insultos y amenazas de

---

99 *Cfr. Caso Fornerón e hija Vs. Argentina, supra*, párr. 140.

100 *Cfr. Caso Trabajadores de la Hacienda Brasil Verde Vs. Brasil, supra*, párr. 320.

101 *Cfr. Caso Fornerón e hija Vs. Argentina, supra*, párrs. 139 y 144.

esta misma abogada (*supra* párr. 111 y 236), porque no estaban sacando "abandonos" con suficiente rapidez, indicando a uno de estos jueces que tenían "que entend[er...] que la única manera de sostener los hogares era a través de las adopciones";[102] (iii) un juez se excusó luego de recibir llamadas intimidatorias, para que resolviera a favor de la persona que llamaba indicando que "los est[aba] apoyando una entidad internacional" (*supra* párr. 125); (iv) el juez a cargo del juzgado de Primera Instancia de Menores de Escuintla, donde se conoció del recurso de revisión en este caso desde octubre de 1998 hasta julio de 1999 (*supra* párr. 111 y 117 a 121), fue condenado por participar en la adopción irregular de una niña robada en noviembre de 2006 y entregada a una familia extranjera con documentos falsos, además, la Corte Suprema le retiró la inmunidad luego de una denuncia de participación en una red de adopciones irregulares; (v) el señor Tobar Fajardo habría sido amenazado en 2001 y 2009, a efectos de amedrentarlo y evitar la prosecución del caso (*supra* párr. 138 y 139), y (vi) tanto la señora Flor de María Ramírez Escobar como el señor Gustavo Tobar Fajardo advirtieron de las posibles ganancias económicas y comercialización de sus hijos en sus escritos en el marco del recurso de revisión contra la declaración de abandono.[103]

---

102 Acta No. 16 de 8 de septiembre de 1998 del Juzgado de Primera Instancia de Menores de Mixco (expediente de prueba, folio 4151), y *cfr.* Resolución del Juzgado de Primera Instancia de Menores de Mixco de 10 de septiembre de 1998 (expediente de prueba, folios 4146 y 4147).

103 La señora Ramírez Escobar indicó que la persona quien cuidaba de sus hijos habría dejado a sus hijos solos de forma malintencionada y sostuvo que "fue ella quien planificó todo esto como una nueva modalidad del secuestro ya que en más de una ocasión [l]e había indicado que los niños podrían darse en adopción con una familia que [l]e diera buen dinero, que ella podía averiguar con los licenciados que conoce y que le diera parte del mismo a ella". Recurso de revisión presentado el 22 de agosto de 1997 (expediente de prueba, folio 4281). Por su parte, el señor Tobar Fajardo, en sus escritos en el proceso judicial, reclamó que "los jueces han tenido que recusarse porque la propietaria del negocio de venta de niños es esposa de uno de los magistrados de la Corte Suprema de Justicia [...] quien en estos últimos tiempos ha visto florecer su negocio gracias a la remisión de niños que le hicieran algunos tribunales". Escrito de Gustavo Tobar Fajardo de 17 de diciembre de 1998 (expediente de prueba, folios 4126 y 4127). Posteriormente, en el año 2000, de manera conjunta el señor Tobar Fajardo y la señora Ramírez Escobar manifestaron que los "niños fueron sacados del país mediante procedimientos reñidos con la

320. Ahora bien, la Corte considera que los anteriores indicios contextuales y relacionados con otros casos no son suficientes para concluir que en el presente caso las adopciones irregulares de los hermanos Ramírez constituyeron trata de personas. No ha sido demostrado que, en el caso específico de los hermanos Ramírez, estos hubieran sido captados, transportados, trasladados, acogidos o recibidos con el exclusivo fin de lograr su adopción ilegal. Tampoco se ha demostrado, en este caso concreto, que alguno de los intervinientes en los procesos de abandono o de adopción, sea las autoridades judiciales, los funcionarios de la Procuraduría o los miembros de la Asociación Los Niños o cualquier otra persona que haya participado en alguna etapa del proceso hubiera obtenido beneficios económicos o alguna otra forma de retribución indebida. Contrario a lo alegado por los representantes, no es posible presumir que en este caso concreto hubo beneficios económicos indebidos. Si bien esto era algo que las autoridades han debido verificar antes de aprobar las adopciones (*supra* párr. 234 a 237), la ausencia de diligencia en esta verificación no conlleva automáticamente a entender que ello sucedió en este caso. En consecuencia, este Tribunal considera que no cuenta con elementos probatorios suficientes que apunten a que en este caso concreto se realizó un acto o transacción en virtud del cual los hermanos Ramírez fueron transferidos por una persona o grupo de personas a otra a cambio de remuneración o de cualquier otra retribución. Igualmente, la Corte advierte que, el que dos personas que intervinieron en el caso de los hermanos Ramírez hubieran sido condenadas por estos delitos en relación con otros casos, no significa que todas las adopciones o procesos de abandono en que participaron tengan estas características o que los procesos específicos de los hermanos Ramírez también hayan constituido trata de personas. Estos constituyen importantes indicios que se deben investigar, pero ello no es suficiente para concluir que las adopciones internacionales en este caso constituyeron trata de personas con fines de adopción. Por tanto, la Corte considera que no cuenta con elementos suficientes para determinar que el Estado violó la prohibición de trata de personas, contemplada en el artículo 6.1 de la Convención Americana"

---

ley, en calidad de mercancía de alto costo, bajo el disfraz de la noble institución de la adopción". Escrito de la señora Ramírez Escobar y el señor Tobar Fajardo de 6 de noviembre de 2000 (expediente de prueba, folios 4591 y 4592).

MARCO LEGAL COLOMBIANO[104]

A nivel nacional, como se anotó y por obvias razones es la Carta Política de 1991 la que sirve de fundamento jurídico, sin perder de vista, el bloque de constitucionalidad, entendido en su acepción más amplia como aquellas normas, reglas y principios, que aunque no aparecen de manera expresa en la Carta Política, deben ser utilizados como parámetro de control de las leyes, entendido, no solo como control de constitucionalidad, sino, como control de convencionalidad, atendiendo a los Tratados y Convenciones de los que Colombia forma parte por haberlos firmado. Aspecto éste, desarrollado en las sentencias C-574 de 1991 . M.P Dr. Ciro Angarita Barón, C- 225 de 1995, M.P Dr. Alejandro Martínez Caballero, C-578 de 1995, M.P Dr. Eduardo Cifuentes Muñoz, C- 358 de 1997 M. P. Eduardo Cifuentes Muñoz, C-191 fr 1998 M.P Dr. Eduardo Cifuentes Muñoz . A partir de ello, está la siguiente normatividad:

- Ley 985 de 2005. Por medio de la cual se adoptan medidas contra la Trata de Personas y normas para la Atención y Protección de las Víctimas de la misma.
- Esta ley es integral al contemplar medidas no únicamente de represión del delito, sino también acciones encaminadas a la atención de las víctimas y a la prevención.
- Ley 800 de 2003 - Ratificación Convención y Protocolo de Palermo
- Ley 747 de 2002 - Castigar los distintos tipos de Trata
- Ley 599 de 2000 - Castigar la Trata interna con fines de explotación sexual
- Decreto 1974 de 1996 de Mujeres, Niñas y Niños
- Decreto 1069 de 2014
- Decreto 1066 de 2015

Con las anteriores referencias abrimos paso a nuestro tema central de la investigación.

---

104 Corporación Espacios de Mujer. 2016. "La trata de personas en Colombia la Esclavitud Moderna". Base Documental Departamento de Estado (U.S.A), 17 de junio de 2016, en: http://www.tipheroes.org/media/1597/la-trata-en-colombia.pdf

CAPÍTULO IV

TIPO PENAL

4.1. EVOLUCIÓN DEL TIPO PENAL DE TRATA DE PERSONAS EN LA LEGISLACIÓN COLOMBIANA

4.1.1. Decreto-Ley 100 de 1980

A finales del siglo pasado, en la década de los 80, se promulga el entonces llamado Nuevo Código Penal (Decreto 100 de 1980), bajo el imperio de la Constitución Política de 1886. Para esa época los estatutos penales, por regla general nacían a la vida jurídica mediante decreto del órgano ejecutivo, no era el Congreso de la República el organismo que se ocupaba de la expedición de códigos, aunque lo podía hacer, pero, se prefería otorgar facultades al Presidente, para que fuera él quien mediante decreto se encargara de promulgar los códigos. Distinto, a lo que acontece hoy (art. 150 numeral 2°. Constitución Política), donde es función exclusiva del Congreso expedir los códigos mediante ley, todo esto en vigencia de la Constitución de 1991.

El Congreso de la República mediante la Ley 5 de 1979 estableció en su artículo 1°:

> De conformidad con el numeral 12 del artículo 76 de la Constitución Nacional[105], revístese al Presidente de la República de facultades extraordinarias por el término de un año, contado a partir de la promulgación de la presente Ley, para expedir y poner en vigencia un nuevo Código Penal, sobre las bases, principios y lineamientos generales del proyecto presentado por el Gobierno al Senado de la República el 3 de agosto de 1978 y el anteproyecto

---

105 **Delegatarios de los Estados Colombianos. 1886.** "Constitución Política de Colombia". Base Documental de la Alcaldía de Bogotá, 20 de julio de 2016, en: http://www.alcaldiabogota.gov.co/sisjur/normas/Norma1.jsp?i=7153#1

publicado en 1974 por el Ministerio de Justicia, que para los efectos de esta Ley formará parte del expediente.[106]

Fue a partir de estas facultades extraordinarias que el presidente de la República expidió el aludido Decreto 100 de 1980, denominado Nuevo Código Penal. Valga la pena señalar, que observando dicha normatividad encontramos que la prioridad para tutelar bienes jurídicos no era la persona, sino de acuerdo a dicha sistematización de las normas, las primeras conductas que se tipificaron fueron aquellas que atentaban contra la existencia y seguridad del Estado tal y como lo podemos constatar en el Libro Segundo -Título I de la Parte Especial.[107]

La Parte Especial del Código estaba compuesta por catorce títulos y solamente hasta el título décimo se tipificaban las conductas contra la libertad individual y otras garantías; mientras que, en el título undécimo se tutelaban los bienes jurídicos de la libertad y el pudor sexuales. En ese contexto jurídico no se abocó el tema de la trata de personas tal como lo conocemos hoy; sin significar, que dichas acciones ya no estuvieran desplegándose por bandas organizadas. Para nadie es un secreto que las políticas gubernamentales se centraban en combatir los grupos subversivos FARC y M-19, entre otros, así como buscar fórmulas para hacerle frente al flagelo del narcotráfico, que ya azotaba al país para aquella época. Desafortunadamente, de lo que no nos percatamos, fue que estos mismos grupos delincuenciales fueran la génesis de la trata de personas, otra conducta que viola masivamente la dignidad humana.

Continuamos entonces, con el análisis del Código Penal de 1980. Podemos encontrar en el Título XI, Capítulo Quinto Del Proxenetismo, la tipificación de conductas relacionadas con el fenómeno que hoy conocemos como trata de personas. En el artículo 308 estaba descrita la conducta de la inducción a la prostitución, en el 309 el constreñimiento a la prostitución, en el 311 la trata de mujeres y de menores y el 312 el estímulo a la prostitución de menores.

---

106 **Congreso de Colombia. 1979**. "Ley 5 de 1979". Base Documental Sistema Único de Información Normativa Gobierno de Colombia, 20 de julio de 2016, en: http://www.suin-juriscol.gov.co/clp/contenidos.dll/Leyes/1560270?fn=document-frame.htm$f=templates$3.0

107 **Presidente de la República de Colombia. 1980.** "Código Penal -Decreto 100 de 1980". Librería Publicitaria. Bogotá: Colombia.

Texto original del Código Penal de 1980:

ARTÍCULO 308. INDUCCION A LA PROSTITUCIÓN. El que con ánimo de lucrarse o para satisfacer los deseos de otro, induzca al comercio carnal o a la prostitución a persona honesta, estará sujeto a la pena de uno (1) a tres (3) años de prisión.

ARTÍCULO 309. CONSTREÑIMIENTO A LA PROSTITUCIÓN. El que con ánimo de lucrarse o para satisfacer los deseos de otro constriña a persona honesta al comercio carnal o a la prostitución, incurrirá en prisión de dos (2) a siete (7) años.

ARTÍCULO 311. TRATA DE MUJERES Y DE MENORES. El que promoviere o facilitare la entrada o salida del país de mujer o un menor de edad de uno u otro sexo, para que ejerza la prostitución, incurrirá en prisión de dos a seis años y multa de diez mil a cien mil pesos.

ARTÍCULO 312. ESTIMULO A LA PROSTITUCIÓN DE MENORES. El que destine, casa o establecimiento para la práctica de actos sexuales en que participen menores, incurrirá en prisión de seis meses a cuatro años.[108]

El concepto que se manejaba era solamente para la explotación sexual, pero no por ello podemos dejar de destacar su importancia. Aunque hoy el concepto tenga una connotación diferente, si, se estaban ya tipificando conductas que atentaban contra la libertad sexual, y expresamente se tipificó la trata de mujeres y niños; eso sí, con muchos reparos, por ejemplo, la exigencia que la persona sometida, inducida, constreñida o tratada para la prostitución fuera persona honesta. Pero lo anterior, no desdibuja la trascendencia de la norma para sancionar estas acciones que afectaban la dignidad humana. También se refería a un sujeto pasivo cualificado, en el caso de trata, debería ser mujer o niño, dejando de lado a los hombres, que, aunque en estadísticas menores no dejan de ser también víctimas, igual sucedió con la comunidad LGBT.

Es importante destacar, que esta tipificación no tiene en cuenta la situación en que la víctima es tratada como objeto de compra y venta con pérdida absoluta de su voluntad y libertad, y la circunstancia de ser cooptada con engaños. Hasta este momento no se percibía en la legislación que la víctima (mujer o menor de edad) fuera una mercancía de propiedad del proxeneta, y hacía más énfasis en la migración con fines de prostitución; pero que poste-

108 **Presidente de la República de Colombia. 1980.** "Código Penal -Decreto 100 de 1980". Librería Publicitaria. Bogotá: Colombia.

riormente nos dimos cuenta de que es una realidad que afecta gravemente la dignidad del ser humano y viola flagrantemente los derechos fundamentales.

Luego será la Ley 599 del 2000 la considerada como el Nuevo Código Penal.

4.2 PLANTEAMIENTO CONSTITUCIONAL DE LA LEY PENAL Y JUSTIFICACIÓN SUSTANCIAL DEL DELITO DE TRATA DE PERSONAS

Ahora veamos el tipo penal de trata de personas, desde el planteamiento de la Ley 599 del año 2000, Código Penal Colombiano, que nos rige hoy. Hacemos una breve introducción del fundamento legal de este dispositivo penal pues pertenece a una nueva expresión legal colombiana que se alimenta de la nueva forma de Estado: Social y Democrático de Derecho, adoptada por Colombia en el año de 1991.

> Alfonso Gómez Méndez, en su condición de Fiscal General de la Nación y en ejercicio de la facultad consagrada en el numeral 3 del artículo 251 de la Constitución Política de Colombia de 1991, que establece como función especial del Fiscal la de participar en el diseño de la política del Estado en materia criminal y presentar proyectos de ley referidos al sistema penal, presentó tres proyectos de ley, que contenían los códigos Penal, de Procedimiento Penal y Penitenciario. El propósito de presentar un proyecto de reforma al sistema penal colombiano fue el de atender a los principios y postulados trazados por la Constitución Política de 1991 y a su desarrollo jurisprudencial, así como a las necesidades de modernización y adecuación de la legislación para una sociedad cambiante que ha EVOLUCIONADO considerablemente desde la década de los 80. Otra finalidad que se pretendió fue la de reunir en un solo cuerpo la multiplicidad de regulaciones especiales dispersas en la legislación, producto de situaciones que requirieron respuesta adecuada en un momento generalmente desafortunado para el país. Además, en virtud del principio de *pacta sunt servanda*, se hacía necesario que las descripciones de conductas por considerar como delitos a nivel internacional, en virtud de tratados o convenios internacionales firmados por Colombia, fueran incorporadas a la legislación interna.[109]

---

109 López, C. 2002. "Nuevos Códigos Penal y de Procedimiento Penal -Comentados y confrontados con los anteriores". Universidad Externado de Colombia, Bogotá: Colombia.

En el año de 1997 Alfonso Gómez Méndez es designado como Fiscal General de la Nación en el gobierno de Ernesto Samper, ambos pertenecientes al Partido Liberal Colombiano. La coyuntura del país atravesaba un momento crítico por el ya recrudecido conflicto armado y nuevos actores como los paramilitares germinaban en el campo colombiano. El marco legal del país estaba fundamentado desde 1991 bajo la estructura de un Estado Social y Democrático de Derecho; y, la ley, la jurisprudencia y las instituciones debían acomodarse a los nuevos principios que aportaba la Carta Magna de 1991. Resulta importante mencionar este contexto dado que será la fuente de la responsabilidad del Estado en la ejecución de estrategias para prevenir delitos y restablecer derechos.

Como sabemos, muchas de las labores adelantadas por el Estado colombiano son el resultado de la suscripción de obligaciones en tratados y convenios internaciones. Estos lineamientos se convierten en parte de la legislación interna gracias al bloque de constitucionalidad. El derecho internacional se convierte entonces en fuente de obligaciones y en el origen del tratamiento normativo que le ha dado el Estado colombiano al delito de trata de personas. Continuemos con los antecedentes de la creación del código.

> Para la elaboración de los tres proyectos de ley se creó una comisión interinstitucional en la que participarían voceros de las distintas autoridades públicas, así como también de representantes de la academia. Sin embargo, debido a innumerables problemas dicha comisión tuvo muchos tropiezos para llevar a término su cometido. Por esta razón, la Fiscalía General de la Nación, "dejando de lado la costumbre de legislar en forma coyuntural para combatir los fenómenos delincuenciales del momento", convocó a las autoridades más importantes del ámbito judicial para que presentaran sus propuestas. Fue así como se integró un grupo de trabajo compuesto por miembros de la Fiscalía, que se encargaron de recibir, analizar y sistematizar las diversas propuestas provenientes de los colegios de abogados, y de jueces y fiscales; de las corporaciones judiciales; de los gremios y asociaciones; de los internos recluidos en establecimientos carcelarios, para presentar al Congreso los tres proyectos de reforma al sistema penal. [110]

110 López, C. 2002. "Nuevos Códigos Penal y de Procedimiento Penal -Comentados y confrontados con los anteriores". Universidad Externado de Colombia, Bogotá: Colombia.

La particular realidad colombiana se ha caracterizado por contener problemáticas dispares y complicadas. Al impacto negativo del conflicto armado en la vulneración de derechos fundamentales de las víctimas, se suma la delincuencia ordinaria, los delitos de cuello blanco y los altos niveles corrupción e impunidad. Como si no fuera poco, el delito se permeó en la sociedad colombiana y no es clara la diferencia entre lo permitido y lo prohibido.

Como lo habíamos mencionado, Colombia es un Estado Social y Democrático de Derecho y esta constitución de Estado fundamenta el marco normativo posterior. La ley penal solo será racional si es coherente con estos postulados constitucionales y deberá respetar el Derecho Internacional como si fuera normativa nacional.

> Se ocupa el proyecto, en el primer libro, título primero, de las normas rectoras, entendidas como aquellas disposiciones que aprehenden los lineamientos filosófico-jurídicos que informan el sistema y que se derivan de la Constitución Política de 1991 y de la teoría de los derechos fundamentales. Las normas rectoras en el proyecto son consideradas como el puente que existe entre los llamados principios del derecho penal, el modelo de Estado adoptado, los derechos fundamentales y las disposiciones generales y especiales del Código Penal.[111]

Llegamos entonces al planteamiento más importante de la ley penal colombiana, la protección de la dignidad humana. Sin este presupuesto el tipo penal de trata de personas no tendría ninguna justificación sustancial.

> Por esta razón, se consagra como primera y fundamental norma rectora a la dignidad humana, en desarrollo de lo que debe ser la política criminal del Estado, basada en la nueva filosofía que considera al individuo como centro de la sociedad y al Estado como garante de los derechos y ejecutor de políticas con fines de bienestar y armonía social.[112]

---

111 López, C. 2002. "Nuevos Códigos Penal y de Procedimiento Penal -Comentados y confrontados con los anteriores". Universidad Externado de Colombia, Bogotá: Colombia.

112 López, C. 2002. "Nuevos Códigos Penal y de Procedimiento Penal -Comentados y confrontados con los anteriores". Universidad Externado de Colombia, Bogotá: Colombia.

Gracias al Bloque de Constitucionalidad es que Colombia se ha visto obligado a seguir las directrices de los instrumentos internacionales. En la evolución legislativa del delito de la trata de personas se hace evidente la influencia de estos acuerdos, pues sin ellos, se descuidarían estos dispositivos jurídicos y las instituciones no estarían obligadas a rendir cuentas.

> El segundo artículo del proyecto trata sobre el denominado "bloque de constitucionalidad", producto de la misma Carta Política y de la interpretación que ha venido realizando la Corte Constitucional, según el cual las normas relativas a los derechos humanos consagradas en la Constitución Política, y en los tratados y convenios internacionales ratificados por Colombia, harán parte integral del Código Penal.[113]

Después de referirnos a los fundamentos jurídicos y sustanciales de la ley penal colombiana; y la manera como la persecución a la trata de personas esta cimentada bajo los presupuestos garantistas del Estado, pasamos al análisis de esta conducta.

4.3 EL TRÁFICO DE PERSONAS EN LA LEY 599 DE 2000

Originalmente el Código Penal, como lo anotamos, no tipificaba la conducta de trata de personas, pero si, el de "tráfico de personas".

Texto original de la Ley 599 de 2000:

> ARTÍCULO 188. DEL TRÁFICO DE PERSONAS. El que promueve, induzca, constriña, facilite, colabore o de cualquier otra forma participe en la entrada o salida de personas del país sin el cumplimiento de los requisitos legales, incurrirá en prisión de seis (6) años a ocho (8) años y multa de cincuenta a cien salarios mínimos legales mensuales.[114]

Podemos ver, que el título del tipo penal podría llegar a confundirnos entre el delito de tráfico de migrantes con el de trata de personas, pero se ba-

---

113 López, C. 2002. "Nuevos Códigos Penal y de Procedimiento Penal -Comentados y confrontados con los anteriores". Universidad Externado de Colombia, Bogotá: Colombia.

114 Congreso de la República de Colombia. 2016. "Código Penal Colombiano -Ley 599 de 2000". Base Documental de la Secretaría del Senado, 29 de julio de 2016, en: http://www.secretariasenado.gov.co/senado/basedoc/ley_0599_2000.html

saba únicamente en la participación del sujeto activo en la entrada o salida de personas del país sin el cumplimiento de los requisitos legales. No incluía en ninguna parte el objetivo del paso fronterizo, ni la modalidad de tráfico en el mismo país o los fines de explotación; es decir, que la puntualización de los elementos de la conducta prohibida llegarían después, con la ley 747 de 2002, que adicionó el artículo 188ª. Es importante destacar, que es muy dado a confundir el delito de migración ilegal con el de trata de personas.

4.4 LEY 747 DE 2002

El Congreso de Colombia mediante la ley 747 de 2002 "por medio de la cual se hacen unas reformas y adiciones al Código Penal (Ley 599 de 2000), se crea el tipo penal de trata de personas y se dictan otras disposiciones", es con esta ley, que diferencia el "tráfico de migrantes" de la "trata de personas".

> ARTÍCULO 2°. En el Capítulo Quinto (de los delitos contra la autonomía personal) del título III (delitos contra la libertad individual y otras garantías), del libro Segundo (parte especial. De los delitos en particular), de la Ley 599 de 2000, adiciónese un artículo nuevo 188 A, el cual quedará así:
>
> **ARTÍCULO 188-A. TRATA DE PERSONAS.** El que promueva, induzca constriña, facilite, financie, colabore o participe en el traslado de una persona dentro del territorio nacional o al exterior recurriendo a cualquier forma de violencia, amenaza, o engaño, con fines de explotación, para que ejerza prostitución, pornografía, servidumbre por deudas, mendicidad, trabajo forzado. matrimonio servil, esclavitud con el propósito de obtener provecho económico o cualquier otro beneficio, para sí o para otra persona incurrirá en prisión de diez (10) a quince (15) años y una multa de seiscientos (600) a mil (1000) salarios mínimos legales vigentes mensuales al momento de la sentencia condenatoria.[115]

Esta adición de un nuevo artículo en el Código Penal delimita la conducta de trata de personas y la diferencia del tráfico de migrantes. El legislador colombiano sin duda halla una especial relación entre los dos delitos, pues denomina a la trata de personas como el artículo 188A, un subtipo del tipo penal del tráfico de migrantes, artículo 188, aunque independiente.

---

115 Congreso de la República de Colombia. 2002. "Ley 747 de 2002". Base Documental de la Alcaldía de Bogotá, 29 de julio de 2016, en: http://www.alcaldiabogota.gov.co/sisjur/normas/Norma1.jsp?i=5964

Es pertinente aclarar que el análisis del tipo penal lo haremos cuando se hayan mencionado todos los cambios del dispositivo penal.

4.5 AUMENTO DE PENAS DE LA LEY 890 DE 2004

La ley 890 de 2004 no se refiere exclusivamente al delito de trata de personas, pero si modifica las penas contenidas en la Parte Especial del Código Penal, el artículo 14 enuncia:

> **ARTÍCULO 14.** Las penas previstas en los tipos penales contenidos en la Parte Especial del Código Penal se aumentarán en la tercera parte en el mínimo y en la mitad en el máximo. En todo caso, la aplicación de esta regla general de incremento deberá respetar el tope máximo de la pena privativa de la libertad para los tipos penales de acuerdo con lo establecido en el artículo 2° de la presente ley. Los artículos 230A, 442, 444, 444A, 453, 454A, 454B y 454C del Código Penal tendrán la pena indicada en esta ley.[116]

Por lo tanto, el tipo penal que nos ocupa con las penas aumentadas quedó así:

> **ARTÍCULO 188-A.** El que promueva, induzca, constriña, facilite, financie, colabore o participe en el traslado de una persona dentro del territorio nacional o al exterior recurriendo a cualquier forma de violencia, amenaza, o engaño, con fines de explotación, para que ejerza prostitución, pornografía, servidumbre por deudas, mendicidad, trabajo forzado. Matrimonio servil, esclavitud con el propósito de obtener provecho económico o cualquier otro beneficio, para sí o para otra persona incurrirá en prisión de ciento sesenta (160) a doscientos setenta (270) meses y una multa de ochocientos (800) a mil quinientos (1500) salarios mínimos legales vigentes mensuales al momento de la sentencia condenatoria.[117]

De manera que el aumento de penas de prisión generalizado provocó el siguiente cambio en el tipo penal de referencia:

---

116 Congreso de la República de Colombia. 2016. "Ley 890 de 2004". Base Documental de la Alcaldía de Bogotá, 29 de julio de 2016, en: http://www.alcaldiabogota.gov.co/sisjur/normas/Norma1.jsp?i=14137

117 Congreso de la República de Colombia. 2016. "Código Penal Colombiano -Ley 599 de 2000". Base Documental de la Secretaría del Senado, 29 de julio de 2016, en: http://www.secretariasenado.gov.co/senado/basedoc/ley_0599_2000.html

- Pena mínima: 10 años (120 meses) a (160) meses
- Pena máxima: 15 años (180 meses) a (270) meses

Por otro lado, las multas aumentaron de la siguiente manera:

- Multa mínima: De (600) s.m.l.m.v. a (800) s.m.l.m.v.
- Multa máxima: De (1000) s.m.l.m.v. a (1500) s.m.l.m.v.

4.6 MODIFICACIÓN LEY 985 DE 2005

En la ley 985 de 2005 el Congreso de la República adopta medidas contra la trata de personas, estableciendo normas para la atención y protección de las víctimas de esta cruel y despiadada conducta. En la mencionada ley, además de enunciar la que será la Estrategia Nacional contra la Trata de Personas y la creación del Comité Interinstitucional para la Lucha contra la Trata de Personas, entre otras cosas, modifica el artículo 188A objeto de nuestra investigación:

> **ARTÍCULO 188-A. TRATA DE PERSONAS.** <Artículo modificado por el artículo 3 de la Ley 985 de 2005. El nuevo texto es el siguiente:> El que capte, traslade, acoja o reciba a una persona, dentro del territorio nacional o hacia el exterior, con fines de explotación, incurrirá en prisión de trece (13) a veintitrés (23) años y una multa de ochocientos (800) a mil quinientos (1.500) salarios mínimos legales mensuales vigentes.
>
> Para efectos de este artículo se entenderá por explotación el obtener provecho económico o cualquier otro beneficio para sí o para otra persona, mediante la explotación de la prostitución ajena u otras formas de explotación sexual, los trabajos o servicios forzados, la esclavitud o las prácticas análogas a la esclavitud, la servidumbre, la explotación de la mendicidad ajena, el matrimonio servil, la extracción de órganos, el turismo sexual u otras formas de explotación.
>
> El consentimiento dado por la víctima a cualquier forma de explotación definida en este artículo no constituirá causal de exoneración de la responsabilidad penal.[118]

118 Congreso de la República de Colombia. 2016. "Código Penal Colombiano -Ley 599 de 2000". Base Documental de la Secretaría del Senado, 3 de agosto de 2016, en: http://www.secretariasenado.gov.co/senado/basedoc/ley_0599_2000.html

Podemos notar que el cambio hecho en el tipo penal es considerable, en su literalidad es más claro en cuanto a las acciones que determina como punibles. En el artículo anterior se confundían las acciones y las modalidades de la conducta, al tratar de incluir en un mismo párrafo las acciones referentes al traslado y a los fines de explotación. Debe destacarse, que se suprimieron verbos como el facilitar y financiar; considero desafortunada la supresión, pues para hacerle frente a este delito, que por lo general es perpetrado por organizaciones criminales muy poderosas, si es importante castigar la financiación por lo que debió no haberse derogado, quitándole el carácter de conducta reprochable y sancionable penalmente. Igual argumento para el verbo facilitar que también fue suprimido.

También podemos ver, que hay una nueva determinación en las penas. A continuación, referenciamos el cambio punitivo en meses, para facilitar la comparación y comprensión del tema.

- Pena mínima: De (160) meses pasó a (156) meses (13 años)
- Pena máxima: De (270) meses pasó a (276) meses (23 años)

Resulta interesante observar que el legislador disminuye la pena mínima en (4) meses y aumenta la pena máxima en (6) meses. Por otro lado, la multa equivalente en salarios mínimos legales mensuales vigentes se mantiene de (800) a (1500). En conclusión, esta nueva norma, la Ley 985 de 2005, no aplica el anteriormente referenciado incremento punitivo general consagrado por la Ley 890 de 2004, pues describe nuevamente el tipo y su punibilidad. Lo que significa que este es el quantum punitivo al que debe someterse a quien infrinja la ley penal perpetrando la conducta de trata de personas.

Es de anotar que, en Colombia el reclutamiento forzado no fue considerado por el legislador como una modalidad de la trata de personas. Presuntamente, por la gravedad de las consecuencias del conflicto armado, se decidió individualizar esta conducta para que no sea desatendida y confundida con las otras formas de trata de personas.

CAPÍTULO V

ANÁLISIS DEL TIPO PENAL DESDE LA PERSPECTIVA DE LA TEORÍA DEL DELITO

5.1 UBICACIÓN SISTEMÁTICA

El tipo penal de trata de personas se encuentra en el Artículo 188A, del Capítulo Quinto De los Delitos Contra la Autonomía Personal, en el Título III "DELITOS CONTRA LA LIBERTAD INDIVIDUAL Y OTRAS GARANTÍAS". En este capítulo encontramos tipificadas conductas con notable trascendencia para proteger los derechos humanos, como la tortura, el desplazamiento forzado, el constreñimiento ilegal, el constreñimiento para delinquir, la fraudulenta internación en asilo, clínica o establecimiento similar, la inseminación artificial o transferencia de óvulo fecundado no consentidas y el tráfico de migrantes.

5.2 ELEMENTOS

El doctor Pedro Alfonso Pabón Parra, en su libro Código Penal Esquemático[119], hace una descripción del tipo penal objeto de nuestra investigación, al que haremos constantes referencias en nuestro discurso. Con la aclaración, que salvo mejor opinión su contenido debemos analizarlo con sumo cuidado, especialmente en los denominados delitos de peligro, por cuanto suele confundir el objeto material del delito, con los instrumentos utilizados para la comisión del mismo. Situación que conlleva a un error dogmático de interpretación.

5.3 CLASIFICACIÓN

Del tipo penal del artículo 188A del Código Penal Colombiano que describe la conducta de trata de personas, se desprende que no se requiere

119 Pabón, P. 2015. "Código Penal Esquemático", Cuarta Edición. Ediciones Doctrina y Ley. Bogotá: Colombia.

del resultado para que la conducta sea punible. Es decir, no es necesario que efectivamente el sujeto pasivo (en este caso la víctima) haya prestado el "servicio" para el cual fue captado(a); dado que es un delito de mera conducta, un tipo penal de peligro y no de resultado. Esto se opone a la postura de algunos autores como el citado Pedro Alfonso Pabón (2015), quien enmarca este delito como delito de resultado.

La Oficina de las Naciones Unidas contra la Droga y el Delito se refiere a este punto de la siguiente manera:

> Mera conducta: La Trata de Personas se considera consumada por la realización de cualquiera de sus verbos rectores, sin que efectivamente se llegue a efectuar la explotación de la víctima. Basta con la creación del peligro sobre el bien jurídico de la víctima. Lo que si se debe probar es el ánimo y finalidad de explotación sobre ella por parte de quien o quienes se encuentran vinculados al proceso.[120]

En cuanto a la permanencia de la conducta, no cabe duda de que este tipo de transgresiones se da de forma reiterada en el tiempo. Mientras la víctima permanezca en manos de su captor, el delito se estará perpetrando hasta el momento en que termine la explotación. Este tipo de determinaciones resultan relevantes pues deben ser tenidas en cuenta para los términos de la investigación y judicialización.

> "Permanente: Si se consuma la explotación sobre la víctima, el delito se entiende realizado durante todo el tiempo que dure ésta, es decir que no es de ejecución instantánea, sino que representa la sucesión en el tiempo de la explotación, durante el tiempo que la víctima permanezca en situación de sometimiento al autor del comportamiento, esto es, mientras dure la explotación".[121]

---

120 Oficina de las Naciones Unidas contra la Droga y el Delito Colombia. 2015. "Protocolo de Investigación y Judicialización para el Delito de Trata de Personas en Colombia". Base de Datos Documental de las Naciones Unidas, 10 de agosto de 2016, en: https://www.unodc.org/documents/colombia/2016/marzo/PROTOCOLO_DE_INVESTIGACION_Y_JUDICIALIZACION_Sede.pdf

121 Oficina de las Naciones Unidas contra la Droga y el Delito Colombia. 2015. "Protocolo de Investigación y Judicialización para el Delito de Trata de Personas en Colombia". Base de Datos Documental de las Naciones Unidas, 10 de agosto de 2016, en: https://www.unodc.org/documents/colombia/2016/marzo/PROTOCOLO_DE_INVESTIGACION_Y_JUDICIALIZACION_Sede.pdf

5.4 TERRITORIO

La ejecución de esta conducta se puede dar mancomunadamente en varios territorios, y no únicamente entre fronteras de Estados; también entre ciudades y municipios dentro del territorio nacional. La determinación del territorio en el que se cometió este delito es amplia, puesto que la conducta se puede considerar consumada en el país de origen donde la víctima es captada, en el país de circulación donde va pasando en el traslado y en el país de destino donde es recibida. Esto toma importante relevancia puesto que a partir del territorio se fija la competencia de los organismos de investigación y judicialización.

5.5 TIPO OBJETIVO

> (...) la diversidad de formas de aparición que adoptan los comportamientos delictivos impone la búsqueda de una imagen conceptual lo suficientemente abstracta como para poder englobar en ella todos aquellos comportamientos que tengan unas características esenciales comunes. Esta figura puramente conceptual es el tipo. Tipo es, por tanto, la descripción de la conducta prohibida que lleva a cabo el legislador en el supuesto de hecho de una norma penal (...)[122]

5.5.1 Sujetos

Como todo tipo penal, el dispositivo jurídico dispuesto para penalizar la conducta de trata de personas describe la existencia de un sujeto activo y un sujeto pasivo (víctima directa), una conducta y su consecuencia sancionatoria. Alfonso Reyes Echandía (1984) se refiere a estos elementos del tipo como:

> Como quiera que toda conducta humana es realizada por una persona respecto de otra y todo tipo penal describe un comportamiento, tiénese (sic) la presencia de dos sujetos, el que actúa y aquel en relación con el cual la conducta produce un determinado efecto jurídico; el primero se llama sujeto activo y el segundo, sujeto pasivo.[123]

---

122 Muñoz Conde, F. 1996. "Derecho Penal Parte General. Segunda Edición". Tirant lo Blanch. Valencia.

123 Reyes, E. 1984. "Derecho Penal Parte General". Novena Edición. Universidad Externado de Colombia. Bogotá: Colombia.

A. *Sujeto Activo*

Hacemos ahora referencia al sujeto activo de la conducta. El autor de la conducta de trata de personas conforme a lo señalado por el artículo 188A del Código Penal sustantivo puede ser cualquier persona; es decir, es un sujeto activo indeterminado.

De acuerdo a esto nos preguntamos: ¿qué clase de personas pueden cometer este delito?

Personas Jurídicas

Si se acepta la posición de que las personas jurídicas pueden ser sujetos activos de conductas punibles, no cabe duda, que estos podrán cometer este delito. Consideramos que es un tema de gran importancia, por cuanto no podemos perder de vista que es un delito transnacional y sus agentes o perpetradores son bandas criminales organizadas, que constituyen empresas fachadas para cometer delitos como narcotráfico, tráfico de armas y lavado de activos entre otros. Además, utilizan "empresas de papel" para engañar a sus víctimas con falsos empleos de modelaje, staff de hoteles, etc. Si no se acepta la teoría de la responsabilidad de las personas jurídicas, pues no cabe la menor duda que responderán como personas naturales quienes hayan perpetrado la conducta de trata.

Menores de edad

En Colombia existe el sistema de responsabilidad penal para adolescentes con una justicia especializada para investigar y juzgar sus conductas delictivas (Ley 1098 de 2006 -Código de la Infancia y Adolescencia)[124]. Bajo este marco jurídico independiente se excluye la responsabilidad penal de los menores de catorce años y se les dan ciertas dádivas a los menores de dieciocho.

> "ARTÍCULO 142. EXCLUSIÓN DE LA RESPONSABILIDAD PENAL PARA ADOLESCENTES. Sin perjuicio de la responsabilidad civil de los padres o representantes legales, así como la responsabilidad penal consagrada en el numeral 2 del artículo 25 del Código Penal, las personas menores de catorce (14) años, no serán

124 Congreso de la República de Colombia. 2016. "Código de la Infancia y la Adolescencia -Ley 1098 de 2006". Base Documental de la Secretaría del Senado, 3 de agosto de 2016, en: http://www.secretariasenado.gov.co/senado/basedoc/ley_1098_2006.html

juzgadas ni declaradas responsables penalmente, privadas de libertad, bajo denuncia o sindicación de haber cometido una conducta punible. La persona menor de catorce (14) años deberá ser entregada inmediatamente por la policía de infancia y adolescencia ante la autoridad competente para la verificación de la garantía de sus derechos de acuerdo con lo establecido en esta ley. La policía procederá a su identificación y a la recolección de los datos de la conducta punible."[125]

Las sanciones que se imponen a los menores infractores entre catorce y dieciocho años son variadas e incluyen la privación de la libertad, como lo enuncia el mencionado código en al artículo 177, aunque como medida excepcional. Los centros de atención especializados donde son privados de la libertad tienen un carácter legal de restitución de derechos, pero en la práctica se han convertido y considerado en "cárceles para menores". Este tipo de sanción solo será impuesta cuando se amerite, dada la comisión de un delito muy grave.

Pero bajo nuestro análisis de la trata de personas, debemos pensar que los menores que pueden pertenecer a las bandas criminales; y que, ejercen funciones como la de captar personas, sean tal vez víctimas y no autores o partícipes de esta conducta punible.

Es oportuno señalar, que en Colombia es común que las bandas criminales utilicen a los menores de 18 años para ejercer acciones como terrorismo, sicariato (asesinos a sueldo), narcotráfico y tráfico de armas, precisamente por la benevolencia de la Ley de Infancia y Adolescencia. Naturalmente, esta normatividad le da un trato preferencial al menor infractor por su condición de inmadurez psicológica, pues no se le puede considerar como un delincuente sino como un "pequeño infractor" que merece ser tratado con consideración y de forma preferencial con el propósito de lograr su futura resocialización y que sea útil al Estado y a la sociedad que lo han albergado y protegido con medidas especiales, no obstante, su quebranto a la ley penal.

Estas bandas criminales captan a sus víctimas persuadiéndolas con lujos, regalos y excesivas comodidades, por ejemplo, poniendo a su disposición lujosos automóviles, estrafalarias joyas, excelentes restaurantes, dinero, etc.

---

125 Congreso de la República de Colombia. 2016. "Código de la Infancia y la Adolescencia –Ley 1098 de 2006". Base Documental de la Secretaría del Senado, 3 de agosto de 2016, en: http://www.secretariasenado.gov.co/senado/basedoc/ley_1098_2006.html

Esta situación hace que un menor sea presa fácil de absorber. Por ello, consideramos que debe analizarse esta situación con lupa, para poder establecer, si ese menor que "pertenece" a la banda criminal es realmente un infractor de la ley penal y debe ser sometido a la Ley de Infancia y Adolescencia o, por el contrario, su realidad se ajusta más a la calificación y rol de víctima. En nuestro sentir, debe ser considerado como víctima, siendo esta postura conexa con el artículo 188D, del estatuto penal colombiano:

> **ARTÍCULO 188D. USO DE MENORES DE EDAD EN LA COMISIÓN DE DELITOS.** <Artículo adicionado por el artículo 7 de la Ley 1453 de 2011. El nuevo texto es el siguiente:> El que induzca, facilite, utilice, constriña, promueva o instrumentalice a un menor de 18 años a cometer delitos o promueva dicha utilización, constreñimiento, inducción, o participe de cualquier modo en las conductas descritas, incurrirá por este solo hecho, en prisión de diez (10) a diez y veinte (20) años.
>
> El consentimiento dado por el menor de 18 años no constituirá causal de exoneración de la responsabilidad penal.
>
> La pena se aumentará de una tercera parte a la mitad si se trata de menor de 14 años de edad.
>
> La pena se aumentará de una tercera parte a la mitad en los mismos eventos de agravación del artículo 188C.[126]

En esta norma vemos que los menores de edad son el sujeto pasivo de este tipo penal y que por consecuencia se convierten en el sujeto activo de cualquier delito. El tipo penal de trata es un tipo penal autónomo y si un menor se ve involucrado en la participación activa del delito, interpretamos que es por la orientación, orden o dirección de los adultos.

Pero surge un interrogante: ¿qué sucede con los menores que de manera autónoma organizan una red para trata de personas?

Lo mencionamos porque en Colombia existen bandas criminales lideradas por menores de edad para cometer toda clase de delitos, especialmente hurtos, homicidios, tráfico de drogas, tráfico de armas, entre otros.

---

126 Congreso de la República de Colombia. 2016. "Código Penal Colombiano -Ley 599 de 2000". Base Documental de la Secretaría del Senado, 3 de agosto de 2016, en: http://www.secretariasenado.gov.co/senado/basedoc/ley_0599_2000.html

¿Cuál debería ser la respuesta del Estado si se han dedicado también a la trata de personas? Si el menor muestra un amplio dominio sobre las acciones encaminadas para ejercer la trata de personas, sobre las circunstancias y demás partícipes, consideramos que debería aplicarse en estos casos concretos el sistema de responsabilidad penal para infantes y adolescentes del Código de Infancia y Adolescencia y no ser considerado como una víctima, sino ser sometido a las correcciones que la ley establece.

B. ***Causales de agravación punitiva***

El artículo 188B del Código Penal establece circunstancias de agravación punitiva y dentro de sus causales encontramos algunas que se refieren expresamente a descripciones del sujeto activo.

> ARTÍCULO 188-B. CIRCUNSTANCIAS DE AGRAVACIÓN PUNITIVA. <Artículo adicionado por el artículo 3 de la Ley 747 de 2002. El nuevo texto es el siguiente:> Las penas para los delitos descritos en el artículo 188 y 188-A, se aumentará de una tercera parte a la mitad, cuando:
>
> … 3. <Numeral CONDICIONALMENTE exequible> El responsable sea cónyuge o compañero permanente o pariente hasta el tercer grado de consanguinidad, segundo de afinidad y primero civil.
>
> 4. El autor o partícipe sea servidor público…[127]

Como podemos ver para efectos de agravación punitiva se tiene en cuenta algunas cualidades especiales del sujeto activo tales como su relación con la víctima, si es un pariente, cónyuge o compañero permanente, y por otro lado, si desempeña un cargo público.

C. ***Sujeto Pasivo***

Lo entendemos como todo aquel ser humano titular del interés jurídico tutelado, protegido con la descripción de la conducta en el tipo penal y que resulta lesionado o afectado por la acción del sujeto activo. Dada su clasificación como indeterminado singular, el sujeto pasivo puede ser cualquier persona natural, hombre o mujer, menor o mayor de edad, incluyendo la comunidad LGBT.

---

127 Congreso de la República de Colombia. 2016. "Código Penal Colombiano -Ley 599 de 2000". Base Documental de la Secretaría del Senado, 3 de agosto de 2016, en: http://www.secretariasenado.gov.co/senado/basedoc/ley_0599_2000.html

El artículo 188B del Código Penal establece circunstancias de agravación punitiva y dentro de sus causales encontramos algunas que se refieren expresamente a las condiciones del sujeto pasivo. Veamos:

> **ARTÍCULO 188-B. CIRCUNSTANCIAS DE AGRAVACIÓN PUNITIVA.** <Artículo adicionado por el artículo 3 de la Ley 747 de 2002. El nuevo texto es el siguiente:> Las penas para los delitos descritos en el artículo 188 y 188-A, se aumentará de una tercera parte a la mitad, cuando:
>
> 1. Cuando se realice en persona que padezca, inmadurez psicológica, trastorno mental, enajenación mental y trastorno psíquico, temporal o permanentemente o sea menor de 18 años.
>
> 2. Como consecuencia, la víctima resulte afectada en daño físico permanente y/o lesión psíquica, inmadurez mental, trastorno mental en forma temporal o permanente o daño en la salud de forma permanente.
>
> ...
>
> PARÁGRAFO. Cuando las conductas descritas en los artículos 188 y 188-A se realicen sobre menor de doce (12) años se aumentará en la mitad de la misma pena.[128]

Tenemos entonces que, para efectos de agravación punitiva, se tienen en cuenta algunas cualidades especiales del sujeto pasivo.

Hoy la norma prevé la sanción sin importar que la víctima sea hombre o mujer, pero recordemos que no siempre ha sido así, en un comienzo la legislación colombiana hacía referencia solamente a la trata de mujeres y niños.

5.5.2 Conducta

En garantía de la libertad y la seguridad individuales, en los estados de derecho las conductas que la ley considera merecedoras de punición están descritas en ella de modo previo y taxativo preciso y más o menos univoco de manera tal que el ciudadano común puede saber de antemano y con razonable certeza si las acciones que emprenderá son o no punibles; y en los estados

128 Congreso de la República de Colombia. 2016. "Código Penal Colombiano -Ley 599 de 2000". Base Documental de la Secretaría del Senado, 3 de agosto de 2016, en: http://www.secretariasenado.gov.co/senado/basedoc/ley_0599_2000.html

democráticos de derecho solo se incluyen en ese catálogo de conductas lesivas para bienes jurídicos (...)[129]

El fenómeno criminal, en Colombia, pasó de ser considerado como hecho punible en el Código Penal de 1980 a ser conducta punible en el actual Código Penal (Ley 599 de 2000). Recordemos que los preceptos constitucionales enunciados en la Carta Política de 1991 -artículo 29-, postulan que debe juzgarse al ser humano por sus actos (derecho penal de acto), y no por la persona que es (derecho penal de autor), en general se hablaba de hecho punible y no de conducta punible. Por ello, algunas referencias a la trata de mujeres y niños en la normatividad del decreto 100 de 1980 se encontrarán como el hecho punible de trata.

La conducta designa el actuar del ser humano ya sea desplegando un hacer (acción) o un abstenerse (omisión). Previo a centrarnos en el tema de la disposición descrita por el artículo 188A, veamos algunos conceptos doctrinarios sobre la conducta.

Según Fernando Velásquez (1995):

> La conducta en sus distintas manifestaciones no es una creación artificial de ningún filósofo o legislador, sino un concepto extraído de la vida real, que se expresa en el continuo tráfico social, pues los hombres son seres que viven y actúan en un determinado contexto histórico.[130]

Sabemos que la conducta se tipifica según la consideración que le da el legislador de acuerdo al contexto social e histórico en que se desarrolle. Los delitos son conductas que tomaron especial relevancia porque vulneran un bien jurídico que se pretende proteger y que con el pasar del tiempo puede que adquiera mayor relevancia. Nuestro contexto internacional actual es el que ha definido la conducta de la trata de personas y sus modalidades, justamente porque la experiencia y la globalización han delimitado las diferentes manifestaciones de este fenómeno, seguramente en el futuro aparecerán más, debido a que nuestras sociedades están en permanente evolución.

Continuando con nuestro análisis, la conducta está delimitada por el verbo rector o determinador. El tipo penal puede tener un solo verbo o varios,

---

129 Carrasquilla, J. 1998. "Principios y Normas Rectoras del Derecho Penal". Editorial Leyer. Bogotá: Colombia.

130 Velásquez, F. 1995. "Derecho Penal, Parte General". Segunda Edición. Editorial Temis, Bogotá: Colombia.

asimismo, pueden contener acciones u omisiones. Veamos los verbos que sirven de fundamento para investigar, juzgar y sancionar a un individuo por trata de personas:

A. *Captar*

Según la Real Academia Española:

Del lat. captāre, intens. de capěre 'coger'.

1. tr. Percibir algo por medio de los sentidos o de la inteligencia, percatarse, comprender. Captar un ruido, un propósito oculto.
2. tr. Recoger convenientemente las aguas de uno o más manantiales.
3. tr. Recibir, recoger sonidos, imágenes, ondas, emisiones radiodifundidas.
4. tr. Atraer a alguien o ganar su voluntad o afecto.
5. tr. Atraer, conseguir o lograr benevolencia, estimación, atención, antipatía, etc., de alguien. U. t. c. prnl.
6. tr. Fís. capturar (‖ absorber una partícula atómica).[131]

Siendo esta conducta en nuestra legislación eminentemente dolosa, el verbo "capte" debemos entenderlo como acción de lograr la absorción de la persona, atrayéndola o tomándola para sí con el propósito de su explotación.

Obsérvese, que el verbo captar tiene varios significados, por ejemplo, percibir que, de tomarse en su sentido literal, pudiéramos hablar de sancionar a todo aquel que llegase a percatarse de la comisión del delito de trata de personas. Esto en una interpretación literal y extensiva, pero no es el caso para la descripción que hace la ley gracias a su sentido de explotación.

Continuando con los significados del verbo captar, vemos que solamente el sexto es de capturar, efectivamente los demás son de persuasión, de atraer, de lograr algo de alguien, pero no a alguien; significaría entonces, que con esta tipificación de la conducta quien persuada a alguien con fines de explotación ha realizado la conducta punible.

---

131 Real Academia Española. 2016. "Diccionario de la Lengua Española". Base de Datos de la Real Academia Española, 7 de agosto de 2016, en: http://dle.rae.es/?id=7M88XDA

Obsérvese, que son diversas las situaciones que se pueden presentar, habría que analizar en cada caso concreto la situación planteada, pero en todo caso, con el debido respeto al principio de legalidad y en atención a los principios pro homine. Como suele suceder, en la práctica, se da una interpretación in malam partem para dar prontas respuestas a la coyuntura del momento, destacándose el eficientísimo penal, con violación a los principios de estricta legalidad y debido proceso aplicables tanto a las víctimas como al procesado.

B. *Trasladar*

Para ser consecuentes con el desarrollo veamos el significado según la Real Academia de la Lengua Española:

De traslado.

1. tr. Llevar a alguien o algo de un lugar a otro. U. t. c. prnl.
2. tr. Hacer pasar a alguien de un puesto o cargo a otro de la misma categoría.
3. tr. Hacer que un acto se celebre en día o tiempo diferente del previsto.
4. tr. Pasar algo o traducirlo de una lengua a otra.
5. tr. Copiar o reproducir un escrito.[132]

Para los efectos pertinentes de nuestro estudio, debemos entenderlo como llevar a alguien de un lugar a otro.

La labor del tratante consiste en transportar a la víctima de un lugar a otro, sin interesar porque medio ni de qué modo lo haga, puede ser terrestre, fluvial, o aéreo, lo que importa es que el traslado tenga el firme propósito de explotarla en cualquiera de sus formas.

C. *Acoger*

Según la Real Academia Española tenemos:

Del lat. *accolligĕre, de colligĕre 'recoger'.

1. tr. Dicho de una persona: Admitir en su casa o compañía a alguien.

---

132 Real Academia Española. 2016. "Diccionario de la Lengua Española". Base de Datos de la Real Academia Española, 7 de agosto de 2016, en: http://dle.rae.es/?id=aRlZFZd

2. tr. Servir de refugio o albergue a alguien.
3. tr. Admitir, aceptar, aprobar.
4. tr. Recibir con un sentimiento o manifestación especial la aparición de personas o de hechos.
5. tr. Proteger, amparar.
6. tr. desus. Dejar pastar ganado ajeno en una dehesa propia.
7. tr. desus. coger (‖ asir).
8. prnl. Refugiarse, retirarse, tomar amparo.
9. prnl. Invocar para sí los beneficios y derechos que conceden una disposición legal, un reglamento, una costumbre, etc.
10. prnl. Valerse de algún pretexto para disfrazar o disimular algo.
11. prnl. desus. Atenerse a la voluntad o dictamen de alguien.[133]

Cometería entonces esta conducta punible todo aquel que reciba a la persona que es tratada a sabiendas que está en tales condiciones de explotación. Ese acogimiento habría de entenderse como un periodo de acomodación física, para diferenciarlo del simple recibimiento que será una conducta autónoma y alternativa.

D. *Recibir*

Del lat. recipĕre.

1. tr. Dicho de una persona: Tomar lo que le dan o le envían.
2. tr. Dicho de una persona: Hacerse cargo de lo que le dan o le envían.
3. tr. Dicho de un cuerpo: Sustentar, sostener a otro.
4. tr. Dicho de una persona: Padecer el daño que otra le hace o casualmente le sucede.
5. tr. Dicho de una cosa: Admitir dentro de sí a otra; como el mar a los ríos, etc.
6. tr. Dicho de un organismo público: Aceptar oficialmente una construcción o una obra acabada.

---

133 Real Academia Española. 2016. "Diccionario de la Lengua Española". Base de Datos de la Real Academia Española, 7 de agosto de 2016.

7. tr. Admitir, aceptar, aprobar algo. Recibieron mal aquella opinión.
8. tr. Dicho de una persona: Admitir a otra en su compañía o comunidad.
9. tr. Dicho de una persona: Admitir visitas, ya en día previamente determinado, ya en cualquier otro cuando lo estima conveniente.
10. tr. Salir a encontrarse con alguien para agasajarle cuando viene de fuera.
11. tr. Esperar o hacer frente a quien acomete, con ánimo y resolución de resistirle o rechazarle.
12. tr. Asegurar con yeso u otro material un cuerpo que se introduce en la fábrica, como un madero, una ventana, etc.
13. tr. Taurom. Dicho del diestro: Cuadrarse en la suerte de matar, para citar al toro, conservando esta postura, sin mover los pies al dar la estocada, y resistir la embestida, de la cual procura librarse con el quiebro del cuerpo y el movimiento de la muleta.
14. prnl. Dicho de una persona: Tomar la investidura o el título conveniente para ejercer alguna facultad o profesión.[134]

Estas conductas pueden ser realizadas por una misma persona, aunque sabemos que el modus operandi de las bandas, es la división del trabajo; puede ocurrir, que el sujeto que capta también haga el transporte. Las organizaciones criminales funcionan como "empresas", y si pueden concentrar las responsabilidades en un sujeto para economizar, lo harán. Recordemos que su principal finalidad es el lucro y las excesivas ganancias obtenidas de manera ilícita.

Al señalar la norma "el que reciba", bastaría, por ejemplo, que el tratante, reciba en el terminal aéreo o terrestre a la persona; ya ahí se consumaría la conducta punible.

> El delito de trata de personas es un delito que describe varios (tipo penal compuesto) comportamientos (verbos rectores) que pueden ser cometidos por un solo sujeto activo o por varios.

---

134 Real Academia Española. 2016. "Diccionario de la Lengua Española". Base de Datos de la Real Academia Española, 7 de agosto de 2016, en: http://dle.rae.es/?id=VQtl8Xn

Los verbos rectores del tipo penal son "captar" (atraer a alguien, ganar la voluntad o el afecto de alguien, lo que puede ocurrir o no a través de la violencia), "trasladar" -incorpora el transportar- (llevar a alguien o algo de un lugar a otro, transferir, mover, transportar o cualquier otra acción análoga), acoger (admitir en su casa o compañía a otra u otras personas o servir de refugio o albergue a alguien), "recibir" (tomar o hacerse cargo de lo que le dan o le envían). Se trae entonces una configuración de verbos plural alternativa, de forma que no se exige la presencia simultánea de aquellos, y basta la incursión en cualquiera para que se configure el tipo penal.[135]

5.5.3 Del objeto

Comencemos con una definición proporcionada por el maestro Alfonso Reyes Echandía (1984):

> Entiéndase por objeto material aquello sobre lo cual se concreta la vulneración del interés jurídico que el legislador pretende tutelar en cada tipo y hacia cual se orienta la conducta del agente.[136]

En nuestro caso, el objeto material es la persona tratada en cualquiera de sus modalidades; y será el sujeto pasivo, el objeto material y la víctima, la misma persona esclavizada o tratada. Recordemos que este individuo puede ser cualquier ser humano sin interesar su condición económica, raza, sexo o cultura.

A. *Objeto Material*

En la línea de la precisión anterior, resulta pertinente resaltar que la perspectiva integral de la Trata de Personas implica comprender que, así como las únicas formas de explotación no son las sexuales, también sobre quienes pueden recaer las acciones de los verbos rectores no son limitados a ciertos grupos. Por el contrario, al proteger el bien jurídico de la autonomía y la libertad que se encuentran innatos en todos los seres humanos, cualquiera, independiente de su condición, género, origen nacional o étnico, profesión u

---

135 Oficina de las Naciones Unidas contra la Droga y el Delito Colombia. 2015. "Protocolo de Investigación y Judicialización para el Delito de Trata de Personas en Colombia". Base de Datos Documental de las Naciones Unidas, 10 de agosto de 2016, en: https://www.unodc.org/documents/colombia/2016/marzo/PROTOCOLO_DE_INVESTIGACION_Y_JUDICIALIZACION_Sede.pdf

136 Reyes, E. 1984. "Derecho Penal Parte General". Novena Edición. Universidad Externado de Colombia. Bogotá: Colombia.

oficio, puede ser víctima de Trata de Personas, y es obligación de las autoridades atender, investigar y judicializar.

No obstante, lo anterior, existen ciertos grupos que por sus condiciones particulares son más vulnerables o propensos a las redes de Trata de Personas, y que la respuesta del Estado debe estar orientada con enfoque diferencial y de derechos humanos para garantizar su acceso a la justicia.

Es importante, tener en cuenta lo que "Las Reglas de Brasilia sobre el acceso a la justicia de grupos vulnerables ha identificado como tales: género (incluida la población LGBT), étnico, edad (adultos mayores - niñas, niños y adolescentes), discapacidad, victimización, y desplazados y migrantes (Reglas de Brasilia - 2013)"[137]

Lo anterior para señalar que la víctima puede ser cualquier persona sin distinción. Incluso la discriminación aumenta la vulnerabilidad de ciertos grupos convirtiéndose en un objetivo más fácil de las redes de tratantes.

B. *Objeto Jurídico*

El objeto jurídico corresponde al interés jurídicamente protegido y tutelado por el Estado; y que una vez vulnerado, quien lo quebranta será investigado, juzgado y condenado por su conducta reprochable, esa es la respuesta por parte del Estado, haciendo uso del Ius Puniendi.

La profesora Whanda Fernández León citando la jurisprudencia nacional para referirse a la dignidad humana, extracta[138]:

> (...) en consecuencia bajo ninguna circunstancia puede el estado convertir al hombre en dócil instrumento de una política con el pretexto de servir al interés general eficazmente. Solo así se garantiza el respeto debido a su dignidad irrenunciable la cual se degrada irremediablemente cuando la persona es cosificada (...)[139]

---

137 Oficina de las Naciones Unidas contra la Droga y el Delito Colombia. 2015. "Protocolo de Investigación y Judicialización para el Delito de Trata de Personas en Colombia". Base de Datos Documental de las Naciones Unidas, 10 de agosto de 2016, en: https://www.unodc.org/documents/colombia/2016/marzo/PROTOCOLO_DE_INVESTIGACION_Y_JUDICIALIZACION_Sede.pdf

138 Fernández, W. 1999. "Procedimiento Penal Constitucional". Ediciones Librería del Profesional. Primera Edición.

139 Corte Constitucional de Colombia. 1993. "Sentencia C-412 de septiembre 28 de 1993".

Como lo anotábamos, con anterioridad, el bien jurídico protegido por el legislador al tipificar la conducta de Trata de Personas es la libertad individual y la autonomía personal. Algunos autores no están conformes con que esta conducta punible proteja únicamente la libertad y autonomía, reclamando la protección penal de otros derechos fundamentales:

> (...) pero además es posible agregar que el delito de trata de personas protege con igual intensidad la dignidad de la persona al ser reducida a un objeto de transacción, es decir, la cosificación económica de la persona tratada. Este aspecto de la dignidad humana debe ser enlazado con el imperativo categórico kantiano del fin en sí mismo, es decir, obrar de tal modo que uses la humanidad, tanto en tu persona como en la persona de cualquier otro, siempre como un fin al mismo tiempo y nunca solamente como un medio (...) [140]

Indiscutiblemente, el ataque a la dignidad humana es la primera afectación que recibe la víctima de Trata; y por ello, los organismos internacionales consideran la trata como una violación de los Derechos Humanos; y en tal sentido debe ser vista, para la prevención, la investigación, el juzgamiento y la reparación, pues no se puede perder ese objetivo de protección.

La dignidad como valor intrínseco del ser humano debe ser protegida desde todos los ángulos posibles para evitar que la persona sea convertida en mercancía mientras se suprimen sus derechos. Cuando esto ocurre, consideramos que es lo más abominable para el ser humano, y es sorprendente que en pleno siglo XXI existan las cadenas, tal vez no en las manos, pero si etéreamente en todo el ser.

Al ser humano dotado de inteligencia y voluntad se le ha tratado como un objeto desprovisto de garantías y derechos, porque en la evolución desenfrenada del crimen y la cultura del dinero fácil, se normalizan los negocios criminales que en corto tiempo producen desmesuradas ganancias (de la noche a la mañana), a costa del sufrimiento y la despersonificación del ser humano. La dignidad humana es un derecho fundamental que debe ser protegido no solamente desde la perspectiva del derecho penal sino desde las distintas estrategias que puedan implementar los Estados.

Además, de esta visión de la trata de personas con referencia a la dignidad humana, la primacía de los derechos humanos ha tenido un desarrollo

---

140 Aboso, E. 2013. "Trata de Personas". Editorial IBdeF. Buenos Aires: Argentina.

a nivel doctrinal. Podemos citar a la relatora especial sobre trata de personas, la Señora Joy Ngozi (2009): "Los DDHH de las personas constituirán el centro de toda la labor para prevenir y combatir la trata de personas y para proteger y dar asistencia y reparación a las víctimas".[141]

> En ese orden de ideas, las medidas relacionadas con el delito de trata de personas no podrán redundar en desmedro de los DDHH o de la dignidad de las víctimas. Las políticas de los Estados para la lucha contra los grupos de delincuencia organizada transnacional deben estar concebidas desde unas perspectivas de derechos humanos, que permitan una coherencia, no solamente desde el punto de vista de acciones positivas de asistencia y rehabilitación de las víctimas sino desde una transformación de las mismas políticas de inmigración, que continúan siendo reductos legales muy rígidos poco susceptibles de MODIFICACIONES drásticas…[142]

Por lo tanto, podemos deducir que este delito es pluriofensivo pues vulnera mancomunadamente varios objetos jurídicos. En concordancia con esto la Corte Constitucional Colombiana nos señala:

> … la Sala observa que independientemente de la clasificación que se dé a los hechos, lo cierto es que dieron origen a la vulneración de varios derechos fundamentales de Amalia, como resaltaron varios conceptos técnicos. A continuación, la Sala explica los fundamentos de esta conclusión:
>
> Los hechos revelan que los demandados han quebrantado el derecho de **Amalia a tener una familia y no ser separada de ella.**
>
> (…)

141 Organización de las Naciones Unidas. 2009. "Promoción y Protección de todos los Derechos Humanos, Civiles, Políticos, Económicos, Sociales y Culturales, incluido el Derecho al Desarrollo. Informe de la Relatora Especial sobre la trata de personas, especialmente mujeres y niños, la Sra. Joy Ngozi Ezeilo.A/HRC/10/16". 15 de agosto de 2016, consultado en: http://rcientificas.uninorte.edu.co/index.php/derecho/rt/printerFriendly/2203/4157

142 Mateus A., Varón, A., Londoño, B., Luna De Aliaga, B., Vanegas M. 2009. "Aspectos Jurídicos del Delito de Trata de Personas en Colombia". 20 de agosto de 2016, en: https://www.unodc.org/documents/colombia/2013/septiembre/Investigacion_U_Rosario.pdf

> El actuar de los demandados también ha infringido el derecho a la identidad de la demandante. Según el artículo 8 de la Convención sobre los derechos del niño, son elementos de la identidad, la nacionalidad, el nombre y las relaciones familiares.
>
> (...)
>
> Además, los hechos dan cuenta de la vulneración de los derechos de la demandante a la libertad y a la integridad, ya que, de un lado, se le restringió la posibilidad de abandonar el hogar de los demandados.
>
> (...)
>
> La conducta de los demandados **afectó la dignidad de la demandante**, en particular en su faceta de autonomía, toda vez que el poder que ejercían sobre ella impidió que pudiera determinar su proyecto de vida.
>
> (...)
>
> Los demandados desconocieron el **derecho a la educación** de Amalia, pues nunca le suministraron educación formal.
>
> (...)
>
> Por último, los hechos ponen en evidencia la violación de los derechos de Amalia a la verdad, justicia y reparación, puesto que (I) aún desconoce quién son sus padres, en qué circunstancias fue extraída de su familia biológica, si sus padres están vivos, etc., es decir, todavía desconoce su pasado; (II) el aparato judicial no se ha puesto en movimiento para poner fin a la vulneración de sus derechos, y (III) no ha obtenido ninguna reparación por las consecuencias de las violaciones de derechos sufridas. (negrillas fuera de texto)[143]

Evidenciemos, la manera como la Corte Constitucional describe el carácter pluriofensivo de esta conducta punible de Trata de Personas. Aclaramos, que esta conjunción de derechos vulnerados, que incluyen los del niño, son consecuencia de que la víctima, Amalia, era una menor de edad en el momento en el que fue extraída de su casa. Más adelante haremos una referencia a esta importante jurisprudencia.

---

143 Corte Constitucional de Colombia. 2012. Sentencia T-1078/12 - Tutela Instaurada por *Amalia*. Colombia.

5.6 TIPO SUBJETIVO (CULPABILIDAD)

Según la legislación penal colombiana, para que una conducta trascienda al campo penal, y, por tanto, sea considerada como delito, se requiere que sea típica, antijurídica y culpable, según lo establece el artículo 9 del código Penal.

Así, que el delito de trata de personas sin excepción debe cumplir los mismos requisitos. Por grave, antipática, cruel y odiosa que sea la conducta, no podemos perder de vista que estos principios rigen el proceso penal y que no podemos prescindir de ellos; de igual forma son concurrentes, los principios de legalidad y del debido proceso, entre otros no menos importantes.

La legislación colombiana establece que "solo se podrá imponer penas por conductas realizadas con culpabilidad. Queda erradicada toda forma de responsabilidad objetiva"[144]

El articulo artículo 21 señala: "MODALIDADES DE LA CONDUCTA PUNIBLE. La conducta es dolosa, culposa o preterintencional. La culpa y la preterintención solo son punibles en los casos expresamente señalados en la ley".[145]

El articulo 188 A del Código Penal Colombiano, no establece que la conducta de trata de personas pueda ser culposa o imprudente, y mucho menos preterintencional, lo que implica que el delito de trata de personas es eminentemente doloso.

Habría que observarse en cada caso concreto y según la teoría que se aplique del dolo[146] si aceptamos por ejemplo el dolo eventual. Por otro lado, para Zaffaroni (2000), este tipo objetivo tiene:

> "...dos funciones: (a) una (función sistemática) es la de proveer todos los componentes objetivos que emergen del análisis aislado del tipo, algunos de los cuales deben ser abarcados por el conocimiento del agente para que éste configure su voluntad dolosa, pero que no son suficientes para ello, dado que el campo de aná-

---

144 Congreso de la República de Colombia. 2016. "Código Penal Colombiano -Ley 599 de 2000". Base Documental de la Secretaría del Senado, 3 de agosto de 2016, en: http://www.secretariasenado.gov.co/senado/basedoc/ley_0599_2000.html

145 Congreso de la República de Colombia. 2016. "Código Penal Colombiano -Ley 599 de 2000". Base Documental de la Secretaría del Senado, 3 de agosto de 2016, en: http://www.secretariasenado.gov.co/senado/basedoc/ley_0599_2000.html

146 "Tres son las clases más importantes clases de dolo a) dolo directo de primer grado (o intención en sentido estricto), b) dolo directo de segundo grado, y c) dolo eventual". MIR PUIG, S. "Derecho Penal Parte General". PPU. Barcelona España.

> lisis está, por definición, limitado a lo que permite deducir el tipo en particular (...); (b) otra (función conglobante) es la de verificar toda la conflictividad del pragma, que implica tanto la verificación de la lesividad como de la posibilidad de que el mismo sea imputado al agente como propio (imputación por dominabilidad)."[147]

Lo cierto es, que, es imprescindible la culpabilidad del autor entendida en la exigibilidad dolosa de la conducta; no puede imputarse la conducta a título de culpa ni preterintencional.

5.7 ANTIJURIDICIDAD

Es sabido, que al igual que la culpabilidad, cuando se habla de la antijuridicidad, lo podemos hacer desde su planteamiento como principio o como categoría del delito. Desde ésta última perspectiva tenemos la antijuridicidad material y la antijuridicidad jurídica o formal.

> La expresión "antijuridicidad material" se entiende aquí en un sentido jurídico y político- criminal referido a los contenidos de valor que conforman los bienes jurídicos en la vida social; su significado jurídico, pues, se remite precisa y originariamente a los bienes jurídicos fundamentales de la vida social del individuo y la comunidad dentro de los marcos supremos de la Constitución (sobre todo de los derechos fundamentales contenidos en ella) y de los tratados públicos y costumbres internacionales en que se inscriben los derechos humanos internacionales.[148]

> Por su parte, Eugenio Raúl Zaffaroni la define como:

> Antisocialidad de la conducta, fue un concepto surgido al calor de la lucha entre el positivismo jurídico y el positivismo sociológico. Frente al positivismo jurídico, von Liszt opuso, desde el positivismo sociológico, el concepto de antijuridicidad material. Afirmaba que una acción es formalmente antijurídica como contravención a una norma estatal, a un mandato o a una prohibición de orden jurídico, en tanto que materialmente antijurídica

---

147 Zaffaroni, E. 2000. "Derecho Penal Parte General". Sociedad Anónima Editora, Comercial, Industrial y Financiera. Buenos Aires: Argentina.

148 Carrasquilla, F. 1998. "Principios y Normas Rectoras del Derecho Penal". Editorial Leyer. Bogotá: Colombia.

> consideraba la acción como conducta socialmente dañosa (antisocial o también asocial). Esta duplicidad conceptual se fundaba del siguiente modo: la acción antijurídica es la agresión a un interés vital protegido por las normas jurídicas, sean del individuo o de la totalidad; por lo tanto, es la lesión o puesta en peligro de un bien jurídico.[149]

Es importante, referirnos a la antijuridicidad dado que este fenómeno tiene una especial noción social. Como lo hemos anotado, la esclavitud no siempre fue prohibida por el derecho; todo lo contrario, era una institución socialmente permitida y protegida por el Derecho. La evolución social y jurídica cambiaron estas concepciones hasta llegar a su completa prohibición. Por lo tanto, la antijuridicidad adquiere relevancia jurídica, puesto que el sujeto activo de la conducta no solo sabe que está vulnerando las normas jurídicas, sino que también está transgrediendo materialmente bienes jurídicos que tienen un titular, que se convertirá en víctima.

De conformidad, a la ubicación sistemática en el Código Penal, del delito de trata de personas, tenemos que el bien jurídico protegido, como lo hemos venido anunciando es la libertad individual y la autonomía personal, ya que se encuentra dentro del título III que hace referencia a los delitos contra la libertad individual y otras garantías; y, dentro del capítulo QUINTO de este mismo título que señala: de los delitos contra la autonomía personal. Por tanto, será antijurídica la conducta del sujeto activo que sin causa de justificación o sin la presencia de causales de ausencia de responsabilidad (artículo 32 C.P.), afecten el bien jurídico protegido del titular del derecho.

149 Zaffaroni, E. 2000. "Derecho Penal Parte General". Sociedad Anónima Editora, Comercial, Industrial y Financiera. Buenos Aires: Argentina.

CAPÍTULO VI
LINEA JURISPRUDENCIAL

6.1 LA TRATA DE PERSONAS EN LA JURISPRUDENCIA COLOMBIANA

El delito de trata de personas, como lo hemos venido sosteniendo, es de tipo penal relativamente nuevo, solo hasta el año 2002 (Ley 747) se tipificó la conducta; por esta razón, no existe una rica jurisprudencia sobre el tema, pero si la suficiente para dar un vistazo a la forma como nuestros altos tribunales (Corte Constitucional y Corte Suprema de Justicia) se han pronunciado sobre esta conducta punible.

También, es importante señalar que el reducido análisis de esta conducta en la jurisprudencia colombiana no se debe únicamente a que sea de tipo penal relativamente nuevo; sino que, en la práctica es muy dado a confundirse con otros delitos. Esta coyuntura provoca que los esfuerzos para combatir la trata se desvíen en otras realidades y se persigan, se investiguen y se juzguen a los autores por otras conductas punibles; no obstante, se configuren los elementos de la trata de personas, pero que por desconocimiento de la existencia de este delito en el código, o por falta de capacitación a Policía, Fiscales y Jueces se termine encuadrando la conducta dentro de un tipo penal diferente.

Uno de los aspectos más destacados, es el hecho que la jurisprudencia nacional ha analizado la trata de personas no solo como conducta punible; sino, como una violación a los derechos humanos, dentro de ellos la dignidad humana generando esto una consecuencia jurídica muy importante como es que independientemente de la persecución penal, la víctima puede acudir a la acción de tutela para pedir la protección y amparo de sus derechos violados.

Ejemplo de la anterior afirmación, es la sentencia T. 1078 de 2012, Magistrado Ponente Dr. Jorge Ignacio Pretelt Chaljub.

Para identificar el caso, se hace necesario transcribir parte de los hechos de la referencia; y de esta manera contextualizar:

> … Acción de tutela instaurada por Amalia contra Vitaliano Sánchez Castañeda y Eunice Beltrán de Sánchez.
>
> Derechos Fundamentales Invocados: derecho a la identidad, derecho a la familia, a la justicia, a la verdad, a la reparación, a la libertad, a la integridad sexual y a la dignidad humana. [150]

De esta sentencia de tutela, podemos extraer conceptos muy importantes para determinar la ruta a seguir cuando hay un caso de trata de personas. Por ejemplo, en los hechos sometidos a la revisión de la Corte Constitucional, se comenta que la conducta está prescrita y que los hechos no pueden investigarse ni juzgarse, pero la Corte la considera procedente por su fundamentación en los derechos humanos.

Se señaló:

> 2.5.2. Procedencia de la acción de tutela. A diferencia de lo argumentado por los jueces de instancia, en esta oportunidad la Sala considera que la tutela si es procedente, por las siguientes razones
>
> (…)
>
> De otro lado, a la luz de la definición de trata de personas del Protocolo de Palermo - para efectos de este caso no como delito sino como violación de derechos humanos, en este caso se presentaron los siguientes elementos: (I) el traslado de una persona, (II) aprovechando su vulnerabilidad, (III) con fines de explotación…[151]

Otro aspecto para destacar de esta sentencia de tutela es que no se tutelaron únicamente los derechos de la accionante por considerársele víctima del delito de trata; sino que hizo efectivo de manera material los daños causados ordenando la reparación integral. Además, como juez de tutela de la Corte Constitucional, máximo órgano protector de los Derechos Humanos y fundamentales, se hizo un llamado general a las autoridades colombianas para que presten atención a este crimen atroz de trata de personas. Veamos:

---

150 Corte Constitucional de Colombia. 2012. "Sentencia T. 1078/12". -M.P. Jorge Ignacio Pretelt Chaljub.

151 Corte Constitucional de Colombia. 2012. "Sentencia T. 1078/12". -M.P. Jorge Ignacio Pretelt Chaljub.

En primer término, con el propósito de poner fin a la vulneración de los derechos fundamentales de Amalia a la identidad, o la familia y otros.

La sala ordenará al Ministerio del Interior, grupo de lucha contra la trata de personas, como coordinador del comité interinstitucional para la lucha contra la trata de personas y ente a cargo de la política de Gobierno Nacional en materia de prevención de la trata de personas y asistencia a las víctimas, brindar asistencia a la accionante y coordinar con las entidades que conforman el comité, las investigaciones necesarias para encontrar a su familia y permitirle reconstruir su pasado. Para evitar el incumplimiento de esta orden, el Ministerio del Interior deberá remitir un informe al juez de primera instancia- competente para verificar el cumplimiento del fallo- y al Despacho con las labores realizadas y los logros alcanzados, al cabo de seis meses contados a partir de la notificación de esta providencia.

La sala observa con preocupación que los organismos que en la actualidad apoyan la búsqueda de personas desaparecidas- como el Registro Nacional de Desaparecidos y las investigaciones de la Fiscalía y la Policía, para poder ser puestos en movimiento, requieren la existencia de una investigación Penal. La Sala reitera que la categoría de víctima de fenómenos como la trata de personas no puede supeditase a la existencia de un proceso penal, y que la perspectiva penal no puede ser la única ni la más importante para abordar el problema. Más que un asunto de política criminal, la trata de personas es un problema de violación de derechos humanos y desde esa perspectiva deben protegerse los derechos de las víctimas.

(...) finalmente como garantía de no repetición, la sala ordenará al Ministerio del Interior, en concordancia con la ley 985 de 2005, realizar campañas dirigidas a erradicar definitivamente, de conformidad con las obligaciones internacionales del Estado colombiano, prácticas como las que dieron lugar a la presente decisión con énfasis en las áreas rurales del país.

Además, la Sala desea recordar a las autoridades con responsabilidades en la materia, que, si bien el proceso penal es un mecanismo importante para garantizar los derechos de las víctimas de esclavitud, servidumbre, trata de personas y trabajo forzoso, no

> es el único ni el más idóneo, entre otras razones, porque supedita la protección de las víctimas a la comprobación de la ocurrencia de un delito. Por tanto, las autoridades deben diseñar otro mecanismo que aseguren la realización de los derechos de las víctimas y que atiendan a la complejidad de los fenómenos. En particular, el diseño de tales mecanismos debe tener en cuenta que en muchas ocasiones las VÍCTIMAS están en imposibilidad de denunciar y participar en un eventual proceso penal debido al poder que siguen ejerciendo sus victimarios sobre ellas- pueden temer por su integridad o la de sus familiares. [152]

Vemos entonces, como la honorable Corte compromete a los directos intervinientes en el delito, porque justamente serán los jueces, el puente que existe entre la ley y su aplicación efectiva. Es trascendental el llamado de atención que hace sobre la obligatoria existencia de la investigación penal para que instituciones como el Registro Nacional de Desaparecidos intervenga, justamente porque es un delito complejo que muchas veces es silenciado por el temor que le puede tener la víctima a su tratante.

También ha llegado el tema a la Corte Constitucional, con otros objetivos y contenidos, a los que haremos referencia de manera somera. Es el caso de la sentencia C. 931/ 2009 -Magistrado Ponente Dra. María Victoria Calle. En esta demanda, se solicita la inconstitucionalidad contra la Ley del 21 de mayo de 1851. El pronunciamiento consistió en declararse INHIBIDA la corte, para emitir pronunciamiento de fondo, "sobre la libertad de esclavos, por carencia actual de objeto de pronunciamiento". [153]

Del pronunciamiento de la sentencia se apartaron varios Magistrados Constitucionales con interesantes salvamentos y aclaraciones, dentro de ellos: María Victoria Calle Correa, Juan Carlos Henao Pérez y Luis Ernesto Vargas Silva.

Manifestaban que la Corte no debió declararse inhibida sobre el tema, sino que debió pronunciarse de fondo, debido a la importancia del fenómeno de la esclavitud, no solo como tema histórico sino, como tema de actualidad, señalando que ha sido una oportunidad desperdiciada que hubiese permitido adentrarse en un estudio profundo sobre un asunto tan trascendental como es la esclavitud.

---

152 Corte Constitucional de Colombia. 2012. "Sentencia T. 1078/12". -M.P. Jorge Ignacio Pretelt Chaljub.

153 Corte Constitucional de Colombia. 2009. "Sentencia C. 931/09". -M.P. María Victoria Calle Correa.

Por otro lado, tenemos la sentencia C-820 de 2005 de la Magistrada Ponente Dra. Clara Inés Vargas Hernández.

Este fallo se pronuncia sobre la demanda de inconstitucionalidad contra los artículos 188, parcial, (modificado por la ley 747 de 2002 artículo 1°) y 188A, parcial, (adicionado por el artículo 2° de la ley 747 de 2002) de la ley 599 de 2000, por la cual se expide el código Penal. La decisión fue declarar "EXEQUIBLES las expresiones" vigentes al momento de la sentencia condenatoria ..."[154]

Es importante destacar de este fallo las referencias que se hacen a los principios de legalidad, favorabilidad y al bloque de constitucionalidad.

En Sentencia del 17 de abril de 1997 (M.P. Juan Manuel Torres Fresneda), Rad. 11435 el demandante argumenta que nunca se probó que, en este caso, la finalidad de llevar mujeres al exterior fuera la de ejercer la prostitución; explica que a su juicio no aparece evidencia alguna de que se contrataran mujeres para la prostitución.

> La sala no emite decisión de fondo dado que considera que el demandante se equivocó en la técnica de demostración de la causal invocada. Debía usar argumentos confrontativos (sic) de la prueba, capaces de rebatir la licitud y tino de la providencia. Según la Corte "la demanda no ofrece ni prueba un yerro judicial que coincida con la estructura de la causal primera de casación, porque tan solo se ocupa de expresar el criterio personal del actor sobre el elemento subjetivo de la conducta ilícita que a su juicio no queda demostrado.[155]

La sentencia de 13 de febrero de 2008 (M.P. Augusto J. Ibáñez Guzmán), Rad. 29074. Además de la trata de personas, al ser uno de los delitos acusados el secuestro extorsivo agravado por la causal "en un menor de 18 años", el demandante afirma que la competencia no corresponde a un juez especializado sino a uno de circuito, y como la conducta se cometió en el departamento de Putumayo, debe conocer del juicio un funcionario con competencia en el distrito Judicial correspondiente.

Para la corte, ninguna duda queda que la competencia para conocer de tal conducta radica en los juzgados penales del circuito especializado, de manera que el argumento relacionado con la naturaleza del asunto, del que se

154 Corte Constitucional de Colombia. 2005. "Sentencia C-820/05". -M.P. Clara Inés Vargas Hernández.

155 Corte Suprema de Justicia. 1997. "Sentencia del 17 de abril de 1997 -Rad. 11435". -M.P. Juan Manuel Torres Fresneda.

vale la parte interesada para impugnar la competencia, no cobra vigencia en la actuación y da al traste con sus pretensiones. "para la Sala "resulta lógico inferir que la Fiscalía presentara la acusación ante el juez Especializado de Armenia, el cual esta investido de competencia territorial y por la naturaleza del asunto, porque para presentar el escrito respectivo valoró previamente que allí era donde podía contar con los elementos fundamentales de la acusación.[156]

En la sentencia del 30 de junio de 2010 (M.P. Sigifredo Espinoza Pérez), RAD. 33882, el demandante argumenta que se violentaron los postulados de la sana critica por la valoración del testimonio de la víctima tratándose de la única prueba de cargo. Según el ejecutante, "se desconoció la complejidad de las circunstancias psicológicas y socio culturales de la presunta víctima". Pues esta padecía trastornos mentales y adicción a las drogas.

La corte inadmite la demanda de casación pues considera que el demandante "nada enseña sobre la razón de sus alegaciones".[157]

También, vale la pena destacar la sentencia de la Corte Suprema de Justicia - Sala Penal de fecha 6 de marzo de 2008 M.P. Dr Augusto J. Ibáñez Guzmán, dentro del radicado 29158, mediante la cual se declara infundada la pretensión de impugnación de competencia promovida por los defensores de los procesados; pero que en el contenido de la sentencia encontramos que se detecta la problemática de la trata de personas, así como la determinación del momento donde se consuma la conducta punible. Se estableció:

> Recapitulando, se puede decir entonces que tanto en los casos de Vanesa Caicedo Romero y Ana Fernanda Flores Reina, como en los de Diana Sorany Ospina Vásquez y Yaneth Garay Valencia existen vínculos de conexión con otros intervinientes de la banda, y que ésta, de acuerdo con los términos de la acusación y lo visto a lo largo de esta decisión, se dedicaba a reclutar mujeres jóvenes en las ciudades del occidente del país, para ser llevadas al exterior (Hong Kong y Singapur), con el fin de ser sometidas a la prostitución y otras formas de explotación sexual (...)
>
> Este accionar, comprendía una serie de actos lógicamente encadenados (reclutamiento de las víctimas, alistamiento, dotación de elementos y de documentos para el viaje, traslado a los aero-

---

156 Corte Suprema de Justicia. 2008. "Sentencia del 13 de febrero de 2008 -Rad. 29074". -M.P. Augusto J. Ibáñez Guzmán.

157 Corte Suprema de Justicia. 2010. "Sentencia del 30 de junio de 2010 -Rad. 33882". -M.P. Sigifredo Espinoza Pérez.

> puertos del país desde donde debía iniciarse el viaje, desplazamiento al exterior, recibimiento en el país de destino y ubicación en los sitios de explotación) lo cual por la naturaleza misma de la conducta delictiva comprometía varios sitios de la geografía nacional y del país de destino (...).[158]

Para concluir este recorrido en los señalamientos jurisprudenciales dados en Colombia en referencia a este delito, subrayamos el proceso N° 39257 de la Corte Suprema de Justicia Sala de Casación Penal, en el que se interpone recurso de casación con fundamento al presunto error jurídico al tipificar como trata de personas la entrega de un niño con días de nacido a cambio de una suma de dinero. La Corte encuadra la conducta como trata de personas y reitera el fallo anterior en cuanto a este asunto:

> "Resumiendo, la Sala observa que la actora dejó sin demostrar el por qué los hechos, en cuanto a la conducta punible de trata de personas, carecen de correspondencia con los presupuestos condicionantes de los artículos 188-A y 188-B, parágrafo, de la Ley 599 de 2000 (calificación jurídica plasmada en la acusación), limitándose a pregonar un supuesto fin altruista en el proceder concertado de los acusados, el cual descartaría el fin de explotación consagrado como elemento normativo en el respectivo tipo penal, argumento que no pasa de ser una valoración subjetiva de la demandante, carente de respaldo en los elementos probatorios allegados en forma regular durante el juicio." [159]

Resulta interesante dado que la Corte, constituye la venta de niños como una expresión moderna de la esclavitud de acuerdo con documentos de las Naciones Unidas.

En reciente pronunciamiento la Corte Constitucional en sentencia c-470 de 31 de agosto de 2016, declaró inconstitucional el parágrafo 1°. Del artículo 7°. De la ley 985 de 2005, mediante la cual se adoptan una serie de medida contra la trata de personas y se establecen unos mecanismos para la atención y protección de las víctimas de esta conducta penal. La norma establecía que la prestación de asistencia mediata a la víctima estaba sujeta a que la víctima hubiera denunciado el delito ante las autoridades competentes.

---

158 Corte Suprema de Justicia. 2008. "Sentencia del 6 de marzo de 2008 -Rad. 29158". -M. P. Augusto Ibáñez.

159 el proceso N° 39257 de la Corte Suprema de Justicia Sala de Casación Penal.

"El jefe del ministerio Público, Alejandro Ordoñez le había solicitado a los Magistrados de la Corte Constitucional que declarara la inexequilbilidad del parágrafo demandado, toda vez que vulnerable la Carta Política al imponer cargas desproporcionadas a las víctimas del delito de Trata de Personas para acceder a medidas de reparación integral a las que tienen derecho por habérseles vulnerando sus derechos.

De ahí que el Alto Tribunal estableciera que la disposición desconocía efectivamente la Constitución, por cuanto se quebrantaban esenciales del Estado"[160].n(Magistrado Ponente Dr. Gabriel Eduardo Mendoza, agosto 31 de 2016)

Sentencia T-1078/12- Magistrado Ponente:

JORGE IGNACIO PRETELT CHALJUB

ESCLAVITUD-*Caso de mujer que fue extraída de su* casa de aproximadamente 7 años de edad, forzada a realizar trabajo doméstico sin remuneración y sometida a maltrato

ESCLAVITUD, SERVIDUMBRE Y TRATA DE SERES HUMANOS-Obligaciones del Estado para erradicar

Varios instrumentos internacionales, que proscriben la servidumbre, la trata de seres humanos y el trabajo forzado, disponen la obligación de los estados de (i) impedir que se imponga trabajo forzoso u obligatorio en provecho de particulares, de compañías o de personas jurídicas de carácter privado; (ii) adoptar medidas legislativas o de otro carácter necesarias para hacer efectivos tales prohibiciones, como la prevención, investigación y penalización de delitos tales como la trata de personas, campañas educativas, campañas sociales y otros mecanismos de difusión; (iii) vigilar sus fronteras para impedir y detectar la trata de seres humanos; (iv) proteger y garantizar los derechos de las víctimas, por ejemplo, estableciendo mecanismos para su recuperación física, sicológica y social, brindando asesoramiento e información sobre sus derechos, ofreciendo protección frente a los victimarios, y en el caso de fenómenos trasfronterizos, contribuyendo a la repatriación de la víctima; y (v) prevenir la revictimización.

---

160 Editorial Ámbito Jurídico. 2016. "Eliminan requisito para que víctimas de trata de personas reciban asistencia mediata". Periódico Ámbito Jurídico. Año XIX, N°450, 12 al 25 de septiembre de 2016.

Sentencia C-931/09 Magistrado Ponente:

MARÍA VICTORIA CALLE CORREA

INHIBICION DE LA CORTE CONSTITUCIONAL-Procedencia frente a norma que no se encuentra vigente ni está produciendo efectos jurídicos/**DEMANDA DE INCONSTITUCIONALIDAD**-Incompetencia de la Corte Constitucional por sustracción de materia o carencia de objeto

INHIBICION DE LA CORTE CONSTITUCIONAL-Sustracción de materia o carencia de objeto/**INHIBICION DE LA CORTE CONSTITUCIONAL**-Ley sobre libertad de esclavos de 1851

En el caso particular de la Ley del 21 de mayo de 1851 sobre libertad de esclavos la incompetencia de la Corte deriva de la sustracción de materia o carencia de objeto, en la medida que la norma ni se encuentra vigente ni está produciendo efectos en el ordenamiento jurídico vigente

Auto 092/08

CORTE CONSTITUCIONAL-Adopción de medidas para la protección a mujeres víctimas del desplazamiento forzado por causa del conflicto armado

V.A.7. Los trece programas que Acción Social deberá, en ejercicio de sus competencias, diseñar para efectos de colmar los vacíos críticos en materia de género en la política pública de atención al desplazamiento forzado en el país, son los siguientes: a. El Programa de Prevención del Impacto de Género Desproporcionado del Desplazamiento, mediante la Prevención de los Riesgos Extraordinarios de Género en el marco del Conflicto Armado. b. El Programa de Prevención de la Violencia Sexual contra la Mujer Desplazada y de Atención Integral a sus Víctimas. c. El Programa de Prevención de la Violencia Intrafamiliar y Comunitaria contra la Mujer Desplazada y de Atención Integral a sus Víctimas. d. El Programa de Promoción de la Salud de las Mujeres Desplazadas. e. El Programa de Apoyo a las Mujeres Desplazadas que son Jefes de Hogar, de Facilitación del Acceso a Oportunidades Laborales y Productivas y de Prevención de la Explotación Doméstica y Laboral de la Mujer Desplazada. f. El Programa de Apoyo Educativo para las Mujeres Desplazadas Mayores de 15 Años. g. El Programa de Facilitación del Acceso a la Propiedad de la Tierra por las Mujeres Desplazadas. h. El Programa de Protección de los Derechos de las Mujeres Indígenas

Desplazadas i. El Programa de Protección de los Derechos de las Mujeres Afrodescendientes Desplazadas. j. El Programa de Promoción de la Participación de la Mujer Desplazada y de Prevención de la Violencia contra las Mujeres Líderes o que adquieren Visibilidad Pública por sus Labores de Promoción Social, Cívica o de los Derechos Humanos. k. El Programa de Garantía de los Derechos de las Mujeres Desplazadas como Víctimas del Conflicto Armado a la Justicia, la Verdad, la Reparación y la No Repetición. l. El Programa de Acompañamiento Psicosocial para Mujeres Desplazadas. El Programa de Eliminación de las Barreras de Acceso al Sistema de Protección por las Mujeres Desplazadas. Cada uno de esos programas debe cumplir con unos elementos mínimos de racionalidad, semejantes a los elementos mínimos de racionalidad de la política pública de atención al desplazamiento a la cual deben articularse en forma integral. La Corte enunciará los quince elementos mínimos de racionalidad de cada programa para efectos de que exista absoluta claridad en cuanto al contenido de las órdenes impartidas en la presente providencia, y para especificar la situación fáctica y los parámetros jurídicos constitucionales a los cuales cada uno de ellos debe responder en su diseño e implementación.

Sentencia C-962/03 Magistrado Ponente:
Dr. ALFREDO BELTRÁN SIERRA

CONVENCION DE LAS NACIONES UNIDAS CONTRA LA DELINCUENCIA ORGANIZADA TRANSNACIONAL

PROTOCOLO PARA PREVENIR, REPRIMIR Y SANCIONAR LA TRATA DE PERSONAS

CONVENCION DE LAS NACIONES UNIDAS CONTRA LA DELINCUENCIA ORGANIZADA TRANSNACIONAL-Examen material/**CONVENCION DE LAS NACIONES UNIDAS CONTRA LA DELINCUENCIA ORGANIZADA TRANSNACIONAL**-Contenido/**CONVENCION DE LAS NACIONES UNIDAS CONTRA LA DELINCUENCIA ORGANIZADA TRANSNACIONAL**-Ámbito de aplicación/**CONVENCION DE LAS NACIONES UNIDAS CONTRA LA DELINCUENCIA ORGANIZADA TRANSNACIONAL**-Responsabilidad de personas jurídicas en la comisión de delitos

Declarar **EXEQUIBLES** *la Convención de las Naciones Unidas contra la delincuencia organizada trasnacional" y el Protocolo para prevenir,* *reprimir y sancionar la trata de personas especialmente mujeres y niños que complementa la convención de las naciones unidas contra la delincuencia organizada trasnacional"* adoptada por la Asamblea General de las Naciones Unidas el quince (15) de noviembre de dos mil (2000). Así como la ley 800 de marzo 13 de 2003que las aprueba.

Sentencia C-820/05 Magistrado Ponente
Dra. CLARA INÉS VARGAS HERNÁNDEZ

DELITOS DE TRÁFICO DE MIGRANTES Y TRATA DE PERSONAS-Multa en salarios mínimos legales mensuales "vigentes al momento de la sentencia condenatoria" no desconoce el principio de legalidad penal/**DELITOS DE TRÁFICO DE MIGRANTES Y TRATA DE PERSONAS**-Multa en salarios mínimos legales mensuales "vigentes al momento de la sentencia condenatoria" no desconoce el principio de favorabilidad penal/**DELITOS DE TRÁFICO DE MIGRANTES Y TRATA DE PERSONAS**-Multa en salarios mínimos legales mensuales "vigentes al momento de la sentencia condenatoria" no desconoce tratados internacionales que hacen parte del bloque de constitucionalidad.

Declarar **EXEQUIBLES** las expresiones *"vigentes al momento de la sentencia condenatoria"* contenida en el artículo 188 (modificado por el artículo 1 de la Ley 747 de 2002) y *"vigentes mensuales al momento de la sentencia condenatoria"*, contenida en el artículo 188 A (artículo nuevo adicionado por el artículo 2 de la Ley 747 de 2002), de la Ley 599 de 2000, por los cargos analizados en esta Sentencia.

En las siguientes tablas se consolidan las principales sentencias, tanto de la Corte Constitucional como de la Corte Suprema de Justicia.

SENTENCIAS DE LA CORTE CONSTITUCIONAL[161]
T-1078/12 (M.P. Jorge Ignacio Pretelt) Acción de tutela de víctima de trata por explotación sexual y en labores domésticas
C-931/09 (M.P. María Victoria Calle) Demanda de inconstitucionalidad contra la Ley del 21 de mayo de 1851 obre la libertad de esclavos"

161 Observatorio Trata de Personas -Antioquia. 2016. "Sentencias de la Jurisdicción Constitucional". 23 de agosto de 2016, en: http://www.observatoriotratadepersonas.org/site/index.php/normatividad/14-normas/41-jurisprudencia

Auto 092 de 2008 (M.P. Manuel José Cepeda) Situación de las mujeres víctimas del desplazamiento forzado por causa del conflicto armado
C-820 de 2005 (M.P. Clara Inés Vargas H) Demanda de inconstitucionalidad parcial contra los artículos 188, y 188A de la Ley 599 de 2000 (Código penal)
C-962 de 2003 (M.P. Alfredo Beltrán Sierra) Revisión de constitucionalidad de la Ley 800 de 2003, aprobatoria del Protocolo de Palermo

SENTENCIAS DE LA CORTE SUPREMA[162]
Sentencia del 17 de abril de 1997 (M.P. Juan Manuel Torres Fresneda), Rad. 11435
Sentencia del 19 de diciembre de 2000 (M.P. Álvaro Orlando Pérez Pinzón), Rad. 15940
Sentencia de 17 de julio de 2003 (M.P. Mauro Solarte Portilla) Rad. 20347
Sentencia del 12 de octubre de 2006 (M.P. Marina Pulido De Barón) Rad. 25465
Sentencia del 12 de diciembre de 2006 (M.P. Álvaro Orlando Pérez Pinzón) Rad. 26556
Sentencia del 23 de agosto de 2007 (M.P. Sigifredo Espinoza Pérez) Rad. 27337
Sentencia de 13 de febrero de 2008 (M.P. Augusto J. Ibáñez Guzmán), Rad. 29074
Sentencia de 6 de marzo de 2008 (M.P. Augusto J. Ibáñez Guzmán), Rad. 29158
Sentencia de 10 de julio de 2008 (M.P. Jorge Luis Quintero Milanés) Rad. 29660
Sentencia del 30 de junio de 2010 (M.P. Sigifredo Espinoza), Rad. 33882
Sentencia del 15 de septiembre de 2010 (MM.PP. Jorge Luis Quintero Milanés y Julio Enrique Socha Salamanca), Rad. 34728
Sentencia C-470 de agosto 31 de 2016. (M.P. Doctor Gabriel Eduardo Mendoza)

162 Observatorio Trata de Personas -Antioquia. 2016. "Sentencias de la Jurisdicción Constitucional". 23 de agosto de 2016, en: http://www.observatoriotratadepersonas.org/site/index.php/normatividad/14-normas/41-jurisprudencia

CAPÍTULO VII

TIPOLOGÍA DE LA TRATA DE SERES HUMANOS EN ESPAÑA[163] Y REFERENTES LEGALES SOBRE EL DELITO DE TRATA DE PERSONAS EN ALGUNOS PAÍSES LATINOAMERICANOS

Para analizar la situación se han consultado las últimas memorias de la Fiscalía General del Estado y los datos remitidos por la Inspección de Trabajo y la Seguridad Social. También se ha realizado un seguimiento de distintas Operaciones Policiales de desarticulación de redes delictivas.

A pesar de que se han detectado diversas situaciones de trata con fines de explotación laboral, no se ha conseguido entrevistar a víctimas de este tipo de explotación en España, ni se han recibido quejas respecto a su situación, por lo que se ha optado por utilizar las investigaciones de oficio y el análisis de estudios existentes para acercarse a esta realidad.

Según datos de la inspección de Trabajo, entre 2009 y 2011 solo se detectaron 21 casos en España de trata de personas con fines de explotación laboral. Los supuestos en los que se detectaron situaciones de explotación laboral pero que no cumplían todos los requisitos para considerarse trata de personas superan los 100 casos cada uno de estos tres años.

A fin de suplir la carencia de entrevistas con víctimas de explotación laboral, entre mayo de 2010 y enero de 2012, el Defensor del Pueblo inició 11 investigaciones de oficio a raíz de noticias aparecidas en prensa relativas a la desarticulación de redes de explotación laboral en las que se realizó un seguimiento.

Para analizar la situación en España, se han analizado los datos facilitados por la Fiscalía General del Estado, así como los datos facilitados por el

---

163 Defensor del pueblo de España, resumen.

Ministerio del interior, a través del Centro de Inteligencia contra el Crimen Organizado (CICO).

Además, se ha contado con testimonios directos de varias víctimas que, junto a las aportaciones de las entidades especializadas que trabajan con ellas, y el resultado de las investigaciones realizadas por el Defensor del Pueblo, han permitido aproximarse desde varias perspectivas a la situación en España.

Según los datos facilitados por la Secretaria de Estado de seguridad, durante los años 2009 y 2010, el perfil de las personas en situación de riesgo de ser víctimas de trata con fines de explotación sexual en España es el de una mujer de nacionalidad rumana entre 18 y 32 años de edad y una mujer de nacionalidad brasileña de entre 33 y 42 años.

Los datos de 2011 no son desglosados por nacionalidad, pero se refieren a las nacionalidades rumana, brasileña. La información facilitada por el citado organismo se limita a consignar que el 47 % de las víctimas procede de América, el 45% de Europa y el 7% de áfrica.

Los grupos organizados dedicados a esta actividad criminal disponen en muchos casos de una infraestructura que se extiende por los países de origen, tránsito y destino de las víctimas. Estos grupos están formados por españoles y extranjeros, principalmente varones de mediana edad. Es frecuente la presencia de mujeres pertenecientes al grupo criminal, de la misma nacionalidad que las víctimas, en algún caso en situación de explotación previa o actual, y encargadas de su control.

Los españoles suelen formar parte del grupo criminal como meros explotadores de las víctimas o como propietarios o encargados de los locales en los que se realiza la explotación, gerentes y profesionales expertos. Los negocios de hostelería son utilizados como lugar de explotación de las víctimas, proporcionando una apariencia de legalidad a la actividad criminal. Es relativamente frecuente la coincidencia de nacionalidad entre víctimas y explotadores.[164]

164 Aspectos Jurídicos Del Delito de Trata de personas en Colombia, Universidad del Rosario, Convenio Interinstitucional 045-2009

PAIS	LEYES SOBRE TRATA	LEYES MIGRATORIAS	INSTRUMENTOS INTERNACIONALES RATIFICADOS
PANAMÁ	Ley N°16 de 2004, contribución a la prevención y la eliminación de la explotación sexual comercial de personas menores de edad en Centroamérica, Panamá y República Dominicana	Ley N° 3 de 2008, crea el Servicio Nacional de Migración, la carrera Migratoria y dicta otras disposiciones.	A, D , E, F, G, I, J, L, M, N, Ñ, O, P, Q. Nota: sólo P con reserva.
TRINIDAD Y TOBAGO	No dispone de un marco legal especifico que sancione la explotación sexual comercial y la trata de personas. Ley de delito Sexual de 1.986	Inmigration act de julio de 1976	A, C, D, G, I, J, L, N, Ñ, P, Q. Nota: I con reserva.
ECUADOR	Ley N° 1.823 de 2006. Ley N° 1.981 de 2.004 Creación del Plan Nacional por parte de la Comisión Interinstitucional.	Ley N° 1899 de 1.971, ley de Migración	A, B, C, D, E, F, G, I, J, L, M, N, Ñ, O, P, Q. Nota: P y Q con reserva.
COLOMBIA	Ley985 de 2005.por medio de la cual se adoptan medidas contra la trata de personas y normas para la atención y protección de las víctimas de la misma. Ley 800 de 2003. Por medio de la cual se aprueban la Convención de las Naciones Unidas contra la Delincuencia Organizada Transnacional y el Protocolo para Prevenir, Reprimir y Sancionar la Trata de Personas, especialmente mujeres y niños, que complementa la Convención de las Naciones Unidas contra la Delincuencia Organizada Transnacional, adoptadas por la Asamblea General de las Naciones Unidas. Ley 747 de 2002, por medio de la cual se hacen unas reformas y adiciones al Código Penal (ley 599 de 2000)	Ley 1203 de 2008, "Estatuto Migratorio Permanente, entre Colombia y Ecuador, firmado el 24 de agosto de 2000" Decreto 4000 de 2004, visas: nuevas normas sobre expedición de visas, control de extranjeros y migración.	A, D, E, F, G, I, J, N, Ñ, O, P, Q. Nota: J, O, P y Q con reservas.

CAPÍTULO VIII

CUMPLIMIENTO POR PARTE DEL ESTADO COLOMBIANO DE LOS ESTÁNDARES INTERNACIONALES RESPECTO A LA ESCLAVITUD CONTEMPORÁNEA

El Derecho Internacional de los Derechos Humanos, impone a los Estados, el cumplimiento de una serie de obligaciones, con la finalidad de prevenir, investigar, juzgar y sancionar a los responsables del delito de Trata de personas. Como quedó consignado, en capítulos anteriores, este es un fenómeno, que azota a todas las clases sociales, por cuanto su origen, o la forma de captación de la persona es el engaño o la fuerza. Si bien, los sectores sociales más vulnerables, resultan ser las principales víctimas, toda los Miembros de una Sociedad, se encuentran en riesgo de caer en manos de las redes criminales, que han empezado a generar pánico en la ciudadanía, debido a su capacidad y poderío económico, capaz de traspasar fronteras. Como lo anotamos con anterioridad, con la Globalización de la Economía, también se globalizó la criminalidad, lo que implica que, solo con la Cooperación entre los Estados, se le puede hacer frente a este flagelo; y, por ende, el Derecho Internacional de los Derechos Humanos, ha tenido que intervenir, y la Corte Interamericana de Derechos Humanos, fijarle a los Estados, unos Estándares Mínimos, para hacerle frente a este gigante delictual, que es una verdadera afrenta, contra la Dignidad Humana.

8.1. MARCO NORMATIVO

A. Instrumentos internacionales

En este capítulo, hacemos una relación de los principales instrumentos internacionales que desarrollan la trata de personas. Será este conjunto normativo el marco legal del tema objeto de nuestro estudio.

1. *Convención de las Naciones Unidas contra la delincuencia organizada transnacional y sus protocolos* (2000)

La Resolución 53/111, del 9 de diciembre de 1998 estableció un comité especial intergubernamental con la finalidad de elaborar una convención internacional amplia contra la delincuencia organizada transnacional.

En diciembre de 2000, la comunidad internacional suscribe en Palermo (Italia) la Convención de las Naciones Unidas contra la Delincuencia Organizada Transnacional.

Esta convención se complementa con:

1. El protocolo para prevenir, reprimir y sancionar la trata de personas, especialmente mujeres y niños.
2. El protocolo contra el tráfico ilícito de migrantes por tierra, mar y aire.
3. Protocolo contra la fabricación y el tráfico ilícitos de armas de fuego, sus piezas y componentes y municiones.

La Convención contra la Delincuencia Organizada Transnacional fue concebida para prevenir y combatir este fenómeno criminal con el apoyo de las instituciones intergubernamentales y la cooperación entre Estados.

El ámbito de aplicación de la Convención incorpora la prevención, investigación y el enjuiciamiento de:

1. Participación en un grupo delictivo organizado, acuerdo de cometer un delito grave con un propósito de obtener un beneficio económico, participación en actividades ilícitas (Art. 5).
2. Blanqueo del producto del delito, conversión o transferencia de bienes, ocultación o disimulación de la verdadera naturaleza, adquisición de bienes a sabiendas que son producto del delito (Art.6).
3. Corrupción, promesa ofrecimiento o concesión a funcionario público de un beneficio indebido que redunde en su propio provecho o en el de otra persona o entidad (Art. 8).
4. Obstrucción a la justicia, uso de fuerza física, amenazas o intimidación, o la promesa, el ofrecimiento o la concesión de un beneficio indebido para inducir a falso testimonio u obstaculizar uno, la aportación de pruebas o las funciones oficiales de un funcionario de la justicia (Art. 23).[165]

---

165 NACIONES UNIDAS. Convención de las Naciones Unidas contra la Delincuencia Organizada Transnacional y sus Protocolos (Naciones Unidas, 2000).

2. *Protocolo para prevenir, reprimir y sancionar la trata de personas, especialmente mujeres y niños, que complementa la Convención de las Naciones Unidas contra la delincuencia organizada transnacional* (Protocolo de Palermo, 2000)

ANTECEDENTES

Resolución 53/111 de la Asamblea General, del 9 de diciembre de 1998:

Se establece un Comité especial intergubernamental encargado de elaborar una convención internacional contra la delincuencia transnacional y examinar la elaboración de un instrumento internacional relativo a la trata de mujeres y niños.

Este acuerdo está dirigido a los países de origen, tránsito y destino de la trata de personas, para prevenir y combatir esta conducta especialmente de mujeres y niños, a través de medidas de prevención, sanciones a los traficantes y protección de víctimas. Pretende ser un instrumento internacional que aborda todos los aspectos de la trata de personas para proporcionar la protección requerida.

ACUERDO

Sobre este documento, la Comisión Interamericana de Derechos Humanos precisa:

"Si bien hay una gran variedad de instrumentos jurídicos internacionales que contienen normas y medidas prácticas para combatir la explotación de personas, no había un instrumento universal que abordase todos los aspectos de la trata de personas. El Protocolo contra la Trata de Personas surge con el fin de prevenir el delito, sancionar a los tratantes y proteger a las víctimas, en particular amparando sus derechos humanos internacionalmente reconocidos; además, establece la primera definición internacional vinculante de la trata de personas."[166]

Este protocolo hace parte de la Convención de las Naciones Unidas contra la Delincuencia Organizada Transnacional, por lo tanto, su alcance e interpretación dependen de esta.

---

166 CORTE INTERAMERICANA DE DERECHOS HUMANOS. Derechos humanos de migrantes, refugiados, apátridas, víctimas de trata de personas y desplazados internos: Normas y Estándares del Sistema Interamericano de Derechos Humanos (Comisión Interamericana, 2015), Párrafo 114.

Al respecto y como justificación de la Convención en lo relativo a la trata de personas, Kofi Annan, el entonces Secretario General de las Naciones Unidas manifestó:

"Considero que la trata de personas, especialmente de mujeres y niños, para someterlos a trabajos forzosos y a la explotación, incluida la explotación sexual, es una de las violaciones más atroces de los derechos humanos a que hacen frente las Naciones Unidas en la actualidad. Se trata de un fenómeno muy difundido que se agrava cada vez más. Tiene sus raíces en las condiciones sociales y económicas de los países de origen de las víctimas y se ve facilitado por las prácticas discriminatorias contra la mujer e impulsado por la cruel indiferencia ante el sufrimiento humano de parte de los que explotan los servicios que las víctimas están obligadas a prestar. El destino de esas personas más vulnerables es una afrenta para la dignidad humana y un grave problema para todo Estado, todo pueblo y toda comunidad. En consecuencia, insto a los Estados Miembros a que ratifiquen no solo la Convención de las Naciones Unidas contra la Delincuencia Organizada Transnacional, sino también el Protocolo para prevenir, reprimir y sancionar la trata de personas, especialmente mujeres y niños, que puede operar una auténtica transformación en la lucha por eliminar ese comercio censurable de seres humanos."[167]

Este documento caracteriza la trata de personas como una de las violaciones más atroces a los derechos humanos, e indaga en las condiciones sociales de los países de origen las causas de este delito, de la misma forma, se insta a la comunidad internacional confrontar esta problemática.

El documento define trata de personas como:

"ARTÍCULO 3.- Definiciones

Para los fines del presente Protocolo:

a) Por "trata de personas" se entenderá la captación, el transporte, el traslado, la acogida o la recepción de personas, recurriendo a la amenaza o al uso de la fuerza u otras formas de coacción, al rapto, al fraude, al engaño, al abuso de poder o de una situa-

167 KOFI ANNAN. Prefacio de Convención de las Naciones Unidas contra la Delincuencia Organizada Transnacional y sus Protocolos (Naciones Unidas, 2004).

ción de vulnerabilidad o a la concesión o recepción de pagos o beneficios para obtener el consentimiento de una persona que tenga autoridad sobre otra, con fines de explotación. Esa explotación incluirá, como mínimo, la explotación de la prostitución ajena u otras formas de explotación sexual, los trabajos o servicios forzados, la esclavitud o las prácticas análogas a la esclavitud, la servidumbre o la extracción de órganos."[168]

Respecto a esto, podemos divisar el amplio margen que usa el protocolo para definir "trata de personas" y que se extiende a varios tipos de esclavitud tales como los trabajos forzados, la extracción de órganos y la servidumbre.

Como planteamiento estructural del protocolo se encuentra la protección a los niños. El documento define que:

"ARTÍCULO 3.- Definiciones

Para los fines del presente Protocolo:

c) La captación, el transporte, el traslado, la acogida o la recepción de un niño con fines de explotación se considerará "trata de personas" incluso cuando no se recurra a ninguno de los medios enunciados en el apartado a) del presente artículo;

d) Por "niño" se entenderá toda persona menor de 18años".[169]

El art. 5 del Protocolo compele que: "Cada Estado Parte adoptará las medidas legislativas y de otra índole que sean necesarias para tipificar como delito en su derecho interno las conductas enunciadas en el artículo 3 del presente Protocolo."[170]

Por lo tanto, es importante tener en cuenta que Colombia se obligó en las mencionadas actuaciones cuando se suscribió al Protocolo. En este sentido, ¿Colombia ha prevenido, investigado y

---

168 ORGANIZACIÓN DE LAS NACIONES UNIDAS. Protocolo para Prevenir, Reprimir y Sancionar la Trata de Personas, Especialmente Mujeres y Niños (Italia: Organización de las Naciones Unidas, 2000).

169 ORGANIZACIÓN DE LAS NACIONES UNIDAS. Protocolo para Prevenir, Reprimir y Sancionar la Trata de Personas, Especialmente Mujeres y Niños (Italia: Organización de las Naciones Unidas, 2000).

170 ORGANIZACIÓN DE LAS NACIONES UNIDAS. Protocolo para Prevenir, Reprimir y Sancionar la Trata de Personas, Especialmente Mujeres y Niños (Italia: Organización de las Naciones Unidas, 2000).

penalizado las conductas mencionadas en el Art.3 del Protocolo de Palermo? En el desarrollo de la investigación se hará énfasis en este planteamiento.

Por otro lado, en el Protocolo, se menciona el acompañamiento a las víctimas:

El art. 6 del documento[171] orienta a los Estados en su deber de:

- La protección de la privacidad e identidad de las víctimas de la trata de personas y confidencialidad de las actuaciones judiciales (cuando proceda y en la medida que lo permita su derecho interno.
- Proporcionar información sobre procedimientos judiciales y administrativos, y asistencia para participar en las actuaciones penales en contra de los delincuentes.
- Considerar la posibilidad de aplicar medidas para prever la recuperación física, sicológica y social de las víctimas, en cooperación con otras instituciones y la sociedad civil suministrando alojamiento adecuado; asesoramiento e información; asistencia médica, sicológica y material; y oportunidades de empleo, educación y capacitación.
- Para lo anterior se debe tener en cuenta la edad, el sexo y las necesidades especiales de las víctimas, especialmente de los niños.
- Prever seguridad física de las víctimas en su territorio.
- Que su ordenamiento jurídico interno pueda brindar indemnización por los daños sufridos a las víctimas.

Otras estipulaciones en referencia a las víctimas:

- El Estado receptor debe adoptar las medidas apropiadas que permitan a las VÍCTIMAS permanecer en su territorio, temporal o permanentemente, cuando proceda (Art. 7), así como el Estado nacional de la víctima debe facilitar su repatriación (Art. 8).[172]

---

171 ORGANIZACIÓN DE LAS NACIONES UNIDAS. Protocolo para Prevenir, Reprimir y Sancionar la Trata de Personas, Especialmente Mujeres y Niños (Italia: Organización de las Naciones Unidas, 2000).

172 ORGANIZACIÓN DE LAS NACIONES UNIDAS. Protocolo para Prevenir, Reprimir y Sancionar la Trata de Personas, Especialmente Mujeres y Niños (Italia: Organización de las Naciones Unidas, 2000).

PREVENCIÓN, COOPERACIÓN Y OTRAS MEDIDAS

En otro sentido se desarrollan políticas, programas y otras medidas, para prevenir y combatir la trata de personas, y proteger a las víctimas:

"ARTÍCULO 9.- Prevención de la trata de personas:

2. Los Estados Parte procurarán aplicar medidas tales como actividades de investigación y campañas de información y difusión, así como iniciativas sociales y económicas, con miras a prevenir y combatir la trata de personas."[173]

Esto articulando la cooperación con otras instituciones (Art. 9 Inc. 3), reforzando las ya existentes recurriendo a la cooperación bilateral o multilateral (Art. 9 Inc. 4), adoptando medidas legislativas (educativas, sociales y culturales) o reforzando las ya existentes (Art. 9 Inc. 5).[174]

INTERCAMBIO DE INFORMACIÓN Y CAPACITACIÓN

"ARTÍCULO 10.- Intercambio de información y capacitación

1. Las autoridades de los Estados Parte encargadas de hacer cumplir la ley, así como las autoridades de inmigración u otras autoridades competentes, cooperarán entre sí, según proceda, intercambiando información, de conformidad con su derecho interno, a fin de poder determinar:

    a) Si ciertas personas que cruzan o intentan cruzar una frontera internacional con documentos de viaje pertenecientes a terceros o sin documentos de viaje son autores o víctimas de la trata de personas (...)"[175]

Subrayamos en el artículo 10, inciso 2° del instrumento internacional en cuestión, la importancia de capacitar a los funcionarios del Estado que desarrollarán las gestiones del Protocolo.

173 ORGANIZACIÓN DE LAS NACIONES UNIDAS. Protocolo para Prevenir, Reprimir y Sancionar la Trata de Personas, Especialmente Mujeres y Niños (Italia: Organización de las Naciones Unidas, 2000).

174 ORGANIZACIÓN DE LAS NACIONES UNIDAS. Protocolo para Prevenir, Reprimir y Sancionar la Trata de Personas, Especialmente Mujeres y Niños (Italia: Organización de las Naciones Unidas, 2000).

175 ORGANIZACIÓN DE LAS NACIONES UNIDAS. Protocolo para Prevenir, Reprimir y Sancionar la Trata de Personas, Especialmente Mujeres y Niños (Italia: Organización de las Naciones Unidas, 2000).

"ARTÍCULO 10.- Intercambio de información y capacitación:

2. Los Estados Parte impartirán a los funcionarios encargados de hacer cumplir la ley, así como a los de inmigración y a otros funcionarios pertinentes, capacitación en la prevención de la trata de personas o reforzarán dicha capacitación, según proceda. Ésta deberá centrarse en los métodos aplicados para prevenir dicha trata, enjuiciar a los traficantes y proteger los derechos de las víctimas, incluida la protección de las víctimas frente a los traficantes. La capacitación también deberá tener en cuenta la necesidad de considerar los derechos humanos y las cuestiones relativas al niño y a la mujer, así como fomentar la cooperación con organizaciones no gubernamentales, otras organizaciones pertinentes y demás sectores de la sociedad civil."[176]

Por lo tanto, la formación de los intervinientes debe incluir cada una de las instancias, obligaciones y deberes plasmados en el acuerdo. Entre otras disposiciones, los funcionarios deben reforzar los controles fronterizos, prevenir el uso de medios de transporte comerciales para cometer los delitos tipificados en el protocolo y cerciorarse de los documentos requeridos a los pasajeros (Art. 11); también deben controlar la seguridad de los documentos para evitar falsificaciones y la verificación de la legitimidad de los mismos (Arts. 12 y 13). Si llegase a existir controversia debe solucionarse entre los Estados Parte a través de la negociación; si no prospera, debe someterse a arbitraje; de continuar, se podrá remitir a la Corte Internacional de Justicia, para que sea ella quien dirima el conflicto (Art. 15).[177]

3. *Convención sobre los Derechos del Niño* (1989)

Fue adoptada por la Asamblea General de las Naciones Unidas el 20 de noviembre de 1989. Resulta pertinente porque es el marco legal internacional que asegura al niño la protección y cuidado necesarios para su bienestar;

---

176 ORGANIZACIÓN DE LAS NACIONES UNIDAS. Protocolo para Prevenir, Reprimir y Sancionar la Trata de Personas, Especialmente Mujeres y Niños (Italia: Organización de las Naciones Unidas, 2000).

177 ORGANIZACIÓN DE LAS NACIONES UNIDAS. Protocolo para Prevenir, Reprimir y Sancionar la Trata de Personas, Especialmente Mujeres y Niños (Italia: Organización de las Naciones Unidas, 2000).

acentuamos en las siguientes disposiciones que encontramos pertinentes para nuestro trabajo[178]:

- Derecho intrínseco a la vida, supervivencia y desarrollo del niño (Art. 6).
- Derecho a preservar su identidad, nacionalidad, nombre y relaciones familiares (Art. 8).
- El niño no debe ser separado de sus padres excepto por decisión judicial (Art. 9).
- Los Estados Partes adoptarán medidas para luchar contra los traslados ilícitos de niños al extranjero y la retención ilícita de niños en el extranjero (Art. 11).
- Ningún niño será objeto de injerencias arbitrarias o ilegales en su vida privada, su familia, su domicilio o su correspondencia, ni de ataques ilegales a su honra y a su reputación (Art. 16).
- Los Estados Partes adoptarán todas las medidas legislativas, administrativas, sociales y educativas apropiadas para proteger al niño contra toda forma de perjuicio o abuso físico o mental, descuido o trato negligente, malos tratos o explotación, incluido el abuso sexual, mientras el niño se encuentra bajo la custodia de los padres, de un representante legal o de cualquier otra persona que lo tenga a su cargo (Art. 19).
- Los Estados Partes reconocen el derecho de todo niño a un nivel de vida adecuado para su desarrollo físico, mental, espiritual, moral y social (Art. 27).
- Los Estados Partes reconocen el derecho del niño a estar protegido contra la explotación económica y contra el desempeño de cualquier trabajo que pueda ser peligroso o entorpecer su educación, o que sea nocivo para su salud o para su desarrollo físico, mental, espiritual, moral o social (Art. 32).
- Los Estados Partes se comprometen a proteger al niño contra todas las formas de explotación y abuso sexuales (Art. 34).
- Tomar las medidas necesarias para impedir el secuestro, la venta o la trata de niños para cualquier fin o en cualquier forma (Art. 35).

---

178 ORGANIZACIÓN DE LAS NACIONES UNIDAS. Convención sobre los Derechos del Niño (Nueva York: Organización de las Naciones Unidas, 1989).

- Los Estados Partes protegerán al niño contra todas las demás formas de explotación que sean perjudiciales para cualquier aspecto de su bienestar (Art.36).
- Velarán porque ningún niño sea sometido a torturas ni a otros tratos o penas crueles, inhumanos o degradantes; sea privado de su libertad ilegal o arbitrariamente (Art. 37).
- Adoptar todas las medidas apropiadas para promover la recuperación física y psicológica y la reintegración de todo niño víctima (Art. 39).

4. ***Protocolo facultativo de la Convención sobre los Derechos del Niño relativo a la venta de niños, la prostitución infantil y la utilización de niños en la pornografía* (2000)**

Este protocolo[179]:

- Prohíbe la venta de niños, prostitución infantil y la utilización de niños en la pornografía (Art. 1).
- Define "venta de niños" como todo acto o transacción en virtud del cual un niño es transferido a cambio de una remuneración o retribución; "prostitución infantil" como la utilización del niño en actividades sexuales a cambio de remuneración o retribución; y "utilización de niños en la pornografía" como toda representación, por cualquier medio, de un niño dedicado a actividades sexuales explícitas, reales o simuladas, o toda representación de las partes genitales de un niño con fines primordialmente sexuales (Art. 2).
- Articula la definición de la venta de niños con los fines de explotación sexual, transferencia con fines de lucro de órganos y trabajo forzoso (Art.3).
- Los Estados Parte deben incluir estas conductas integralmente en su legislación penal, el control dentro y fuera de sus fronteras, y si se han cometido individual o colectivamente (Art. 3).
- Hace efectiva la jurisdicción en su territorio, a bordo de un buque o una aeronave matriculados en el Estado Parte, en los casos en que el presunto delincuente sea nacional del Estado o tenga residencia habitual en su territorio, o cuando la víctima sea nacional de ese

179 ORGANIZACIÓN DE LAS NACIONES UNIDAS. Protocolo Facultativo de la Convención sobre los Derechos del Niño Relativo a la Venta de Niños, la Prostitución Infantil y la Utilización de Niños en la Pornografía (Naciones Unidas, 2000).

Estado. No excluye la jurisdicción penal de conformidad con la legislación nacional (Art. 4).

- Los delitos se considerarán incluidos entre los delitos que dan lugar a extradición en todo tratado de extradición celebrado entre Estados Partes (Art. 5).
- Los Estados se deben prestar a toda asistencia posible en relación con cualquier investigación, proceso penal o procedimiento de extradición (Art. 6) protegiendo en todas las fases del proceso penal los derechos e intereses de los niños víctimas (Art. 8).
- Deberán adoptar, reforzar y aplicar leyes, medidas administrativas, políticas y programas sociales para prevenir los delitos del protocolo (Art 9); y fortalecer la cooperación internacional para la prevención, detección, investigación, enjuiciamiento y castigo de los responsables de los delitos enunciados (Art. 10).

5. *Convención sobre la eliminación de todas las formas de discriminación contra la mujer* (1979)

Subrayamos en esta convención la siguiente obligación: "Los Estados Partes tomarán todas las medidas apropiadas, incluso de carácter legislativo, para suprimir todas las formas de trata de mujeres y explotación de la prostitución de la mujer." (Art. 6).[180]

B. Marco legal colombiano[181]

- Ley 985 de 2005. Por medio de la cual se adoptan medidas contra la Trata de Personas y normas para la Atención y Protección de las Víctimas de esta.
- Ley 800 de 2003 - Ratificación Convención y Protocolo de Palermo.
- Ley 747 de 2002 - Castigar los distintos tipos de Trata.
- Ley 599 de 2000 - Castigar la Trata interna con fines de explotación sexual.

---

180 ORGANIZACIÓN DE LAS NACIONES UNIDAS. Convención sobre la Eliminación de todas las Formas de Discriminación contra la Mujer (Naciones Unidas, 1979).

181 CORPORACIÓN ESPACIO DE MUJER. "La trata de personas en Colombia la Esclavitud Moderna". Base Documental Departamento de Estado (U.S.A), 17 de junio de 2016, en: http://www.tipheroes.org/media/1597/la-trata-en-colombia.pdf

- Decreto 1974 de 1996 de Mujeres, Niñas y Niños.
- Decreto 1069 de 2014.
- Decreto 1066 de 2015

1. *Ley 985 de 2005*[182]

Fue la Ley 985 de 2005, la que ha hecho mayor énfasis en las directrices del Protocolo de Palermo y de los otros instrumentos internacionales a la legislación colombiana. A continuación, sus principales características:

1. Enuncia el tipo penal.
2. Intervención del Comité Interinstitucional para la Lucha contra la Trata de Personas en la formulación de la estrategia nacional.
3. Formulación de la estrategia deberá incluir: marco de información; prevención a través de medidas sociales, económicas, jurídicas y políticas; persecución a bandas criminales, investigación, judicialización y sanción; asistir a las víctimas; promover el trabajo interinstitucional e internacional.
4. Corresponde a las instituciones del Estado realizar como mínimo:
   - Establecer programas de prevención dirigido a población vulnerable.
   - Programas de prevención en educación básica, media y superior.
   - Organizar y desarrollar permanentemente actividades de capacitación a servidores públicos y entidades participantes en el Comité.
   - Sensibilización pública
5. Protección y asistencia a las víctimas.
   - Medidas de Protección: recuperación física sicológica y social. Protección a la intimidad e identidad de las víctimas:
   - Asistencia inmediata: retorno; seguridad; alojamiento; asistencia médica, psicológica y material; y asesoría jurídica.
   - Asistencia mediata: capacitación y ayuda en oportunidades de empleo, acompañamiento jurídico.

182 CONGRESO DE LA REPÚBLICA DE COLOMBIA. Ley 985 de 2005 (Colombia: 2005).

- Los consulados deben ofrecer la debida información y ayuda.
- Para la asistencia mediata la victima debió denunciar el delito a las autoridades competentes.
- El gobierno coordinará un programa de repatriación de las VÍCTIMAS que se encuentren en el exterior.
- Vinculación a los programas de protección a la Fiscalía: previa evaluación del riesgo en los casos que lo amerite se brindará protección integral a los testigos y víctimas de la trata y a sus familiares cercanos, durante todo el proceso penal o mientras subsistan factores de riesgo.
- Si las víctimas son menores de edad será el ICBF el encargado de suministrar la atención y asistencia requeridas.

6. Fortalecimiento de acciones contra la trata:
   - De la investigación judicial y la acción policiva: (Fiscalía, Policia Nacional y DAS) deben capacitar en forma especializada a sus miembros en la investigación y persecución de delitos relacionados con la trata de personas. Deben tener una eficaz cooperación y deben elaborar informes.
   - De la cooperación internacional: al identificar cuáles son los países de tránsito o destino, y los que trabajan activamente en la lucha contra la trata se les dará prioridad en la cooperación internacional en este campo.
7. Creación del comité interinstitucional:
   - Creación del comité interinstitucional, el cual será el organismo consultivo del gobierno y el ente coordinador de las acciones que desarrolle el Estado.
   - Promoverá la creación de comités regionales, departamentales o municipales; la estrategia nacional será su base de formulación.
8. Funciones del comité interinstitucional:
   - Elaborar y recomendar la estrategia nacional contra la trata de personas y realizar su seguimiento.
   - Coordinar procesos de revisión de los acuerdos y convenios internacionales y recomendar la suscripción de acuerdos y gestiones que se requieran para fortalecer la cooperación internacional.

- Servir de órgano asesor y recomendar la realización de acciones a las dependencias del Estado.
- Coordinar las entidades del Estado y los organismos privados.
- Hacer recomendaciones en materia de persecución criminal de este delito.
- Recomendar la expedición de normas o regulaciones.
- Hacer seguimiento de los efectos de las normas, programas y actividades y recomendar medidas y acciones para su adecuación y mejoramiento.
- Diseño e Implementación del Sistema Nacional de Información sobre la Trata de Personas.
- Proponer investigaciones y diseñar su reglamento y plan de acción.
- En los informes de los Ministerios y demás integrantes del Comité debe estar incluido un balance de las acciones realizadas contra la trata de personas.
- El comité tendrá una secretaría técnica de carácter permanente que velará por la ejecución de las funciones indicadas.
- El comité se debe reunir al menos una vez cada dos meses o extraordinariamente cuando el presidente del comité lo considere pertinente.
- La secretaría técnica rendirá informes bimestrales a los integrantes del comité e informes anuales al presidente de la república.

8.2. ESTÁNDARES

El delito de trata de personas y la migración según la Comisión Interamericana de Derechos Humanos

Con el fin de contextualizar aquellos estándares a tener en cuenta para hacerle frente a la comisión del delito de la trata de personas en el mundo, citamos el documento "Derechos humanos de migrantes, refugiados, apátridas, víctimas de trata de personas y desplazados internos: Normas y Estándares del Sistema Interamericano de Derechos Humanos" de la Comisión Interamericana de Derechos Humanos, en el que se evidencia la relación entre los problemas de migración y la trata de personas, y la necesidad de buscar soluciones conjuntas.

A continuación, citamos algunos puntos destacados con el fin de extender la contextualización del fenómeno objeto de nuestro estudio para luego seguir con cada uno de los estándares. Los números entre paréntesis son los párrafos citados en el mencionado documento.

- El fenómeno de movilidad humana es inherente a los seres humanos quienes buscando mejorar sus condiciones de vida se ven obligados a desplazarse, (...) después de la reorganización de los países por fronteras nace el concepto de "migración internacional"[183]. (1)
- La migración internacional o interna puede ser voluntaria o forzada, en el caso de la trata de personas "los individuos son transportados físicamente a través de fronteras sin su consentimiento"[184]. (3)
- Son muchos los factores por los que las personas deciden migrar, entre ellos, por "violencia generada por actores estatales y no estatales, los conflictos armados, la desigualdad, la pobreza, la falta de garantía de derechos económicos". Las personas en el contexto de la movilidad humana enfrentan serios obstáculos para disponer de recursos idóneos ante las violaciones a derechos humanos.[185] (10)
- El documento pretende presentar los estándares jurídicos desarrollados por la Comisión Interamericana de Derechos Humanos y la Corte Interamericana de Derechos Humanos, con relación al alcance y contenido de los derechos humanos de las personas en el contexto de la migración conforme a las obligaciones derivadas de los instrumentos interamericanos.[186] (13)

---

183 CORTE INTERAMERICANA DE DERECHOS HUMANOS. Derechos humanos de migrantes, refugiados, apátridas, víctimas de trata de personas y desplazados internos: Normas y Estándares del Sistema Interamericano de Derechos Humanos (Comisión Interamericana, 2015).

184 CORTE INTERAMERICANA DE DERECHOS HUMANOS. Derechos humanos de migrantes, refugiados, apátridas, víctimas de trata de personas y desplazados internos: Normas y Estándares del Sistema Interamericano de Derechos Humanos (Comisión Interamericana, 2015).

185 CORTE INTERAMERICANA DE DERECHOS HUMANOS. Derechos humanos de migrantes, refugiados, apátridas, víctimas de trata de personas y desplazados internos: Normas y Estándares del Sistema Interamericano de Derechos Humanos (Comisión Interamericana, 2015).

186 CORTE INTERAMERICANA DE DERECHOS HUMANOS. Derechos humanos de migrantes, refugiados, apátridas, víctimas de trata de personas y desplazados internos: Normas y Estándares del Sistema Interamericano de Derechos Humanos (Comisión Interamericana, 2015).

- En el contexto actual algunos Estados de la región están más enfocados en abordar la migración más desde un enfoque de seguridad nacional y contención de los flujos migratorios que desde un enfoque de derechos humanos.[187] (14)

  La migración y la trata de personas están íntimamente relacionadas. Cuando tratan a una persona es trasladada forzadamente o engañada para que lo haga voluntariamente, en cualquiera de los dos casos, no existe autonomía o está viciada por el engaño. Cuando se comete el delito de la trata de personas entre fronteras de dos o más Estados, existe una migración irregular.

- "A lo largo de los años, la Comisión Interamericana ha identificado políticas, leyes, sentencias y prácticas que plantean serios desafíos en lo que respecta a los derechos humanos de los migrantes en el continente americano."[188] (16)

  En el siguiente aparte podemos ver cuáles son las principales causas asociadas a la migración y no podemos evitar señalar que son comunes a las razones por las que muchas veces, voluntariamente, las personas deciden prostituirse o someterse a duras circunstancias con el único fin de mejorar su condición. No podemos ignorar que la sociedad asigna roles, que normaliza el trato despectivo a las mujeres.

- "En la actualidad, las principales causas asociadas a la migración de las mujeres tienen que ver con factores socioeconómicos, laborales, familiares, así como consecuencia de diversas formas de violencia. La división del trabajo por género ha dado lugar a que la migración de las mujeres se haya enfocado a la realización de trabajos domésticos y los servicios de cuidado de personas, en especial de niños y niñas (...); la migración y la trata de mujeres para la industria del sexo, la prostitución forzada, así como la migración para matrimonios forzados, entre otras formas de explotación."[189] (31)

---

187 CORTE INTERAMERICANA DE DERECHOS HUMANOS. Derechos humanos de migrantes, refugiados, apátridas, víctimas de trata de personas y desplazados internos: Normas y Estándares del Sistema Interamericano de Derechos Humanos (Comisión Interamericana, 2015).

188 CORTE INTERAMERICANA DE DERECHOS HUMANOS. Derechos humanos de migrantes, refugiados, apátridas, víctimas de trata de personas y desplazados internos: Normas y Estándares del Sistema Interamericano de Derechos Humanos (Comisión Interamericana, 2015).

189 CORTE INTERAMERICANA DE DERECHOS HUMANOS. Derechos humanos de migrantes, refugiados, apátridas, víctimas de trata de personas y desplazados

- Existen patrones estructurales y culturales de discriminación que persisten en contra de las mujeres.[190] (32)
- La protección efectiva de las mujeres migrantes requiere un abordaje integral desde la perspectiva de género y de los derechos de los migrantes, pues con frecuencia tienen que enfrentar situaciones adicionales de violencia y discriminación específicamente en razón de su género.[191] (33)

Como hemos visto y seguiremos viendo, la discriminación de género ficha especialmente a las mujeres como víctimas, situándolas en extrema vulnerabilidad por problemas sociales estructurales como el machismo:

"En el contexto de la migración, las víctimas de trata de personas conforman otro grupo en situación de extrema vulnerabilidad. La discriminación de género y el machismo presentes en muchos países de la región son factores que explican el impacto desproporcionado que tiene la trata de personas en la victimización de mujeres; sin embargo, los hombres también suelen ser víctimas de diversas formas de trata de personas. En la región, personas que suelen encontrarse en situaciones de vulnerabilidad suelen además ser engañadas con promesas de mejores perspectivas de vida, y en su desplazamiento concurren elementos de coacción, violencia física o psíquica, abuso y explotación de cualquier índole. Lo anterior significa que el cambio de lugar de residencia de las personas víctimas de trata no es voluntario, sino que se da por coacción y en múltiples ocasiones viene acompañado de violencia y diversas formas de abuso físico, mental y sexual. La trata de personas prolifera mayormente donde hay pobreza extrema, en los países donde no hay esperanza de progreso social o económico, donde muchos esperan que la vida en el extranjero traerá mejores posibilidades."[192] (66)

---

internos: Normas y Estándares del Sistema Interamericano de Derechos Humanos (Comisión Interamericana, 2015).

190 CORTE INTERAMERICANA DE DERECHOS HUMANOS. Derechos humanos de migrantes, refugiados, apátridas, víctimas de trata de personas y desplazados internos: Normas y Estándares del Sistema Interamericano de Derechos Humanos (Comisión Interamericana, 2015).

191 CORTE INTERAMERICANA DE DERECHOS HUMANOS. Derechos humanos de migrantes, refugiados, apátridas, víctimas de trata de personas y desplazados internos: Normas y Estándares del Sistema Interamericano de Derechos Humanos (Comisión Interamericana, 2015).

192 CORTE INTERAMERICANA DE DERECHOS HUMANOS. Derechos humanos de migrantes, refugiados, apátridas, víctimas de trata de personas y desplazados

- "En razón de sus características, la trata de personas es uno de los delitos con mayores niveles de subregistro. Una de las principales limitaciones que existen en la actualidad en el abordaje de la trata es la falta de información acerca del perfil de los perpetradores y de las mismas víctimas."[193] (67)
- "(...) Los datos recabados por la Oficina de Naciones Unidas contra la Droga y el Delito (UNODC), evidencian la alta incidencia que tiene la trata de personas sobre los migrantes. Las mujeres migrantes suelen ser explotadas sexualmente, forzadas a la prostitución u obligadas a trabajar como trabajadoras domésticas sin retribución y durante largas jornadas."[194] (68)
- "Los datos recabados sobre los perfiles de las víctimas indican que, en la región, entre 2010 y 2012, los niños representaron el 30% de las víctimas de trata de personas identificadas, mientras que los adultos representaban el restante 70% de las víctimas. La mayor parte de las víctimas menores de edad eran niñas; dos de cada tres víctimas eran niñas. Las mujeres dominan las cifras igualmente entre los adultos, ya que del 70% de los adultos víctimas de trata en la región, las mujeres representan el 50% de estas."[195] (69)

Como hemos podido ver, aunque las estadísticas no calculan el verdadero número de casos, de las cifras obtenidas podemos concluir que las mujeres y las niñas son las principales víctimas de este delito; aunque se debe subrayar que los hombres también son víctimas y no se debe ignorar esta realidad.

> "La CIDH estima pertinente señalar que la trata de personas no se circunscribe solamente a las mujeres migrantes. La Comisión ha re-

internos: Normas y Estándares del Sistema Interamericano de Derechos Humanos (Comisión Interamericana, 2015).

193 CORTE INTERAMERICANA DE DERECHOS HUMANOS. Derechos humanos de migrantes, refugiados, apátridas, víctimas de trata de personas y desplazados internos: Normas y Estándares del Sistema Interamericano de Derechos Humanos (Comisión Interamericana, 2015).

194 CORTE INTERAMERICANA DE DERECHOS HUMANOS. Derechos humanos de migrantes, refugiados, apátridas, víctimas de trata de personas y desplazados internos: Normas y Estándares del Sistema Interamericano de Derechos Humanos (Comisión Interamericana, 2015).

195 CORTE INTERAMERICANA DE DERECHOS HUMANOS. Derechos humanos de migrantes, refugiados, apátridas, víctimas de trata de personas y desplazados internos: Normas y Estándares del Sistema Interamericano de Derechos Humanos (Comisión Interamericana, 2015).

cibido información relativa a hombres migrantes en las Américas que son forzados a trabajar en distintas formas para grupos de la delincuencia organizada mientras se encuentran secuestrados. Por ejemplo, son reclutados para realizar actividades delictivas, tales como el sicariato, el asesinato de otros migrantes o en el trasiego de drogas. Asimismo, niños y adolescentes migrantes son forzados a trabajar como vigías de organizaciones del crimen organizado en la región."[196] (70)

Las dinámicas del delito son distintas, si la trata es transnacional o, por el contrario, si es interna. La explotación sexual es el fin más común por el que se trata a las personas, pero por esta razón no se deben desatender las otras modalidades.

- "En este sentido, la Comisión observa que en la región se evidencian diversas formas de trata de personas. Mientras que la explotación con fines de trabajado forzado, servidumbre doméstica, agrícola o minera, mendicidad y niños soldados, son formas de trata que ocurren dentro del mismo país de la víctima o países vecinos, la explotación sexual turística, la producción de pornografía infantil, adopciones ilegales y la venta de órganos, tienen una dimensión transnacional y transcontinental."[197] (71)

  De acuerdo al marco normativo internacional es una obligación de los estados hacer precisiones legislativas que acoten las estrategias necesarias para hacerle frente a la trata de personas. Como veremos más adelante, los avances legales son importantes, pero no son suficientes, pues los resultados se deben evidenciar en la materialización de la ley y no en su calificación dogmática.

- "En la región, la mayoría de los países tienen una legislación específica para prevenir y sancionar la trata de personas; sin embargo, en algunos países la legislación es parcial. La Comisión observa con pre-

196 CORTE INTERAMERICANA DE DERECHOS HUMANOS. Derechos humanos de migrantes, refugiados, apátridas, víctimas de trata de personas y desplazados internos: Normas y Estándares del Sistema Interamericano de Derechos Humanos (Comisión Interamericana, 2015).

197 CORTE INTERAMERICANA DE DERECHOS HUMANOS. Derechos humanos de migrantes, refugiados, apátridas, víctimas de trata de personas y desplazados internos: Normas y Estándares del Sistema Interamericano de Derechos Humanos (Comisión Interamericana, 2015).

ocupación que en la región no se visibilizan aumentos significativos en las investigaciones y condenas por el delito de trata de personas. Cuando se comparan las cifras de los casos denunciados y sus sospechosos con el número de condenas, este último es apenas un 10% del primero. En cuanto a los casos sancionados, el 80% de los perpetradores condenados en las Américas son personas que tratan nacionales de su propio país y que han sido procesados por su Estado. Un 17% de los perpetradores son nacionales de otros países de la región, y sólo el 3% son ciudadanos de países de otra región."[198] (72)

Es responsabilidad de los estados controlar sus fronteras y aliarse para evitar que estos territorios se conviertan en lugares donde los delincuentes puedan lucrarse, y en donde incluso, compren funcionarios del Estado para que con su cargo contribuyan a la realización de ilícitos.

- "Es de preocupación para la CIDH que la porosidad de las fronteras en los países de la región facilita el traslado de las víctimas de trata entre países; que la presencia de corrupción y grupos de crimen organizado en altos mandos gubernamentales socavan la capacidad estatal para contrarrestar la trata; y que para la sociedad civil reducida y con presupuesto limitado es un reto convertirse en un contrapeso efectivo ante la carencia de acciones estatales."[199] (73)
- "En 2012, la CIDH decidió modificar el mandato de la Relatoría sobre Trabajadores Migratorios y Miembros de sus Familias (ahora Relatoría sobre los Derechos de los Migrantes), con el propósito de dar respuesta a la multiplicidad de desafíos que plantea la migración en el continente americano, ya sea como migración internacional o interna o como migración forzada o voluntaria, así como para institucionalizar la práctica tácita que durante los últimos años ha venido desarrollando la Relatoría. El 30 de marzo de 2012, en el marco de su 144° periodo ordinario de sesiones, la Comisión Interamericana decidió ampliar el mandato de la Relatoría sobre Dere-

198 CORTE INTERAMERICANA DE DERECHOS HUMANOS. Derechos humanos de migrantes, refugiados, apátridas, víctimas de trata de personas y desplazados internos: Normas y Estándares del Sistema Interamericano de Derechos Humanos (Comisión Interamericana, 2015).

199 CORTE INTERAMERICANA DE DERECHOS HUMANOS. Derechos humanos de migrantes, refugiados, apátridas, víctimas de trata de personas y desplazados internos: Normas y Estándares del Sistema Interamericano de Derechos Humanos (Comisión Interamericana, 2015).

chos de los Migrantes, con el fin de que se enfocase en el respeto y garantía de los derechos de los migrantes y sus familias, solicitantes de asilo, refugiados, apátridas, víctimas de trata de personas, desplazados internos, así como otros grupos de personas vulnerables en el contexto de la migración."[200] (78)

Los migrantes sin importar su condición son acreedores de derechos y garantías, incluso con la soberanía de los Estados y sus respectivas normativas de circulación. Los instrumentos internacionales son herramientas que aluden aquellos principios inalienables del ser humano y que no van categorizados por la nacionalidad. No cabe duda que cada Estado es autónomo en decidir políticas migratorias, pero, en cualquier caso, y con más énfasis cuando son víctimas, debe respetar aquellos fundamentos del derecho internacional que protegen la persona.

- "El principio fundacional del Derecho Internacional de los Derechos Humanos, es que los derechos humanos no nacen del hecho de ser nacional de determinado Estado, sino que tienen como fundamento los atributos de la persona humana. (...) A excepción del derecho a entrar, circular y residir en un país, el cual se encuentra restringido a aquellas personas que cuenten con la autorización legal para hacerlo, y de ciertos derechos políticos restringidos a los ciudadanos, los migrantes tienen derecho a que se les respeten y garanticen los demás derechos reconocidos en la Convención Americana y demás instrumentos interamericanos en igualdad de condiciones con las demás personas."[201] (80)
- "Dentro del derecho internacional, la protección de los derechos de las personas en el contexto de la migración se divide en dos grandes regímenes normativos: por un lado, el derecho internacional de los derechos humanos y, por otro, los regímenes específicos de protección para refugiados, apátridas, víctimas de trata de personas, y desplazados internos. La CIDH considera importante que los dos

200 CORTE INTERAMERICANA DE DERECHOS HUMANOS. Derechos humanos de migrantes, refugiados, apátridas, víctimas de trata de personas y desplazados internos: Normas y Estándares del Sistema Interamericano de Derechos Humanos (Comisión Interamericana, 2015).

201 CORTE INTERAMERICANA DE DERECHOS HUMANOS. Derechos humanos de migrantes, refugiados, apátridas, víctimas de trata de personas y desplazados internos: Normas y Estándares del Sistema Interamericano de Derechos Humanos (Comisión Interamericana, 2015).

regímenes antes mencionados sean interpretados de manera complementaria y teniendo el principio pro persona como criterio rector de interpretación."[202] (82)

Como se verá más adelante, una de las principales instituciones en las que se basa esta investigación es la Corte Interamericana de Derechos Humanos, porque justamente como se lee en la siguiente cita, esta entidad recoge aquellos elementos sustanciales del Derecho Internacional.

- "La Declaración Americana contiene estándares en evolución, que deben ser interpretados "a la luz de la evolución en el campo del derecho internacional en materia de derechos humanos desde que la Declaración fue redactada y con debida consideración de las demás normas pertinentes del derecho internacional aplicable a los Estados miembros". Por ello, la CIDH interpreta y aplica las disposiciones pertinentes de la Declaración Americana "a la luz de la evolución actual en el campo del derecho internacional en materia de derechos humanos, conforme lo ilustren los tratados, la costumbre y otras fuentes pertinentes del derecho internacional", incluida la Convención Americana sobre Derechos Humanos, "que en muchas instancias puede considerarse representa una expresión autorizada de los principios fundamentales establecidos en la Declaración Americana"[203]. (88)

Son diversas las dinámicas de los migrantes en el mundo y todas deben ser tenidas en cuenta para implementar políticas y acciones de las instituciones que no solo controlen al migrante, sino que, prevengan la migración irregular. Hemos podido ver que las gestiones de los estados y las instituciones se fundan en reaccionar, pero es necesario que identifiquen e intervengan las causas.

- "El término "flujos migratorios mixtos" hace relación a aquellos que se originan por diversas causas y se caracterizan por ser movimientos de población complejos que comprenden diferentes grupos de personas que se encuentran en el contexto de la migración interna-

---

202 CORTE INTERAMERICANA DE DERECHOS HUMANOS. Derechos humanos de migrantes, refugiados, apátridas, víctimas de trata de personas y desplazados internos: Normas y Estándares del Sistema Interamericano de Derechos Humanos (Comisión Interamericana, 2015).

203 CORTE INTERAMERICANA DE DERECHOS HUMANOS. Derechos humanos de migrantes, refugiados, apátridas, víctimas de trata de personas y desplazados internos: Normas y Estándares del Sistema Interamericano de Derechos Humanos (Comisión Interamericana, 2015).

cional, tales como migrantes por causas económicas o ambientales, migrantes en situación regular o irregular, solicitantes de asilo o refugiados, víctimas de trata, niños, niñas o adolescentes no acompañados o separados de sus familias, así como otras personas con necesidades de protección. En algunos casos, a lo largo del proceso migratorio concurren entre los migrantes diferentes categorías de las señaladas anteriormente, por ejemplo, personas que a lo largo de su proceso migratorio terminan siendo convertidas en víctimas de delitos, como la trata de personas con fines de explotación sexual, laboral u otro tipo de explotación."[204] (139)

(146) "es evidente que estas protecciones básicas de los derechos humanos previstas en la Declaración [mutatis mutandis, en la Convención Americana], como ocurre en general con las protecciones internacionales de los derechos humanos, constituyen obligaciones que los Estados de las Américas [...] deben garantizar a todas las personas bajo su autoridad y control y no dependen para su aplicación de factores tales como la ciudadanía, nacionalidad ni ningún otro factor de la persona (...)" [205] (146)

De la anterior consideración por parte de la Comisión, se desprende que la dignidad humana debe ser protegida por todos los Estados sin distinguir a qué clase de persona se le está protegiendo, todos los seres humanos son dignos por naturaleza. Este fundamento del derecho adquiere especial relevancia porque cualquier situación adversa, provocada por un tratante, e incluso, por un funcionario ineficiente, viola la dignidad y activa la maquinaria del Estado para que se ejecuten las medidas necesarias de investigación, juzgamiento y reparación.

Se ha creído que una persona con tránsito ilegal entre países extranjeros pierde todas aquellas garantías que tendría en su país de origen, pero el siguiente precepto nos revela lo contrario.

- "En este sentido, la Corte ha resaltado que:

---

204 CORTE INTERAMERICANA DE DERECHOS HUMANOS. Derechos humanos de migrantes, refugiados, apátridas, víctimas de trata de personas y desplazados internos: Normas y Estándares del Sistema Interamericano de Derechos Humanos (Comisión Interamericana, 2015).

205 CORTE INTERAMERICANA DE DERECHOS HUMANOS. Derechos humanos de migrantes, refugiados, apátridas, víctimas de trata de personas y desplazados internos: Normas y Estándares del Sistema Interamericano de Derechos Humanos (Comisión Interamericana, 2015).

> no reviste relevancia alguna el motivo, causa o razón por la que la persona se encuentre en el territorio del Estado a los efectos de la obligación de éste de respetarle y hacer que se le respeten sus derechos humanos. En particular, no tiene significancia alguna, a este respecto, si el ingreso de la persona al territorio estatal fue acorde o no a lo dispuesto en la legislación estatal. El respectivo Estado debe, en toda circunstancia, respetar tales derechos puesto que ellos tienen su fundamento precisamente en los atributos de la persona humana, es decir, más allá de la circunstancia de que sea o no su nacional o residente en su territorio o se encuentre transitoriamente o de paso en él o esté allí legalmente o en situación migratoria irregular."[206] (147)

En la ruta de migración, cada Estado tendrá un papel por desempeñar con responsabilidades variables dependiendo de si son el lugar de origen del migrante, si son un territorio de paso, o si son quienes los reciben. Esto tiene especial importancia porque las víctimas de trata internacional se pueden sentir en un limbo fronterizo sin saber qué hacer ni a quién acudir. En el país de origen radicará una de las más duras tareas, prevenir todas aquellas circunstancias que obligan a las personas a migrar por necesidad:

- "De este modo, sobre las obligaciones del Estado de origen, es pertinente recordar que éstos deben observar las obligaciones generales referentes a la materia y, en particular, su deber de prevención, lo cual requiere generar y asegurar las condiciones para que sus nacionales no se vean forzados a migrar, así como subsanar las causas generadoras de los flujos migratorios."[207] (148)

Son los funcionarios públicos quienes ejecutan las políticas de los Estados, por lo tanto, si no están preparados, o si no están sensibilizados, de nada sirve que la ley este perfectamente redactada con todas las garantías. En consecuencia, son estos representantes los que materializan las obligaciones del Estado, y es ahí donde encontramos las falencias en esta investigación, en la implementación de las políticas como se verá con posterioridad:

---

206 CORTE INTERAMERICANA DE DERECHOS HUMANOS. Derechos humanos de migrantes, refugiados, apátridas, víctimas de trata de personas y desplazados internos: Normas y Estándares del Sistema Interamericano de Derechos Humanos (Comisión Interamericana, 2015).

207 CORTE INTERAMERICANA DE DERECHOS HUMANOS. Derechos humanos de migrantes, refugiados, apátridas, víctimas de trata de personas y desplazados internos: Normas y Estándares del Sistema Interamericano de Derechos Humanos (Comisión Interamericana, 2015).

- "De conformidad con el artículo 1.1 de la Convención Americana, la primera obligación de los Estados es la de respetar los derechos y libertades reconocidos en ella. En tal sentido, el deber de respetar los derechos humanos entraña la obligación de los Estados de no violar por acción u omisión los derechos reconocidos en la Convención Americana, así como en otros instrumentos relevantes."[208] (151)
- "La Corte ha sostenido que el ejercicio de la función pública tiene unos límites que derivan de que los derechos humanos son atributos inherentes a la dignidad humana y, en consecuencia, superiores al poder del Estado. Asimismo, ha señalado que en la protección de los derechos humanos está necesariamente comprendida la noción de la restricción al ejercicio del poder estatal."[209] (152)
- "Además del deber de respeto, los derechos reconocidos en la Convención Americana, así como en otros instrumentos interamericanos relevantes, comprenden el deber de garantía. Al respecto, la Corte ha establecido que no basta con que los Estados se abstengan de violar los derechos, sino que con base en el deber de garantía es imperativa la adopción de medidas positivas, determinables en función de las particulares necesidades de protección del sujeto de derecho (...)."[210] (153)

Por lo tanto, el Estado debe garantizar los derechos a través de sus estrategias colectivas, políticas, instituciones y de cada uno de sus funcionarios, es decir a nivel macro y a nivel micro, la personificación de todos aquellos ideales garantistas propios de un Estado Social y Democrático de Derecho.

- "El deber de garantía requiere que los Estados organicen todo el aparato gubernamental y, en general, todas las estructuras a través de las

208 CORTE INTERAMERICANA DE DERECHOS HUMANOS. Derechos humanos de migrantes, refugiados, apátridas, víctimas de trata de personas y desplazados internos: Normas y Estándares del Sistema Interamericano de Derechos Humanos (Comisión Interamericana, 2015).

209 CORTE INTERAMERICANA DE DERECHOS HUMANOS. Derechos humanos de migrantes, refugiados, apátridas, víctimas de trata de personas y desplazados internos: Normas y Estándares del Sistema Interamericano de Derechos Humanos (Comisión Interamericana, 2015).

210 CORTE INTERAMERICANA DE DERECHOS HUMANOS. Derechos humanos de migrantes, refugiados, apátridas, víctimas de trata de personas y desplazados internos: Normas y Estándares del Sistema Interamericano de Derechos Humanos (Comisión Interamericana, 2015).

cuales se manifiesta el ejercicio del poder estatal, de manera tal que sean capaces de asegurar jurídicamente el libre y pleno ejercicio de los derechos humanos de todas las personas que se encuentran sujetas a su jurisdicción. De conformidad con la jurisprudencia internacional, los Estados tienen la obligación de actuar con debida diligencia para proteger los derechos humanos. A su vez, este deber comprende cuatro obligaciones básicas: la prevención, la investigación, la sanción y la reparación de las violaciones de derechos humanos" (154)

***

En este punto de la investigación, después del recorrido histórico y el estudio del marco normativo nacional e internacional respecto al tema de trata de personas, continuamos con los estándares internacionales que los Estados deben tener en cuenta para hacerle frente a este flagelo. Debemos precisar que estos lineamientos se construyen a partir de los pronunciamientos de la Corte Interamericana de Derechos Humanos, bien en asuntos preliminares, en asuntos de fondo o en Opiniones Consultivas; los informes de la Comisión Interamericana de Derechos Humanos; en la escogencia de los casos se referencia a la información obtenida en la Primera Cumbre Iberoamericana de Derechos Humanos, Migrantes y Trata de Personas llevada a cabo en Bogotá en mayo de 2015, específicamente de las ponencias de María Fernanda Rodríguez -Vicepresidenta de la Asociación Civil "Unidos por la Justicia" de Argentina, y Alexei Julio Estrada -Director del Área Legal de la Corte Interamericana de Derechos Humanos.

8.2.1 Primer estándar: la debida diligencia

La Oficina del Alto Comisionado para los Derechos Humanos en el documento de "Principios y Directrices sobre los Derechos Humanos y la Trata de Personas", registra la debida diligencia como un adverbio que desarrolla las actuaciones encausadas para prevenir, investigar, procesar y reparar a los sujetos intervinientes en el delito de trata de personas:

"Los derechos humanos de las personas objeto de trata constituirán el centro de toda la labor para prevenir y combatir la trata de personas y para proteger y dar asistencia y reparación a las víctimas.

Los Estados tienen la obligación, con arreglo al derecho internacional, de actuar con la diligencia debida para prevenir la trata de personas, investigar y procesar a quienes la cometen y ayudar y proteger a las víctimas de ella.

(...)

Los Estados ejercerán la debida diligencia para detectar y eliminar la participación o complicidad del sector público en la trata de personas. Los funcionarios públicos respecto de los cuales haya sospechas de estar implicados en la trata de personas serán sometidos a investigación y proceso y, de ser condenados, sufrirán las sanciones correspondientes.

(...)

Los Estados también están obligados a actuar con la debida diligencia en la identificación de los tratantes, incluidos los que controlan o explotan a las víctimas de la trata de personas."[211]

Así mismo, la debida diligencia se presenta en la necesidad de identificar los tratantes y sus funciones dentro de la red.

Pero, ¿qué es la debida diligencia? Este trabajo investigativo tiene la finalidad de desarrollar el concepto de debida diligencia como un estándar aplicable, con unos lineamientos establecidos, al seguimiento que debe hacer el Estado al delito de trata de personas.

211 LA OFICINA DEL ALTO COMISIONADO PARA LOS DERECHOS HUMANOS. Principios y Directrices sobre los Derechos Humanos y la Trata de Personas (Nueva York: Naciones Unidas, 2010).

CONSTRUYENDO UNA DEFINICIÓN A PARTIR DE LA JURISPRUDENCIA DE LA CORTE INTERAMERICANA DE DERECHOS HUMANOS

Corte Interamericana de Derechos Humanos, caso Radilla Pacheco vs Estados Unidos de México, sentencia del 21 de noviembre de 2009.

El caso se refiere a la responsabilidad internacional del Estado por la desaparición forzada de Rosendo Radilla Pacheco por parte de la Fuerzas Armadas Mexicanas, así como por la falta de investigación y sanción de los responsables. Dicha desaparición habría tenido lugar desde el 25 de agosto de 1974 a manos de efectivos del Ejército en el Estado de Guerrero, México. Estas violaciones a los derechos humanos se prolongan hasta la fecha por cuanto el Estado mexicano no ha establecido el paradero de la víctima ni se han encontrado sus restos, además de esto, existe impunidad en el proceso judicial, ya que no se han sancionado penalmente a los responsables ni asegurado a los familiares una reparación.

El Estado mexicano alegó la incompetencia de la Corte para conocer los méritos del caso debido a que la fecha de la desaparición era anterior a la adhesión de México a la Convención Americana. Argumento desvirtuado, ya que la desaparición del señor Radilla Pacheco tiene carácter continuo o permanente, y las investigaciones no han producido ningún resultado.

Aunque este caso de desaparición forzada aparentemente nada tiene que ver con la trata de personas, es citado en este trabajo para identificar los lineamientos que la Corte Interamericana de Derechos Humanos ha dado en referencia a la debida diligencia, y así, construir sus elementos como un estándar aplicable al fenómeno de la trata de personas. Pues los pronunciamientos de la Corte crea Estándares, que deben ser aplicados por todos los Estados, y no se refiere exclusivamente a que sean aplicados en temas relacionados con el del pronunciamiento. Y, esta sentencia es una de las referidas por los expertos cuando se va a trabajar el estándar de la DEBIDA DILIGENCIA, en la Trata de Personas.

De esta decisión judicial podemos resaltar las siguientes conclusiones, expuestas de manera genérica y que consideramos aplicables a la obligación que tiene el Estado respecto al delito de trata de personas. Al final de cada mención, se encuentra el número del párrafo en el que puede ser encontrada la referencia de la sentencia original.

- Las instancias del gobierno tienen la obligación constitucional de procurar la justicia y resguardar los derechos de los ciudadanos (134)[212].

212 CORTE INTERAMERICANA DE DERECHOS HUMANOS. Caso Radilla Pacheco Vs. Estados Unidos México Sentencia del 21 de noviembre de 2009 (Corte Interamericana, 2009)

- Algunos delitos impiden a la víctima el ejercicio de los recursos legales y las garantías procesales pertinentes. Por esta razón si la víctima misma no puede acceder a los recursos disponibles, resulta fundamental que los familiares u otras personas allegadas puedan acceder a procedimientos o recursos judiciales rápidos y eficaces como medio para determinar su paradero o su estado de salud (141)[213].
- Siempre que haya motivos razonables para sospechar que una persona es víctima de un delito de trata debe iniciarse una investigación. Esta obligación debe ser independiente de que se presente una denuncia, pues se impone la obligación de investigar sin dilación, de una manera seria, imparcial y efectiva. Toda autoridad estatal, funcionario público o particular que haya tenido noticia de un delito que afecte gravemente los derechos fundamentales, deberá denunciarlo. En la legislación colombiana se exigía, que para prestar la atención mediata a las víctimas, se requería la presentación de la denuncia por parte de la víctima, era una de las críticas que se le tenía por parte de esta investigación a la ley; pero, mediante sentencia C- 470 de 31 de agosto de 2016, la Corte Constitucional declaró la inexequibilidad de dicha norma. Pues como se ve la obligación de denunciar la conducta por lineamiento internacional es de las autoridades que conozcan de algún hecho de esta índole, no pasarle como sucedía en nuestra legislación la obligación a la víctima (143).[214]
- Para que la investigación sea efectiva, los Estados deben establecer un marco normativo adecuado para desarrollar la investigación y la regulación de delitos autónomos. La persecución penal es un instrumento adecuado para prevenir futuras violaciones de derechos humanos. La debida diligencia del Estado no solo debe ser para investigar y juzgar sino para prevenir (144).[215]
- El Estado tiene el deber de garantizar los derechos a través de la prevención e investigación diligente; adelantar investigaciones serias

213 CORTE INTERAMERICANA DE DERECHOS HUMANOS. Caso Radilla Pacheco Vs. Estados Unidos México Sentencia del 21 de noviembre de 2009 (Corte Interamericana, 2009)

214 CORTE INTERAMERICANA DE DERECHOS HUMANOS. Caso Radilla Pacheco Vs. Estados Unidos México Sentencia del 21 de noviembre de 2009 (Corte Interamericana, 2009).

215 CORTE INTERAMERICANA DE DERECHOS HUMANOS. Caso Radilla Pacheco Vs. Estados Unidos México Sentencia del 21 de noviembre de 2009 (Corte Interamericana, 2009).

y efectivas para ubicar a la víctima, identificar a los responsables, e imponer sanciones. Dentro de la debida diligencia del Estado, también está la obligación de ser un Estado proactivo y no simplemente reactivo, como sucede en el Estado Colombiano (158).[216]

- Las obligaciones del Estado se robustecen de acuerdo con la suscripción de instrumentos internacionales, por ejemplo, la Convención Americana:

  "178. La Corte Interamericana ya ha establecido que la obligación de investigar los hechos, juzgar y, en su caso, sancionar a los responsables de un delito que constituye una violación de derechos humanos es un compromiso que emana de la Convención Americana, y que la responsabilidad penal debe ser determinada por las autoridades judiciales competentes siguiendo estrictamente las normas del debido proceso establecidas en el artículo 8 de la Convención Americana."[217]

- El Estado está en obligación de proveer recursos judiciales efectivos a las personas que aleguen ser víctimas de violaciones de derechos humanos, recursos que deberán ser sustanciados de conformidad con las reglas del debido proceso legal. Todo ello dentro de la obligación general, a cargo del Estado, de garantizar el libre y pleno ejercicio de los derechos (190).[218]

- El derecho de acceso a la justicia requiere que se haga efectiva la determinación de los hechos que se investigan y las correspondientes responsabilidades penales en tiempo razonable. Una demora prolongada puede llegar a constituir, por sí misma, una violación de las garantías judiciales (191).[219]

---

216 CORTE INTERAMERICANA DE DERECHOS HUMANOS. Caso Radilla Pacheco Vs. Estados Unidos México Sentencia del 21 de noviembre de 2009 (Corte Interamericana, 2009).

217 CORTE INTERAMERICANA DE DERECHOS HUMANOS. Caso Radilla Pacheco Vs. Estados Unidos México Sentencia del 21 de noviembre de 2009 (Corte Interamericana, 2009).

218 CORTE INTERAMERICANA DE DERECHOS HUMANOS. Caso Radilla Pacheco Vs. Estados Unidos México Sentencia del 21 de noviembre de 2009 (Corte Interamericana, 2009).

219 CORTE INTERAMERICANA DE DERECHOS HUMANOS. Caso Radilla Pacheco Vs. Estados Unidos México Sentencia del 21 de noviembre de 2009 (Corte Interamericana, 2009).

- Si bien se ha establecido que el deber de investigar es uno de medio, no de resultado, ello no significa, que la investigación pueda ser emprendida como una simple formalidad condenada de antemano a ser infructuosa. Cada acto estatal que conforma el proceso investigativo, así como la investigación en su totalidad, debe estar orientado hacia una finalidad específica, la determinación de la verdad y la investigación, persecución, captura, enjuiciamiento y sanción de los responsables de los hechos (192).[220]
- Debida diligencia - plazo razonable - acceso a la justicia (recursos efectivos): investigación penal (193).[221]
- Principio de efectividad (201).[222]
- Las autoridades encargadas de las investigaciones tienen el deber de asegurar que en el curso de las mismas se valoren los patrones sistemáticos que permitieron la comisión de graves violaciones de los derechos humanos. En aras de garantizar la efectividad, la investigación debe ser conducida tomando en cuenta la complejidad del tipo de hechos y la estructura en la cual se ubican las personas probablemente involucradas en los mismos, de acuerdo al contexto en que ocurrieron, evitando omisiones en la recaudación de prueba en el seguimiento de líneas lógicas de investigación (206).[223]
- No basta con adelantar investigaciones o diligencias para que las actuaciones del Estado sean consideradas realizadas con la debida diligencia, mientras no se restablezcan los derechos de las víctimas y se evite la impunidad (212).[224]

---

220 CORTE INTERAMERICANA DE DERECHOS HUMANOS. Caso Radilla Pacheco Vs. Estados Unidos México Sentencia del 21 de noviembre de 2009 (Corte Interamericana, 2009).

221 CORTE INTERAMERICANA DE DERECHOS HUMANOS. Caso Radilla Pacheco Vs. Estados Unidos México Sentencia del 21 de noviembre de 2009 (Corte Interamericana, 2009).

222 CORTE INTERAMERICANA DE DERECHOS HUMANOS. Caso Radilla Pacheco Vs. Estados Unidos México Sentencia del 21 de noviembre de 2009 (Corte Interamericana, 2009).

223 CORTE INTERAMERICANA DE DERECHOS HUMANOS. Caso Radilla Pacheco Vs. Estados Unidos México Sentencia del 21 de noviembre de 2009 (Corte Interamericana, 2009).

224 CORTE INTERAMERICANA DE DERECHOS HUMANOS. Caso Radilla Pacheco Vs. Estados Unidos México Sentencia del 21 de noviembre de 2009 (Corte Interamericana, 2009).

- Debida diligencia: restablecimiento de los derechos de las víctimas, evitar la impunidad (212).[225]
- El Tribunal ha definido la impunidad como "la falta en su conjunto de investigación, persecución, captura, enjuiciamiento y condena de los responsables de las violaciones de los derechos protegidos por la Convención Americana"[226] (212).
- La Corte reitera que la debida diligencia en la investigación de los hechos del presente caso exige que ésta sea conducida tomando en cuenta la complejidad de los hechos, el contexto en que ocurrió y los patrones que explican su comisión (221).[227]
- Se deben utilizar todos los medios necesarios para realizar con prontitud aquellas actuaciones y averiguaciones esenciales y oportunas para esclarecer la suerte de las víctimas e identificar a los responsables. El Estado debe dotar a las correspondientes autoridades de los recursos logísticos y científicos necesarios para recabar y procesar las pruebas y, en particular, de las facultades para acceder a la documentación e información pertinente para investigar los hechos denunciados y obtener indicios o evidencias de la ubicación de las víctimas (222)[228]
- La investigación penal no puede depender de la iniciativa procesal de la víctima, sus familiares, o de la aportación privada de elementos probatorios; el Estado debe ser proactivo:

  "Para que una investigación penal constituya un recurso efectivo para asegurar el derecho de acceso a la justicia de las presuntas víctimas, así como para garantizar los derechos que se han visto afectados en el presente caso, debe cumplirse con seriedad y no como una simple formalidad condenada de antemano a ser infructuosa, y debe tener un

---

225 CORTE INTERAMERICANA DE DERECHOS HUMANOS. Caso Radilla Pacheco Vs. Estados Unidos México Sentencia del 21 de noviembre de 2009 (Corte Interamericana, 2009).

226 Cfr. Caso de la "Panel Blanca" (Paniagua Morales y otros) Vs. Guatemala, Fondo, supra nota 43, párr. 173; Caso del Penal Miguel Castro Castro Vs. Perú, supra nota 51, párr. 405, y Caso Tiu Tojín Vs. Guatemala, supra nota 24, párr. 69.

227 CORTE INTERAMERICANA DE DERECHOS HUMANOS. Caso Radilla Pacheco Vs. Estados Unidos México Sentencia del 21 de noviembre de 2009 (Corte Interamericana, 2009).

228 CORTE INTERAMERICANA DE DERECHOS HUMANOS. Caso Radilla Pacheco Vs. Estados Unidos México Sentencia del 21 de noviembre de 2009 (Corte Interamericana, 2009).

sentido y ser asumida por los Estados como un deber jurídico propio y no como una simple gestión de intereses particulares, que dependa de la iniciativa procesal de la víctima o de sus familiares o de la aportación privada de elementos probatorios" (233)[229]

- Plazo razonable como un elemento del debido proceso:

  "El artículo 8.1 de la Convención Americana establece, como uno de los elementos del debido proceso, que los tribunales decidan los casos sometidos a su conocimiento en un plazo razonable. Al respecto, la Corte ha considerado preciso tomar en cuenta varios elementos para determinar la razonabilidad del plazo en el que se desarrolla un proceso: a) la complejidad del asunto, b) la actividad procesal del interesado, c) la conducta de las autoridades judiciales y, d) la afectación generada en la situación jurídica de la persona involucrada en el proceso. No obstante, la pertinencia de aplicar esos criterios para determinar la razonabilidad del plazo de un proceso depende de las circunstancias particulares, pues en casos como el presente el deber del Estado de satisfacer plenamente los requerimientos de la justicia prevalece sobre la garantía del plazo razonable. En todo caso, corresponde al Estado demostrar las razones por las cuales un proceso o conjunto de procesos han tomado un período determinado que exceda los límites del plazo razonable. Si no lo demuestra, la Corte tiene amplias atribuciones para hacer su propia estimación al respecto." (244) [230]

- El Estado debe tener en cuenta a la víctima como un sujeto activo en el proceso penal.

  "los Estados tienen la obligación de garantizar que, en todas las etapas de los respectivos procesos, las víctimas puedan hacer planteamientos, recibir informaciones, aportar pruebas, formular alegaciones y, en síntesis, hacer valer sus intereses. Dicha participación deberá tener como finalidad el acceso a la justicia, el conocimiento de la verdad de lo ocurrido y el otorgamiento de una justa reparación" (247).[231]

---

229 CORTE INTERAMERICANA DE DERECHOS HUMANOS. Caso Radilla Pacheco Vs. Estados Unidos México Sentencia del 21 de noviembre de 2009 (Corte Interamericana, 2009).

230 CORTE INTERAMERICANA DE DERECHOS HUMANOS. Caso Radilla Pacheco Vs. Estados Unidos México Sentencia del 21 de noviembre de 2009 (Corte Interamericana, 2009).

231 CORTE INTERAMERICANA DE DERECHOS HUMANOS. Caso Radilla Pacheco Vs. Estados Unidos México Sentencia del 21 de noviembre de 2009 (Corte Interamericana, 2009).

Aunque en esta sentencia no se analiza el delito de trata de personas, la Corte Interamericana se ocupa de la diligencia y efectividad que deben tener los Estados cuando hay serias violaciones a los Derechos Humanos. Los estudiosos del tema objeto de nuestro estudio han seleccionado esta jurisprudencia para analizar el estándar de la debida diligencia, aplicable a este tipo de criminalidad; toda vez, que de manera expresa la Corte no se ha pronunciado en lo referente a la trata, pero que como es sabido los Estándares fijados son obligaciones para que los Estados cumplan y así, hacerle frente a delitos graves; por lo tanto, son aplicables en general, sin ser necesario la especificidad. Recordemos que lo anterior lo referenciamos de la Primera Cumbre Iberoamericana de Derechos Humanos, Migrantes y Trata de Personas llevada a cabo en Bogotá en mayo de 2015, específicamente de las ponencias de María Fernanda Rodríguez -Vicepresidenta de la Asociación Civil "Unidos por la Justicia" de Argentina, y Alexei Julio Estrada -Director del Área Legal de la Corte Interamericana de Derechos Humanos.

La garantía de adelantar una investigación efectiva hace parte del derecho de acceso a la justicia, por lo que se deben llevar a cabo las estrategias necesarias en el tiempo razonable para evitar la continuidad de la vulneración de los derechos humanos. Esto requiere que la investigación no sea el cumplimiento de una simple formalidad y que contenga una planificación para conseguir los fines, restablecer los derechos de la víctima y capturar, enjuiciar y sancionar a los responsables.

Podemos sustraer también que la investigación diligente se sustenta en el principio de efectividad y que uno de sus requisitos es la realización de una investigación seria e imparcial la cual debe resolverse de fondo en un plazo razonable.

Finalmente, la debida diligencia garantiza el restablecimiento de los derechos de las víctimas y evita la impunidad.

Así pues, a partir de estos presupuestos podemos reconstruir una definición de la debida diligencia para formularla como un estándar aplicable a la intervención del Estado respecto al delito de la trata de personas.

Como punto de partida citamos a la Real Academia Española, quien define respectivamente:

"DEBER

Del lat. debēre.

1. tr. Estar obligado a algo por la ley divina, natural o positiva. U. t. c. prnl. Deberse A la patria.

(...)

DILIGENCIA

Del lat. diligentia.

1. f. Cuidado y actividad en ejecutar algo.

2. f. Prontitud, agilidad, prisa."[232]

Por consiguiente, decir que el Estado debe actuar con debida diligencia significa que está obligado por su soberanía a realizar las gestiones pertinentes con cuidado y prontitud. Esto se complementa con las obligaciones que adquiere un Estado social y democrático de derecho y su obligación de tutelar los derechos fundamentales.

Esta obligación esencial del Estado, legitima su funcionamiento y será su actuar diligente el que puntualice el cumplimiento de sus fines.

Retomando los lineamientos señalados por la Corte Interamericana, podemos afirmar, además, que la debida diligencia es una obligación constitucional que tiene el Estado de investigar con iniciativa cuando existan motivos razonables de graves violaciones de derechos humanos, sin necesidad de denuncia. Esta gestión debe ser realizada en un plazo razonable, proporcionando los recursos efectivos para el acceso a la justicia, y a un proceso penal que valore las causas sistemáticas del delito y la complejidad de los hechos. De la misma forma debe asegurar las garantías procesales de la víctima y evitar la impunidad sancionando a los delincuentes.

Se debe tener en cuenta que la anterior redefinición es la que consideramos pertinente a la investigación del delito de trata de personas.

A continuación, la desglosamos con la finalidad de proporcionar un entendimiento visual. Resaltamos en este esquema tres elementos principales, señalados con negro; juntos, aseguran la efectividad de la debida diligencia. En el caso de la investigación, es indispensable que cuente con cada uno de los componentes de la lista.

232 REAL ACADEMIA ESPAÑOLA. Diccionario de la Real Academia Española (España: RAE, 2016).

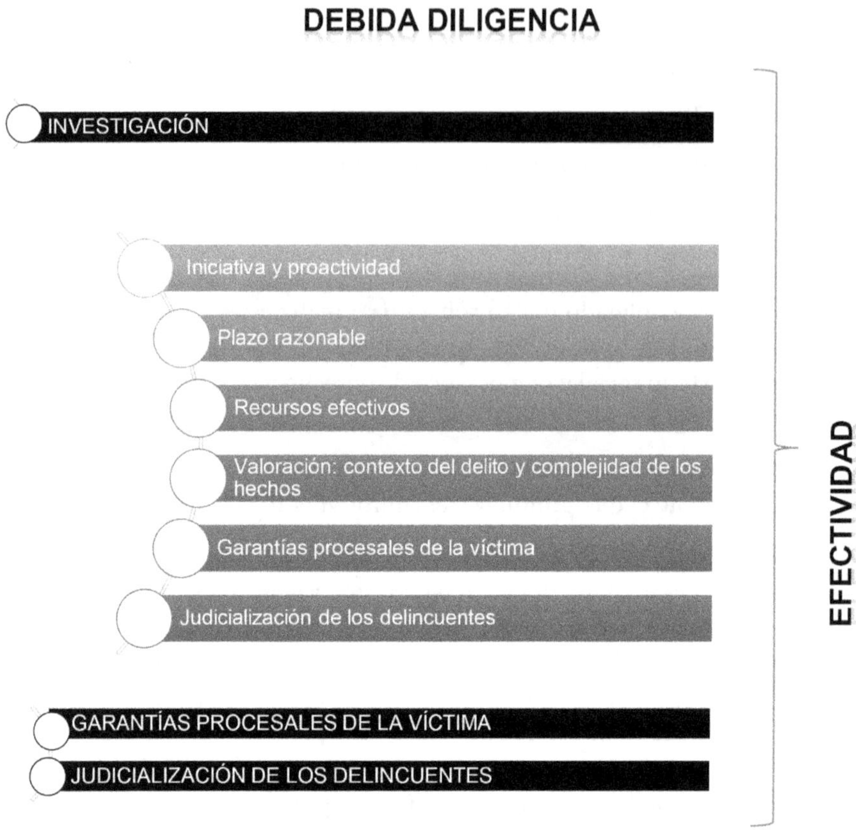

8.2.2 Deber de prevenir, perseguir, investigar y juzgar[233]

Como lo pudimos ver, la debida diligencia es esencial para el efectivo cumplimiento de las gestiones que debe adelantar el Estado cuando se vulnera un derecho fundamental por la comisión de un delito. Continuando con el conjunto de obligaciones que tienen los Estados, se hace imprescindible el deber de prevenir, perseguir, investigar y juzgar a los responsables. Es importante resaltar que la trata de personas, como lo habíamos anotado hay que mirarla desde la óptica de violación de DERECHOS HUMANOS.

---

233 La escogencia de los casos se referencia a la información obtenida en la Primera Cumbre Iberoamericana de Derechos Humanos, Migrantes y Trata de Personas llevada a cabo en Bogotá en mayo de 2015, específicamente de las ponencias de María Fernanda Rodríguez -Vicepresidenta de la Asociación Civil "Unidos por la Justicia" de Argentina, y Alexei Julio Estrada -Director del Área Legal de la Corte Interamericana de Derechos Humanos.

Continuando con la metodología propuesta, a partir de la jurisprudencia de la Corte Interamericana, identificamos aquellos lineamientos esenciales para construir estándares obedecidos por los Estados cuando se comete el delito de trata de personas.

En primer lugar, retomamos las consideraciones hechas en el caso *Baldeón García Vs. Perú.*

Este proceso se refiere a la responsabilidad internacional del Estado peruano por la tortura y posterior muerte de Bernabé Baldeón García por parte de efectivos militares, así como la falta de investigación y sanción a los responsables.

"El señor Bernabé Baldeón García era un campesino de 68 años que vivía junto a su familia como trabajador agrícola en el Departamento de Ayacucho en Perú. El 25 de septiembre de 1990, como parte de un operativo contrainsurgente llevado a cabo en dicho Departamento, efectivos militares llegaron a la comunidad campesina del señor Baldeón García, en donde presuntamente procedieron a detener a tres personas, entre ellas el señor Baldeón García. La presunta víctima fue llevada a la Iglesia de Pacchahuallhua, en donde supuestamente fue sometida a maltratos físicos, siendo "amarrada con alambres y colgada boca abajo de la viga de la iglesia para luego ser azotada y sumergida en cilindros de agua", y presuntamente falleció como consecuencia de estos tratos."[234]

A estos hechos, perpetrados por miembros del mismo Estado, se adicionó la falta de una investigación completa, imparcial y efectiva. Los procedimientos penales no fueron satisfactorios ni avanzaron de manera oportuna. Por esta razón, la Corte desarrolla en sus consideraciones, el deber de prevenir, perseguir, investigar y juzgar que tiene el Estado respecto a los delitos; de estos pronunciamientos, extraemos aquellas consideraciones que consideramos pertinentes respecto al delito de trata de personas.

Resulta ser el caso Baldeón García importante para estudiar los deberes que tiene el Estado, pues en esta oportunidad se cometieron graves negligencias en la investigación adelantada por el Estado peruano.

"En respuesta a la detención, malos tratos, tortura y muerte extrajudicial del señor Bernabé Baldeón García, el primer recurso que el Estado debió haber suministrado era una investigación efectiva y un proceso judicial ten-

---

234 CORTE INTERAMERICANA DE DERECHOS HUMANOS. Caso Baldeón Garcia Vs. Perú, Sentencia del 6 de abril de 2006 (Corte Interamericana, 2006).

diente al esclarecimiento de los hechos, la sanción de los responsables y el otorgamiento de una compensación adecuada. La familia del señor Bernabé Baldeón García denunció los hechos ante diferentes autoridades, sin que esto haya culminado en una investigación efectiva por parte del Estado."[235]

En primer lugar, resaltamos la importancia de adelantar la investigación, ya que, si no es realizada con seriedad, se presume que el mismo poder público está favoreciendo el encubrimiento del delito:

"91. Además, si los hechos violatorios a los derechos humanos no son investigados con seriedad, resultarían, en cierto modo, favorecidos por el poder público, lo que compromete la responsabilidad internacional del Estado."[236]

La debida diligencia del Estado incluye que la misma investigación se adelante de inmediato una vez se tenga conocimiento del hecho:

"92. En estos casos las autoridades de un Estado deben iniciar *ex officio* y sin dilación, una investigación seria, imparcial y efectiva, una vez que tengan conocimiento del hecho."[237]

Es importante que el compromiso que asume el Estado, a través de los servidores públicos, sea real. La investigación no se debe adelantar cumpliendo los formalismos para "hacer ver" que se está haciendo algo; la iniciativa procesal la debe tener el Estado sin depender ni esperar las gestiones de las víctimas o sus familiares. Otro es el caso en el que se debe garantizar la participación de las víctimas o sus familiares, y mantenerlos al tanto de la investigación y el proceso.

"93. El deber de investigar es una obligación de medio, no de resultados. Ésta debe ser asumida por el Estado como un deber jurídico propio y no como una simple formalidad condenada de antemano a ser infructuosa, o como una mera gestión de intereses particulares, que dependa de la iniciativa procesal de las víctimas o de sus familiares o de la aportación privada de elementos probatorios. Esto último no se contrapone con el derecho que tienen las víctimas de violaciones a los derechos humanos o sus familiares, a ser escuchados durante el proceso de investigación y el trámite judicial, así como a participar ampliamente de los mismos."[238]

---

235 CORTE INTERAMERICANA DE DERECHOS HUMANOS. Caso Baldeón Garcia Vs. Perú, Sentencia del 6 de abril de 2006 (Corte Interamericana, 2006).

236 CORTE INTERAMERICANA DE DERECHOS HUMANOS. Caso Baldeón Garcia Vs. Perú, Sentencia del 6 de abril de 2006 (Corte Interamericana, 2006).

237 CORTE INTERAMERICANA DE DERECHOS HUMANOS. Caso Baldeón Garcia Vs. Perú, Sentencia del 6 de abril de 2006 (Corte Interamericana, 2006).

238 CORTE INTERAMERICANA DE DERECHOS HUMANOS. Caso Baldeón Garcia Vs. Perú, Sentencia del 6 de abril de 2006 (Corte Interamericana, 2006).

Por lo tanto, la investigación debe tener un objetivo específico, determinar la verdad, la justicia y reparación así como procesar a los verdaderos responsables, sin buscar falsos positivos judiciales que simplemente nos encajen en un eficientismo penal; para esto, el Estado debe proporcionar todos los medios posibles e innovar tecnológicamente.

"94. Dicha investigación debe ser realizada por todos los medios legales disponibles y orientada a la determinación de la verdad y la investigación, persecución, captura, enjuiciamiento y castigo de todos los responsables intelectuales y materiales de los hechos, especialmente cuando están o puedan estar involucrados agentes estatales."[239]

Instaurar todos los medios posibles para la investigación, incluye crear todos los recursos legales, es decir, estrategias desarrolladas en la ley para que los ciudadanos tengan acceso a la justicia.

"144. El artículo 25.1 de la Convención establece la obligación de los Estados de garantizar a todas las personas bajo su jurisdicción un recurso judicial efectivo contra actos violatorios de sus derechos fundamentales. No basta con la existencia formal de los recursos, sino que éstos deben ser efectivos, es decir, deben ser capaces de producir resultados o respuestas a las violaciones de derechos contemplados en la Convención. La existencia de esta garantía constituye uno de los pilares básicos, no sólo de la Convención Americana, sino del propio Estado de Derecho en una sociedad democrática, en el sentido de la Convención."[240]

Aquellas estrategias no deben ser simples enunciados legales, tienen que materializarse efectivamente, o de lo contrario, resultarán "ilusorias".

"145. Al respecto, este Tribunal ha señalado que no pueden considerarse efectivos aquellos recursos que, por las condiciones generales del país o incluso por las circunstancias particulares de un caso dado, resulten ilusorios."[241]

Hasta ahora podemos concluir que, aunque un país cuente con un marco legal desarrollado y garantista, será esto un mero espejismo si las instituciones y los servidores públicos no lo aplican correctamente.

---

239 CORTE INTERAMERICANA DE DERECHOS HUMANOS. Caso Baldeón Garcia Vs. Perú, Sentencia del 6 de abril de 2006 (Corte Interamericana, 2006).

240 CORTE INTERAMERICANA DE DERECHOS HUMANOS. Caso Baldeón Garcia Vs. Perú, Sentencia del 6 de abril de 2006 (Corte Interamericana, 2006).

241 CORTE INTERAMERICANA DE DERECHOS HUMANOS. Caso Baldeón Garcia Vs. Perú, Sentencia del 6 de abril de 2006 (Corte Interamericana, 2006).

Continuando con los lineamientos aplicables al proceso, reiteramos el importante papel que tienen las víctimas o sus familiares.

"146. El recurso efectivo del artículo 25 debe tramitarse conforme a las normas del debido proceso establecidas en el artículo 8 de la Convención. De éste, se desprende que las víctimas de las violaciones de los derechos humanos, o sus familiares, deben contar con amplias posibilidades de ser oídos y actuar en los respectivos procesos, tanto en procuración del esclarecimiento de los hechos y del castigo de los responsables, como en busca de una debida reparación."[242]

Una vez realizada la investigación, es compromiso de los juzgados tomar una decisión en un plazo razonable; superando los obstáculos dilatorios y dificultades técnicas según la dificultad de los procesos. Los jueces deben observar con gran atención qué hechos o circunstancias son los generadores de la ausencia de prontitud en la resolución de los casos de manera pronta y oportuna, para así establecer si la falla es de logística e implementación, o si existen deficiencias normativas que impiden administrar justicia con la debida diligencia; solo así se podrán buscar realizó la operación denominada Cándida Edéndida, donde fueron capturadas 69 personas por el delito de trata de personas; pero siete años después, es decir, al día de hoy el juicio no se ha podido terminar, es ahí en esa realidad viviente donde se debe indagar por las causas que impiden la agilidad de la justicia y el cumplimiento de los Estándares Internacionales.

"150. El artículo 8.1 de la Convención establece como uno de los elementos del debido proceso el que los tribunales decidan los casos sometidos a su conocimiento en un plazo razonable. La razonabilidad del plazo se debe apreciar en relación con la duración total del procedimiento penal. En materia penal este plazo comienza cuando se presenta el primer acto de procedimiento dirigido en contra de determinada persona como probable responsable de cierto delito y termina cuando se dicta sentencia definitiva y firme."[243]

Se debe tener en cuenta aquellas dificultades de acceso a la justicia producto de los factores de desigualdad real de los ciudadanos. El contexto de la víctima, del agresor, del delito y del país, no pueden ser ignorados en la intervención de las instituciones ni en la decisión judicial, ni obstaculizar el

---

242 CORTE INTERAMERICANA DE DERECHOS HUMANOS. Caso Baldeón Garcia Vs. Perú, Sentencia del 6 de abril de 2006 (Corte Interamericana, 2006).

243 CORTE INTERAMERICANA DE DERECHOS HUMANOS. Caso Baldeón Garcia Vs. Perú, Sentencia del 6 de abril de 2006 (Corte Interamericana, 2006).

derecho al debido proceso; para que una vez tenidos en cuenta, todos participen en igualdad de armas ante la justicia.

"202. Para alcanzar sus objetivos, el proceso debe tener en cuenta los factores de desigualdad real de quienes son llevados ante la justicia. Es así como se atiende el principio de igualdad ante la ley y los tribunales y la correlativa prohibición de discriminación. La presencia de condiciones de desigualdad real obliga a adoptar medidas de compensación que contribuyan a reducir o eliminar los obstáculos y deficiencias que impidan o reduzcan la defensa eficaz de los propios intereses. Si no existieran esos medios de compensación, ampliamente reconocidos en diversas vertientes del procedimiento, difícilmente se podría decir que quienes se encuentran en condiciones de desventaja disfrutan de un verdadero acceso a la justicia y se benefician de un debido proceso legal en condiciones de igualdad con quienes no afrontan esas desventajas."[244]

Después de estas apreciaciones la Corte hace un análisis concreto de las distintas vulneraciones de los derechos del señor Baldeón García en referencia a la investigación del delito.

"153. El plazo en el que se ha desarrollado el proceso es claramente irrazonable puesto que, a quince años de ocurridos los hechos, el procedimiento judicial continúa en la fase de instrucción. Este Tribunal considera que dicha demora, en exceso prolongada, constituye *per se* una violación del debido proceso, que no ha sido justificada por el Estado."[245]

El deber de investigar que tiene el Estado es tan importante que ignorarlo constituye en sí mismo una vulneración a los derechos humanos de las personas, en este caso, de los dolientes del señor Baldeón García. Finalmente, es responsabilidad del Estado llegar a la verdad y evitar a toda costa que el delito quede impune, porque de ser así, perdería su legitimidad.

"165. La impunidad en este caso se refleja en la falta de un recurso efectivo y por lo tanto de un derecho de acceso a la justicia de los familiares del señor Bernabé Baldeón García.

(...)

195. El Tribunal ha establecido que prevalece, después de 15 años, la impunidad respecto de los hechos del presente caso. La Corte ha definido la

---

244 CORTE INTERAMERICANA DE DERECHOS HUMANOS. Caso Baldeón Garcia Vs. Perú, Sentencia del 6 de abril de 2006 (Corte Interamericana, 2006).

245 CORTE INTERAMERICANA DE DERECHOS HUMANOS. Caso Baldeón Garcia Vs. Perú, Sentencia del 6 de abril de 2006 (Corte Interamericana, 2006).

impunidad como la falta en su conjunto de investigación, persecución, captura, enjuiciamiento y condena de los responsables de las violaciones de los derechos protegidos por la Convención Americana.

El Estado está obligado a combatir esta situación por todos los medios disponibles, ya que ésta propicia la repetición crónica de las violaciones de derechos humanos y la total indefensión de las víctimas y de sus familiares."[246]

Continuando con esta metodología, pasamos a analizar la jurisprudencia de González y otras (Campo Algodonero) Vs. México.

"La demanda se relaciona con la supuesta responsabilidad internacional del Estado por "la desaparición y ulterior muerte" de las jóvenes Claudia Ivette González, Esmeralda Herrera Monreal y Laura Berenice Ramos Monárrez (en adelante "las jóvenes González, Herrera y Ramos"), cuyos cuerpos fueron encontrados en un campo algodonero de Ciudad Juárez el día 6 de noviembre de 2001. Se responsabiliza al Estado por "la falta de medidas de protección a las víctimas, dos de las cuales eran menores de edad; la falta de prevención de estos crímenes, pese al pleno conocimiento de la existencia de un patrón de violencia de género que había dejado centenares de mujeres y niñas asesinadas; la falta de respuesta de las autoridades frente a la desaparición [...]; la falta de debida diligencia en la investigación de los asesinatos [...], así como la denegación de justicia y la falta de reparación adecuada"."[247]

La desaparición y muerte de estas mujeres se da en un contexto de violencia en contra de la mujer. Sin investigaciones serias sobre esta materia, cientos de homicidios quedaron impunes y no se identificaron con certeza las causas. Este crimen nos deja entrever que la violencia sistemática en contra de las mujeres en razón de su género, no se da únicamente con la comisión del delito, sino también con la omisión y negligencia del Estado.

"151. La Comisión y los representantes alegaron que las actitudes de las autoridades estatales frente a los homicidios de mujeres en Ciudad Juárez eran notoriamente discriminatorias y dilatorias, situación que la Comisión describió como un "alarmante patrón de respuesta y concepciones estereotipadas de las mujeres desaparecidas". En particular, el patrón "se manifestaba en la percepción de los funcionarios estatales que la búsqueda y protección de

246 CORTE INTERAMERICANA DE DERECHOS HUMANOS. Caso Baldeón Garcia Vs. Perú, Sentencia del 6 de abril de 2006 (Corte Interamericana, 2006).

247 CORTE INTERAMERICANA DE DERECHOS HUMANOS. Caso González y Otras (Campo Algodonero) Vs. México, Sentencia del 16 de noviembre de 2009 (Corte Interamericana, 2009).

mujeres reportadas como desaparecidas no era importante" e implicaba que en un principio las autoridades se negaban a investigar."[248]

Los estereotipos existentes en contra de las mujeres impiden que la investigación adelantada por los funcionarios del Estado sea neutral. En el caso de la trata de personas que tiene como fin la explotación sexual, siempre estarán presentes los prejuicios sobre el sexo y la virtud de la mujer.

"153. Diversas fuentes afirman que la respuesta de funcionarios estatales frente a los crímenes fue influenciada por un contexto de discriminación basada en género. Según el Relator Especial sobre la independencia judicial de la ONU, "al principio es indudable que estos hechos no conmovieron mucho a los agentes de la policía y a los procuradores, quienes llegaron incluso a reprochar a las mujeres su presunta falta de moralidad"."[249]

Dado el fuerte contexto de violencia por el que pasaba Ciudad Juárez, era una obligación del Estado preparar a sus funcionarios y planificar estrategias para prevenir nuevos delitos e identificar a los responsables de los asesinatos ya cometidos. Impresiona como en la vida contemporánea existen reproches morales que obstaculizan el trabajo del Estado, el cual debe ser neutral y diligente. Por ejemplo, en uno de los casos de la mencionada demanda:

"198. La madre de la joven Herrera declaró que, al interponer la denuncia, las autoridades le dijeron que su hija "no está desaparecida, anda con el novio o anda con los amigos de vaga", "que si le pasaba eso era porque ella se lo buscaba, porque una niña buena, una mujer buena, está en su casa"."[250]

Estas excusas contradicen los lineamientos internacionales para llevar a cabo una investigación, incluso, se debió investigar de inmediato pues las mujeres desaparecidas eran menores y era altamente sospechoso que se desconociera su paradero. Se agrava aún más la situación ya que era de conocimiento público los reiterados asesinatos en contra de las mujeres en la zona.

---

248 CORTE INTERAMERICANA DE DERECHOS HUMANOS. Caso González y Otras (Campo Algodonero) Vs. México, Sentencia del 16 de noviembre de 2009 (Corte Interamericana, 2009).

249 CORTE INTERAMERICANA DE DERECHOS HUMANOS. Caso González y Otras (Campo Algodonero) Vs. México, Sentencia del 16 de noviembre de 2009 (Corte Interamericana, 2009).

250 CORTE INTERAMERICANA DE DERECHOS HUMANOS. Caso González y Otras (Campo Algodonero) Vs. México, Sentencia del 16 de noviembre de 2009 (Corte Interamericana, 2009).

Por otro lado, los vicios en las investigaciones no se presentaban únicamente en el momento en el que las mujeres desaparecían, años después, los homicidios siguen impunes:

"155. La Comisión hizo énfasis en que la respuesta de las autoridades ante los crímenes contra mujeres había sido "notablemente deficiente" y alegó que la gran mayoría de los asesinatos seguían impunes al momento de la visita de la Relatora de la CIDH a Ciudad Juárez en el 2002. Además, señaló que, aunque el Estado tenía conocimiento de la gravedad de la situación, "existía una gran brecha entre la incidencia del problema de violencia contra las mujeres y la calidad de la respuesta estatal ofrecida a este fenómeno, lo cual propendió a la repetición de los hechos"."[251]

El examen hecho por la Corte Interamericana al Estado mexicano resulta relevante ya que se hace un análisis de la discriminación contra la mujer en el contexto de la investigación penal de graves delitos que atentan contra los derechos fundamentales. No podemos ignorar que la mayoría de las víctimas de la trata de personas son mujeres, que muchas veces son juzgadas por prejuicios y estereotipos que vienen de la sociedad, y más grave aún, de los funcionarios del gobierno.

Cita la Convención Belém do Pará para definir la violencia de género:

"226. La Convención Belém do Pará define la violencia contra la mujer como "cualquier acción o conducta, basada en su género, que cause muerte, daño o sufrimiento físico, sexual o psicológico a la mujer, tanto en el ámbito público como en el privado"."[252]

La cruel situación vivida por cientos de mujeres durante varios años en Ciudad Juárez es un ejemplo de lo que significa la violencia de género, pues los crímenes eran un abuso exclusivo a la condición de mujer de las víctimas. Respecto a este tema, es importante que las normatividades de los Estados no trivialicen cualquier conducta en el que una mujer es víctima y la definan como violencia de genero.

Continuando con las definiciones dadas por la Corte, tenemos el deber de prevención:

---

251 CORTE INTERAMERICANA DE DERECHOS HUMANOS. Caso González y Otras (Campo Algodonero) Vs. México, Sentencia del 16 de noviembre de 2009 (Corte Interamericana, 2009).

252 CORTE INTERAMERICANA DE DERECHOS HUMANOS. Caso González y Otras (Campo Algodonero) Vs. México, Sentencia del 16 de noviembre de 2009 (Corte Interamericana, 2009).

"252. La Corte ha establecido que el deber de prevención abarca todas aquellas medidas de carácter jurídico, político, administrativo y cultural que promuevan la salvaguarda de los derechos humanos y que aseguren que las eventuales violaciones a los mismos sean efectivamente consideradas y tratadas como un hecho ilícito que, como tal, es susceptible de acarrear sanciones para quien las cometa, así como la obligación de indemnizar a las víctimas por sus consecuencias perjudiciales. Es claro, a su vez, que la obligación de prevenir es de medio o comportamiento y no se demuestra su incumplimiento por el mero hecho de que un derecho haya sido violado."[253]

Podemos ver que desarrollar la prevención de delitos es una tarea multidisciplinar que abarca distintas estrategias, que además deben ser evaluadas permanentemente; incluye además que el agresor sea sancionado, para evitar que siga delinquiendo, y finalmente, se debe indemnizar a las víctimas. Tomando como ejemplo el caso que nos compete, cuando el Estado ha identificado zonas de alto riesgo y poblaciones vulnerables al delito de trata de personas, debe programar medidas que se adapten a los contextos y que prevengan efectivamente la comisión del delito con la sensibilización a la comunidad. La prevención debe hacerse desde distintas aristas pero es requisito de efectividad que haya continuidad. El Estado colombiano viene haciendo esfuerzos, por hacer campañas publicitarias con la intención de prevenir el delito de trata, pero lo que pudimos establecer a través de esta investigación es que no producen el resultado buscado por cuanto no hay continuidad en las mismas y tampoco son enfocadas al público que las requiere.

La debida diligencia está cohesionada con el deber de investigar, es un compromiso del Estado ser neutral sin importar las definiciones sociales en contra de las mujeres. Cierto tipo de delitos están ligados a prejuicios específicos o a dinámicas culturales que los normalizan, por esta razón, se debe condenar las conductas que afectan gravemente las libertades de las mujeres sin importar las JUSTIFICACIONES culturales.

"293. La Corte considera que el deber de investigar efectivamente, siguiendo los estándares establecidos por el Tribunal (*supra* párrs. 287 a 291) tiene alcances adicionales cuando se trata de una mujer que sufre una muerte, maltrato o afectación a su libertad personal en el marco de un contexto general de violencia contra las mujeres. En similar sentido, la Corte Europea ha dicho que cuando un ataque es motivado por razones de raza, es particular-

253 CORTE INTERAMERICANA DE DERECHOS HUMANOS. Caso González y Otras (Campo Algodonero) Vs. México, Sentencia del 16 de noviembre de 2009 (Corte Interamericana, 2009).

mente importante que la investigación sea realizada con vigor e imparcialidad, teniendo en cuenta la necesidad de reiterar continuamente la condena de racismo por parte de la sociedad y para mantener la confianza de las minorías en la habilidad de las autoridades de protegerlas de la amenaza de violencia racial. El criterio anterior es totalmente aplicable al analizarse los alcances del deber de debida diligencia en la investigación de casos de violencia por razón de género."[254]

A continuación, citamos integralmente los párrafos que mencionan los Estándares establecidos por el Tribunal según el texto anterior.

"287. De la obligación general de garantía de los derechos a la vida, integridad personal y libertad personal deriva la obligación de investigar los casos de violaciones de esos derechos; es decir, del artículo 1.1 de la Convención en conjunto con el derecho sustantivo que debe ser amparado, protegido o garantizado. Asimismo, México debe observar lo dispuesto en el artículo 7.b y 7.c de la Convención Belém do Pará, que obliga a actuar con la debida diligencia y a adoptar la normativa necesaria para investigar y sancionar la violencia contra la mujer.

288. En su sentencia de fondo emitida en el caso Velásquez Rodríguez Vs. Honduras, la Corte estableció que, conforme al deber de garantía:

[e]l Estado está [...] obligado a investigar toda situación en la que se hayan violado los derechos humanos protegidos por la Convención. Si el aparato del Estado actúa de modo que tal violación quede impune y no se restablezca, en cuanto sea posible, a la víctima en la plenitud de sus derechos, puede afirmarse que ha incumplido el deber de garantizar su libre y pleno ejercicio a las personas sujetas a su jurisdicción. Lo mismo es válido cuando se tolere que los particulares o grupos de ellos actúen libre o impunemente en menoscabo de los derechos humanos reconocidos en la Convención.

289. El deber de investigar es una obligación de medio y no de resultado, que debe ser asumida por el Estado como un deber jurídico propio y no como una simple formalidad condenada de antemano a ser infructuosa. La obligación del Estado de investigar debe cumplirse diligentemente para evitar la impunidad y que este tipo de hechos vuelvan a repetirse. En este sentido, la Corte recuerda que la impunidad fomenta la repetición de las violaciones de derechos humanos.

254 CORTE INTERAMERICANA DE DERECHOS HUMANOS. Caso González y Otras (Campo Algodonero) Vs. México, Sentencia del 16 de noviembre de 2009 (Corte Interamericana, 2009).

290. A la luz de ese deber, una vez que las autoridades estatales tengan conocimiento del hecho, deben iniciar *ex officio* y sin dilación, una investigación seria, imparcial y efectiva por todos los medios legales disponibles y orientada a la determinación de la verdad y a la persecución, captura, enjuiciamiento y eventual castigo de todos los autores de los hechos, especialmente cuando están o puedan estar involucrados agentes estatales.

291. De otra parte, la Corte ha advertido que esta obligación se mantiene "cualquiera sea el agente al cual pueda eventualmente atribuirse la violación, aún los particulares, pues, si sus hechos no son investigados con seriedad, resultarían, en cierto modo, auxiliados por el poder público, lo que comprometería la responsabilidad internacional del Estado"."[255]

No resulta extraño escuchar comentarios que eximen de responsabilidad al delincuente culpando a la víctima. El comportamiento de las mujeres, como su forma de vestir, no debe disculpar el acto criminal de un sujeto que tiene una concepción errada del papel de las mujeres en la sociedad y que cree que son su objeto de beneficio económico. En ese sentido:

"401. En similar forma, el Tribunal considera que el estereotipo de género se refiere a una pre-concepción de atributos o características poseídas o papeles que son o deberían ser ejecutados por hombres y mujeres respectivamente. Teniendo en cuenta las MANIFESTACIONES efectuadas por el Estado (*supra* párr. 398), es posible asociar la subordinación de la mujer a prácticas basadas en estereotipos de género socialmente dominantes y socialmente persistentes, condiciones que se agravan cuando los estereotipos se reflejan, implícita o explícitamente, en políticas y prácticas, particularmente en el razonamiento y el lenguaje de las autoridades de policía judicial, como ocurrió en el presente caso. La creación y uso de estereotipos se convierte en una de las causas y consecuencias de la violencia de género en contra de la mujer."[256]

El impacto negativo de la discriminación aumenta cuando influye negativamente en la investigación y obstaculiza la debida diligencia a cargo del Estado. Los problemas socio culturales de los países y sus dinámicas deben ser valorados en la política criminal, de lo contrario, tendremos una recopilación de leyes inaplicadas por una sociedad prejuiciosa e inculta.

---

255 CORTE INTERAMERICANA DE DERECHOS HUMANOS. Caso González y Otras (Campo Algodonero) Vs. México, Sentencia del 16 de noviembre de 2009 (Corte Interamericana, 2009).

256 CORTE INTERAMERICANA DE DERECHOS HUMANOS. Caso González y Otras (Campo Algodonero) Vs. México, Sentencia del 16 de noviembre de 2009 (Corte Interamericana, 2009).

"[l]a influencia de patrones socioculturales discriminatorios puede dar como resultado una descalificación de la credibilidad de la víctima durante el proceso penal en casos de violencia y una asunción tácita de responsabilidad de ella por los hechos, ya sea por su forma de vestir, por su ocupación laboral, conducta sexual, relación o parentesco con el agresor, lo cual se traduce en inacción por parte de los fiscales, policías y jueces ante denuncias de hechos violentos. Esta influencia también puede afectar en forma negativa la investigación de los casos y la valoración de la prueba subsiguiente, que puede verse marcada por nociones estereotipadas sobre cuál debe ser el comportamiento de las mujeres en sus relaciones interpersonales."[257]

Finalmente, la Corte reconoce continuas deficiencias en las distintas etapas de las investigaciones adelantadas en el caso de Ciudad Juárez. Por citar algunas "Las irregularidades en el manejo de evidencias, la alegada fabricación de culpables, el retraso en las investigaciones, la falta de líneas de investigación que tengan en cuenta el contexto de violencia contra la mujer en el que se desenvolvieron las ejecuciones de las tres víctimas y la inexistencia de investigaciones contra funcionarios públicos por su supuesta negligencia grave". Esta situación revela el incumplimiento de la obligación del Estado de proteger a sus ciudadanos y garantizar un sistema de justicia efectivo; pero esta problemática no se limita a su funcionamiento, por el contrario, se encuentra rezagada en la cultura y en las falsas calificaciones que hace la sociedad del rol de la mujer.

A continuación reunimos en una gráfica los principales lineamientos mencionados hasta ahora.

257 CIDH, Acceso a la justicia para las mujeres víctimas de violencia en las Américas, OEA/Ser.L/V/II. Doc. 68, 20 enero 2007 (expediente de anexos a la demanda, tomo VII, anexo 2, folio 1822).

8.2.3 Deber de reparación integral y garantía de no repetición[258]

Masacres de Río Negro Vs. Guatemala

El caso se refiere a la responsabilidad internacional del Estado por la comisión de cinco masacres en contra de los miembros de la comunidad de Río Negro ejecutadas por el Ejército de Guatemala y miembros de las Patrullas de Autodefensa Civil en los años 1980 y 1982, así como a la persecución y eliminación de sus miembros.

Citamos este caso para identificar los principales elementos que el Estado debe tener en cuenta en el momento de reparar integralmente y garantizar la no repetición a las víctimas con sus derechos fundamentales gravemente vulnerados. Recordemos que la trata de personas atenta profundamente contra la dignidad humana pues esclaviza al ser humano, y, por lo tanto, estos supuestos, le son aplicables.

En primer lugar, consideramos pertinente resaltar la importancia de analizar el contexto de los hechos para determinar las reparaciones. La competencia de la Corte Interamericana no excluye las consideraciones de aquellas situaciones fuera de su competencia temporal y que resulten relevantes en la comisión del delito a estudio. Como se evidenció en el caso del Campo Algodonero, existen factores distintos a los elementos de los hechos del delito que lo determinaron, cómo el problema estructural de la discriminación de género; de la misma forma, el conflicto armado en Guatemala y la discriminación a la población Maya fueron determinantes en la desaparición y masacre de los miembros de Rio Negro, situación que comprende el contexto del delito.

"55. De manera preliminar, el Tribunal estima necesario aclarar que, conforme a su jurisprudencia, el principio de irretroactividad y la cláusula facultativa de reconocimiento de la competencia contenciosa de esta Corte no implican que un acto ocurrido antes de la misma deba ser excluido de toda consideración cuando pueda ser relevante para la determinación de los hechos y las violaciones de derechos humanos que están dentro de su competencia temporal. En este sentido, la Corte observa que para resolver los distintos casos sometidos a su conocimiento ha requerido tomar en cuenta el contexto y

258 La escogencia de los casos se referencia a la información obtenida en la Primera Cumbre Iberoamericana de Derechos Humanos, Migrantes y Trata de Personas llevada a cabo en Bogotá en mayo de 2015, específicamente de las ponencias de María Fernanda Rodríguez -Vicepresidenta de la Asociación Civil "Unidos por la Justicia" de Argentina, y Alexei Julio Estrada -Director del Área Legal de la Corte Interamericana de Derechos Humanos.

otros hechos que se encuentran fuera de su competencia, pues el entorno político e histórico es determinante para el establecimiento de las consecuencias jurídicas del caso, comprendiendo tanto la naturaleza de las violaciones a la Convención como las correspondientes reparaciones." [259]

Identificamos entonces el primer elemento a tener en cuenta, considerar el contexto y otros hechos que revelen el entorno político e histórico que nos permitan esclarecer la magnitud del daño para posteriormente determinar las reparaciones.

Fueron varios los delitos cometidos en contra de la población de Rio Negro, donde el pueblo maya fue el grupo más afectado. Sus miembros en general fueron asesinados, perseguidos y desplazados, sus mujeres fueron abusadas sexualmente, y sus niños fueron comercializados como animales. Además de estas afectaciones severas a sus derechos, fue un pueblo sentenciado a perder su identidad, pues fueron expulsados de sus zonas sagradas, y sus ancianos, quienes eran líderes religiosos y culturales, fueron asesinados.

Veamos como los niños fueron víctimas de varios delitos, entre ellos la trata de personas:

60. Asimismo, los niños de las comunidades indígenas estuvieron expuestos a una multiplicidad de violaciones a sus derechos humanos, siendo víctimas directas de desapariciones forzadas, ejecuciones arbitrarias, torturas, secuestros, violaciones sexuales y otros hechos violatorios a sus derechos fundamentales. Las amenazas y torturas en contra de los niños fueron utilizadas, además, como una forma de torturar a sus familias. Igualmente, durante esta época existió un patrón de separación de niños de sus familias con posterioridad a las masacres, y de sustracción y retención ilegal de los mismos, todo ello perpetrado por las fuerzas militares y grupos armados ilegales. Dicha práctica implicó, en muchos casos, que se les cambiara el nombre y se les negara la identidad a los niños. La separación de niños de sus familias condujo, en algunos casos, a la adopción ilegal o a la venta de aquéllos, a quienes también fueron negados el derecho a conocer su cultura. El informe de la CEH también señala que "[d]espués de [las] masacres u operaciones de tierra arrasada, muchos niños que ya podían valerse por sí mismos fueron llevados por los militares, comisionados militares o patrulleros para ser sometidos a condición servil en sus casas o en las de otras familias. Algunos de estos niños se vieron sometidos a situaciones de explotación y abuso sistemático". La

259 CORTE INTERAMERICANA DE DERECHOS HUMANOS. *Masacres de Rio Negro Vs. Guatemala, Sentencia del 4 de septiembre de 2012* (Corte Interamericana, 2012).

CEH determinó que "los niños debían realizar trabajos domésticos o diversas tareas que les encargaban en las casas donde se encontraban. Sufrieron todo tipo de maltrato físico y psicológico. Estos niños sufrieron, conjuntamente con la violación de su derecho a la libertad individual, la vulneración de todos sus derechos humanos, pues por las condiciones de servidumbre a la que fueron sometidos también se afectaron su integridad física y psicológica, se les mantuvo en una situación de explotación económica, abuso y permanente miedo". Asimismo, el Informe *Guatemala Nunca Más* del Proyecto de la Recuperación de la Memoria Histórica de la Oficina de Derechos Humanos del Arzobispado de Guatemala (en adelante "Informe REMHI") indica que "[a] parecen algunos casos de niños que fueron separados de sus familias o comunidades, secuestrados y adoptados de forma fraudulenta por algunos de los victimarios de sus familias. Esta práctica les ha condenado a vivir con los asesinos de sus familiares". Este informe cita declaraciones del General Héctor Gramajo publicado en el periódico guatemalteco "Prensa Libre" del 6 de abril de 1989, según las cuales "en determinados momentos se volvió moda en las filas del Ejército hacerse cargo de pequeños de 3 o 4 años [...]".[260]

Este "patrón de separación de los niños de sus familias" es un claro ejemplo de la trata de personas con la finalidad de ser explotados mediante la servidumbre. Vemos como no solo eran separados de sus familias, obligados a vivir con los asesinos de sus seres queridos y forzados a realizar trabajos domésticos, sino que se les negó su identidad, eran permanentemente maltratados física y psicológicamente y eran víctimas de todas las vejaciones propias de la esclavitud. Sin duda la trata de personas es un delito cruel que cosifica el ser humano y lo separa de su dignidad, pero esto es aún peor cuando los niños son los martirizados.

"120. Por lo que se refiere a los derechos del niño protegidos en la Convención, la Corte ha establecido que los niños tienen derechos especiales a los que corresponden deberes específicos por parte de la familia, la sociedad y el Estado. Su condición exige una protección especial debida por este último y que debe ser entendida como un derecho adicional y complementario a los demás derechos que la Convención reconoce a toda persona. La prevalencia del interés superior del niño debe ser entendida como la necesidad de satisfacción de todos los derechos de los niños, que obliga al Estado e irradia efectos en la interpretación de todos los demás derechos de la Convención cuando el caso se refiera a menores de edad. El Estado debe prestar especial atención a

260 CORTE INTERAMERICANA DE DERECHOS HUMANOS. *Masacres de Rio Negro Vs. Guatemala, Sentencia del 4 de septiembre de 2012* (Corte Interamericana, 2012).

las necesidades y a los derechos de los niños, en consideración a su condición particular de vulnerabilidad."[261]

De esto podemos concluir que el Estado debe desarrollar cada uno de los estándares en especial medida cuando las víctimas de la trata de personas son niños. El compromiso y exigencia en cada una de las obligaciones que tiene el Estado en prevenir, investigar y reparar se intensifica cuando es un menor el sujeto pasivo, pues estos gozan de una protección especial por el Derecho en general.

Continuemos con otros elementos sustraídos de la sentencia. Podemos deducir de este caso que los conflictos armados internos propician el desarrollo de las múltiples formas contemporáneas de esclavitud; con relación a esto, la Corte precisa lo siguiente:

"141. De conformidad con el artículo 6 de la Convención, "[n]adie puede ser sometido a esclavitud o servidumbre, y tanto éstas, como la trata de esclavos y la trata de mujeres están prohibidas en todas sus formas". En su conocido obiter dictum de la sentencia dictada en el caso de la Barcelona Traction, Light and Power Company, Limited, la Corte Internacional de Justicia precisó que en el derecho internacional contemporáneo la protección contra la esclavitud, y contra la discriminación racial, es una obligación internacional erga omnes, derivada "de los principios y reglas relativos a los derechos básicos de la persona humana" y, por lo tanto, atañe a todos los Estados."[262]

La trascendencia de los efectos dañinos que tiene este delito en la humanidad justifica la creación permanente de medidas que acaben con su comisión a través de la efectiva y asertiva intervención del Estado. Desarrollando esta idea, en otro punto de la sentencia, la Corte menciona:

"225. Además, en virtud de que la protección contra la esclavitud y servidumbre es una obligación internacional erga omnes, derivada "de los principios y reglas relativos a los derechos básicos de la persona humana" (...), cuando los Estados tengan conocimiento de un acto constitutivo de esclavitud o servidumbre, en los términos de lo dispuesto por el artículo 6 de la Convención Americana, deben iniciar ex officio la investigación pertinente a efecto de establecer las responsabilidades individuales que correspondan."[263]

---

261 CORTE INTERAMERICANA DE DERECHOS HUMANOS. *Masacres de Rio Negro Vs. Guatemala, Sentencia del 4 de septiembre de 2012* (Corte Interamericana, 2012).

262 CORTE INTERAMERICANA DE DERECHOS HUMANOS. *Masacres de Rio Negro Vs. Guatemala, Sentencia del 4 de septiembre de 2012* (Corte Interamericana, 2012).

263 CORTE INTERAMERICANA DE DERECHOS HUMANOS. *Masacres de Rio Negro Vs. Guatemala, Sentencia del 4 de septiembre de 2012* (Corte Interamericana, 2012).

En el caso de Rio Negro, Guatemala incumplió sus obligaciones como Estado respecto a las masacres, desapariciones, violaciones, trata de personas, y la posterior impunidad y no reparación integral de sus víctimas.

Continuando con el tema que nos compete, la reparación integral y garantía de no repetición, dice la Corte:

"245. Sobre la base de lo dispuesto en el artículo 63.1 de la Convención, la Corte ha establecido que toda violación de una obligación internacional que haya producido daño comporta el deber de repararlo adecuadamente, y que esa disposición recoge una norma consuetudinaria que constituye uno de los principios fundamentales del Derecho Internacional contemporáneo sobre responsabilidad de un Estado."[264]

Deducimos entonces que la obligación de reparar "adecuadamente" cuando se produce un daño es un pilar del Derecho Internacional. La reparación no debe ser un requisito que se cumple superficialmente, debe incluir todo tipo de medidas que compensen integralmente a la víctima.

En este sentido, la reparación debe ser proporcional al daño, pero la Corte va más allá:

"247. Este Tribunal ha establecido que las reparaciones deben tener un nexo causal con los hechos del caso, las violaciones declaradas, los daños acreditados, así como con las medidas solicitadas para reparar los daños respectivos. Por lo tanto, la Corte deberá observar dicha concurrencia para pronunciarse debidamente y conforme a derecho."[265]

Vincular los hechos, las violaciones declaradas, los daños y las medidas solicitadas le dan el carácter de integral a la reparación; todos estos elementos deben ser tenidos en cuenta, o de lo contrario, será una reparación superficial. Reparar no significa únicamente pagar, tener en cuenta los mencionados elementos permiten extender este concepto y hacerlo más completo.

Ahora bien, ¿cómo se repara?; en primer lugar, se invoca la *restitutio in integrum* que pretende reestablecer el estado anterior al daño:

"248. La reparación del daño ocasionado por la infracción de una obligación internacional requiere, siempre que sea posible, la plena restitución (*restitutio in integrum*), que consiste en el restablecimiento de la situación ante-

264 CORTE INTERAMERICANA DE DERECHOS HUMANOS. *Masacres de Rio Negro Vs. Guatemala, Sentencia del 4 de septiembre de 2012* (Corte Interamericana, 2012).

265 CORTE INTERAMERICANA DE DERECHOS HUMANOS. *Masacres de Rio Negro Vs. Guatemala, Sentencia del 4 de septiembre de 2012* (Corte Interamericana, 2012).

rior. De no ser esto factible, como ocurre en la mayoría de los casos de violaciones a derechos humanos, el Tribunal determinará medidas para garantizar los derechos conculcados y reparar las consecuencias que las infracciones produjeron. Por tanto, la Corte ha considerado la necesidad de otorgar diversas medidas de reparación, a fin de resarcir los daños de manera integral, por lo que además de las compensaciones pecuniarias, las medidas de restitución, satisfacción y garantías de no repetición tienen especial relevancia por los daños ocasionados. En el presente caso, la Corte tomará en cuenta las violaciones graves y masivas de derechos humanos cometidas por el Estado en el marco del conflicto armado interno, la falta de debida diligencia en la investigación de los hechos, así como las consecuencias de estos."[266]

La plena restitución resulta especialmente difícil sobretodo porque los delitos más graves vulneran irreversiblemente la integridad física y psicológica de las personas. Es válido pretender un restablecimiento completo, pero en la mayoría de los casos es materialmente imposible lograrlo; veamos un comentario de la Corte sobre este tema en el caso Velasquez Rodriguez Vs. Honduras, un caso de desaparición forzada en el que era imposible restituir la lesión causada.

27. La indemnización que se debe a las víctimas o a sus familiares en los términos del artículo 63.1 de la Convención, debe estar orientada a procurar la restitutio in integrum de los daños causados por el hecho violatorio de los derechos humanos. El desiderátum es la restitución total de la situación lesionada, lo cual, lamentablemente, es a menudo imposible, dada la naturaleza irreversible de los perjuicios ocasionados, tal como ocurre en el caso presente. En esos supuestos, es procedente acordar el pago de una "justa indemnización" en términos lo suficientemente amplios para compensar, en la medida de lo posible, la pérdida sufrida.[267]

Por esta razón, se debe "garantizar los derechos y reparar las consecuencias"; lograr este fin solo es posible a través de distintas medidas de "restitución, satisfacción y garantías de no repetición".

Tenemos claro que una reparación pecuniaria es importante pero no es absoluta. El Estado debe proporcionar a través de distintos mecanismos la satisfacción de las necesidades que generó el daño en las víctimas y que

266 CORTE INTERAMERICANA DE DERECHOS HUMANOS. *Masacres de Rio Negro Vs. Guatemala, Sentencia del 4 de septiembre de 2012* (Corte Interamericana, 2012).

267 CORTE INTERAMERICANA DE DERECHOS HUMANOS. *Velásquez Rodríguez Vs. Honduras, Sentencia del 29 de julio de 1988* (Corte Interamericana, 1988).

incluye primordialmente la obligación de investigar los hechos e identificar, juzgar y eventualmente sancionar a los responsables. Ya desarrollamos este tema como un estándar en los capítulos anteriores, pero subrayamos que una investigación completa y diligente, que identifique, enjuicie y s la víctima y sus familiares necesitan tener verdad y justicia a cerca de los hechos. La reparación no solo debe ser pecuniaria, también deben existir reparaciones simbólicas que ayuden a la recuperación sicológica sufrida por los daños causados producto del trato inhumano recibido. Destacamos también la importancia de la garantía de no repetición. Pero esta garantía no se ve de qué manera el Estado Colombiano la esté cumpliendo.

Respecto a este tema, en el párrafo 257 de la mencionada jurisprudencia, la Corte desarrolla las características que debe tener la investigación como elemento de la reparación:

> "257. (...) En particular, el Estado deberá velar por que se observen los siguientes criterios:
>
> a) en consideración de la gravedad de los hechos, no podrá aplicar leyes de amnistía ni argumentar prescripción, irretroactividad de la ley penal, cosa juzgada, ni el principio *non bis in idem,* o cualquier excluyente similar de responsabilidad, para excusarse de la obligación de investigar y enjuiciar a los responsables;
>
> b) deberá investigar de oficio y de forma efectiva los hechos del presente caso, tomando en cuenta el patrón sistemático de violaciones graves y masivas de derechos humanos existente en la época en que éstos ocurrieron. Además de las afectaciones al derecho a la vida, el Estado debe considerar otras posibles graves afectaciones a la integridad personal y a la libertad personal, en particular, los presuntos actos de desaparición forzada, tortura, ejecuciones extrajudiciales, violación sexual, esclavitud y servidumbre, teniendo en cuenta, asimismo, los impactos diferenciados con motivo de las alegadas violaciones sufridas por los niños y las mujeres de la comunidad de Río Negro. El Estado también deberá ejecutar las órdenes de captura de los presuntos responsables que se encuentran pendientes y emitir las que sean pertinentes a efecto de enjuiciar a todos los responsables de los hechos del presente caso;
>
> c) deberá determinar la identidad de todos los presuntos autores materiales e intelectuales de las masacres y de la posterior

persecución de los miembros de la comunidad de Río Negro, por lo que deberá culminar el proceso penal iniciado contra ellos, y proceder a investigar a aquellos presuntos autores que aún no se encuentran identificados. La debida diligencia en la investigación implica que todas las autoridades estatales están obligadas a colaborar en la recaudación de la prueba, por lo que deberán brindar al juez de la causa toda la información que requiera y abstenerse de actos que impliquen la obstrucción para la marcha del proceso investigativo;

d) deberá iniciar las acciones disciplinarias, administrativas o penales, de acuerdo con su legislación interna, de las posibles autoridades del Estado que han obstaculizado e impedido la investigación debida de los hechos, así como los responsables de las distintas irregularidades procesales que han contribuido a prolongar la impunidad de las masacres, y

e) deberá asegurar que los distintos órganos del sistema de justicia involucrados en el caso cuenten con los recursos humanos y materiales necesarios para desempeñar sus tareas de manera adecuada, independiente e imparcial, y que las personas que participen en la investigación, entre ellas las víctimas o sus representantes, testigos y operadores de justicia, cuenten con las debidas garantías de seguridad."[268]

Citamos de forma integral estas consideraciones y recalcamos que los estándares componen una unidad, pues se encuentran interrelacionados y deben ser desarrollados por el Estado de forma paralela. Muchas de las anteriores recomendaciones han sido mencionadas a lo largo del trabajo y todas en forma conjunta constituyen la respuesta que se espera de un Estado que protege los derechos fundamentales de sus ciudadanos. No olvidemos, que las víctimas o sus familiares deben tener la garantía de participar activamente en el proceso de investigación y juzgamiento de sus agresores, sin que ello signifique que sean ellas quienes impulsan las actuaciones del Estado.

Las medidas de reparación integral no terminan con el acceso a la justicia en la investigación y sanción de los sujetos activos de la conducta penal, debe satisfacer los perjuicios causados por el daño, implementar medidas de rehabilitación y garantizar la no repetición. El daño causado a la víctima no

268 CORTE INTERAMERICANA DE DERECHOS HUMANOS. *Masacres de Rio Negro Vs. Guatemala, Sentencia del 4 de septiembre de 2012* (Corte Interamericana, 2012).

es resarcido únicamente con la sanción a su agresor, las afectaciones físicas y psicológicas deben ser enmendadas en lo posible, poniendo a su disposición todo tipo de garantías proporcionadas por el Estado a través de sus instituciones, entre ellas, la atención psicológica.

"272. Con motivo de la denegación de justicia en perjuicio de las víctimas de violaciones graves y masivas de derechos humanos, como lo son las ocurridas durante masacres, se presenta una diversidad de afectaciones no sólo en la esfera individual de las víctimas sino también en la esfera colectiva. En este sentido, es evidente que las víctimas de impunidad prolongada sufren distintas afectaciones no sólo de carácter material por la búsqueda de justicia, sino también otros sufrimientos y daños de carácter psicológico y físico y en su proyecto de vida, así como otras posibles alteraciones en sus relaciones sociales y en la dinámica de sus familias y comunidades, particularmente tratándose de una comunidad indígena. Este Tribunal ha establecido que estos daños se intensifican por la falta de apoyo de las autoridades estatales en la búsqueda efectiva e identificación de los restos de víctimas fallecidas, y la imposibilidad de los familiares de honrar apropiadamente a sus seres queridos. Frente a ello, la Corte ha considerado la necesidad de otorgar diversas medidas de reparación a fin de resarcir los daños de manera integral, por lo que además de las compensaciones pecuniarias, las medidas de satisfacción, restitución, rehabilitación y garantías de no repetición tienen especial relevancia por la gravedad de las afectaciones y el carácter colectivo de los daños ocasionados en el presente caso."[269]

En el tema que nos compete, la trata de personas, la alteración en el proyecto de vida en las víctimas y los daños físicos y psicológicos, requieren diversas estrategias que las reparen y rehabiliten. En este sentido, la rehabilitación necesita indispensablemente una ayuda psicológica ininterrumpida.

"287. La Corte estima, como lo ha hecho en otros casos, que es preciso disponer una medida de reparación que brinde una atención adecuada a los padecimientos psicológicos y físicos sufridos por las víctimas, derivadas de las violaciones establecidas en el presente fallo."[270]

Sin duda la atención psicológica gratuita es una medida indispensable para reparar integralmente a la víctima, para que recupere su proyecto

---

269 CORTE INTERAMERICANA DE DERECHOS HUMANOS. *Masacres de Rio Negro Vs. Guatemala, Sentencia del 4 de septiembre de 2012* (Corte Interamericana, 2012).

270 CORTE INTERAMERICANA DE DERECHOS HUMANOS. *Masacres de Rio Negro Vs. Guatemala, Sentencia del 4 de septiembre de 2012* (Corte Interamericana, 2012).

de vida y logre superar los traumas que trajo consigo la explotación. Esta atención para que sea efectiva debe tener ciertas características tales como gratuidad, inmediatez, y debe ser proporcionada por instituciones del Estado; incluso, debe proporcionar los medicamentos de ser necesarios.

"289. Por lo tanto, con el fin de contribuir a la reparación de estos daños, el Tribunal dispone que el Estado brinde gratuitamente y de forma inmediata, a las víctimas que lo deseen y previo consentimiento informado, tratamiento médico y psicológico por el tiempo que sea necesario, incluida la provisión gratuita de medicamentos. El tratamiento médico y psicológico debe brindarse por personal e instituciones estatales. En atención al fundamento de lo solicitado por los representantes, dicha atención médica y psicológica podrá llevarse a cabo a través de los sanadores de la comunidad maya Achí, de acuerdo a sus propias prácticas de salud y mediante el uso de medicinas tradicionales, para lo cual el Estado deberá acordar con los representantes la forma en que esta reparación se llevará a cabo."[271]

Mencionamos anteriormente que las indemnizaciones pecuniarias no son suficientes, pero si son importantes. Al momento de reparar se debe tener en cuenta la magnitud de los daños materiales e inmateriales y proporcionar a las víctimas una retribución monetaria, por el impacto del delito, el cambio en su proyecto de vida y el perjuicio en general.

307. Este Tribunal ha establecido que el daño material supone la pérdida o detrimento de los ingresos de las víctimas, los gastos efectuados con motivo de los hechos y las consecuencias de carácter pecuniario que tengan un nexo causal con los hechos del caso. Por otra parte, el daño inmaterial "puede comprender tanto los sufrimientos y las aflicciones causados a la víctima directa y a sus allegados, el menoscabo de valores muy significativos para las personas, así como las alteraciones, de carácter no pecuniario, en las condiciones de existencia de la víctima o su familia". Asimismo, la Corte ha sostenido "que es propio de la naturaleza humana que toda persona que padece una violación de sus derechos humanos experimente un sufrimiento, razón por la cual el daño inmaterial resulta evidente".[272]

En nuestro tema en particular, cuando una persona es explotada comercialmente se genera un daño material proveniente del ingreso esperado

---

271 CORTE INTERAMERICANA DE DERECHOS HUMANOS. *Masacres de Rio Negro Vs. Guatemala, Sentencia del 4 de septiembre de 2012* (Corte Interamericana, 2012).

272 CORTE INTERAMERICANA DE DERECHOS HUMANOS. *Masacres de Rio Negro Vs. Guatemala, Sentencia del 4 de septiembre de 2012* (Corte Interamericana, 2012).

por la víctima; no queremos decir que se pague un salario por su explotación, pero sin que se reconozca económicamente la actividad desempeñada por la víctima durante su explotación. En segundo lugar, si se asumieron gastos por parte de la víctima, por ejemplo, compra de pasajes u otros trámites, deben ser reincorporados. En tercer lugar, si el delito provocó algún tipo de gasto adicional en el que incurrió la víctima, como tratamiento médico o honorarios legales, deben ser así mismo asumidos.

Otro es el caso del daño inmaterial, éste debe ser proporcional a los sufrimientos ocasionados a la víctima y deberá aumentar cuando las vejaciones sean más graves. Advertimos de nuevo, que el obligado a cumplir este tipo de reparación es el sujeto activo de la conducta penal, pero es responsabilidad del Estado asegurarse de proporcionar todos los medios para que se efectué justamente. Ahora bien, para que la reparación sea integral, la intervención del Estado y sus instituciones en el cumplimiento de compromisos es imprescindible.

Es por eso que además de los elementos mencionados hasta ahora se debe garantizar la no repetición del delito. La Corte propone en este punto la capacitación de fiscales, jueces y funcionarios del Estado en general para cumplir este fin.

"290. La Comisión solicitó a la Corte ordenar al Estado "implementar programas permanentes de derechos humanos y [de] derecho internacional humanitario en las escuelas de formación de las fuerzas armadas". Los representantes solicitaron que la Corte ordene al Estado "capacitar a jueces y fiscales en materia de derechos humanos y [sobre] la importancia que revisten las violaciones a estos derechos para la correcta tramitación de asuntos judiciales en los que violaciones graves a los derechos humanos se encuentren involucradas". El Estado "asum[ió] el compromiso" de continuar llevando a cabo capacitaciones para jueces y fiscales a través de instituciones tales como el "departamento de educación de la Comisión Presidencial Coordinadora de la Política del Ejecutivo en materia de Derechos Humanos", "la Comisión Nacional para el Seguimiento y Apoyo al Fortalecimiento de la Justicia" y las instancias jurisdiccionales."[273]

El compromiso en capacitar los funcionarios que están en contacto directo con el caso es fundamental para que no exista impunidad, para que se respeten las víctimas y no existan prejuicios o discriminación, para que entiendan las dinámicas del delito y para que en general brinden un servicio ga-

273 CORTE INTERAMERICANA DE DERECHOS HUMANOS. *Masacres de Rio Negro Vs. Guatemala, Sentencia del 4 de septiembre de 2012* (Corte Interamericana, 2012).

rantista como representantes del Estado. La capacitación deberá extenderse a todo tipo de funcionarios, desde el miembro de aduana que puede sospechar de un posible caso, el miembro de policía judicial que hace la investigación, el fiscal que debe estructurar el proceso penal, el juez que debe penalizar según la gravedad de la conducta, el psicólogo que trata a la víctima, en general, a todas las personas involucradas en los procesos de atención a la víctima. De estos puntos hablaremos con mayor profundidad más adelante.

CAPÍTULO IX
ANÁLISIS JURISPRUDENCIAL

Como resultado de un examen realizado a más de 30 sentencias relacionadas con trata de personas, se seleccionaron algunas para identificar problemas jurídicos relevantes organizados a continuación en tablas. El análisis completo de todas las sentencias va anexo como documento en Excel. Si bien, en capítulos anteriores se refirieron algunas jurisprudencias, en este acápite, ya se mira la lína jurisprudencial, con identificación, como se anotó líneas atrás de problemas jurídicos relevantes.

1. TIPICIDAD

SENTENCIAS	ANÁLISIS
Nº 39257 del 16 de noviembre de 2013 Nº 63-001-60-00-059-2007-00893 del 8 de julio de 2008	Uno de los principales obstáculos que podría enfrentar un funcionario en un caso de trata de personas es determinar con precisión la tipicidad de la conducta. Resulta que la legislación colombiana reúne varios tipos penales con contenido similar, sobre explotación sexual, tráfico de personas, estímulo a la prostitución, que podría hacer factible una equivocación. En estas sentencias seleccionadas sobre esta cuestión se precisa el sentido del tipo penal de trata de personas. En el primer ejemplo, un niño de días de nacido es entregado a una mujer infértil de cincuenta años de edad a cambio de siete millones de pesos. En este caso se debate la adecuación típica de la conducta. Según la defensa se configura una adopción irregular y no trata de personas ya que considera que no hay fin de explotación sino un fin altruista. La Corte resuelve que el núcleo factico es el de la comercialización de un menor el cual es tratado como una mercancía, situación que no puede ser considerada como altruista; igualmente la adopción irregular solo puede ser adelantada por un sujeto activo calificado y ninguna de estas personas tenía la capacidad de adelantar trámites de adopción.

	En otra decisión, se configura un concurso aparente entre estímulo a la prostitución de menores y trata de personas "Esto se da cuando una situación fáctica generada por la conducta del autor pareciera poderse adecuar a las previsiones de varios tipos penales, cuando en realidad una sola de estas normas es aplicable al caso concreto, debido a que las demás resultan descartables por defecto en su descripción legal o porque las hipótesis que contienen van más allá del comportamiento exteriorizado por el sujeto activo. Se debe evitar que la persona sea sancionada varias veces a pesar de haber desarrollado una sola conducta penalmente relevante." Para la Corte la respuesta a este asunto se justifica en que la trata de personas tiene "mayor riqueza descriptiva, pues tanto el uno como el otro hacen referencia a castigar eventos en los que se halla inmiscuido como sujeto pasivo un menor de edad, ellos conduce a inferir que el acontecer generado por la conducta atribuida al acusado, ciertamente, parece adecuarse a ambas descripciones típicas, sin embargo la Trata de Personas - para el evento específico que se analiza, aclara la Sala - comporta estos elementos estructurales y es entonces aplicable al caso en examen." "Quiere significar lo acotado, que el juicio de desvalor del punible de Estímulo a la Prostitución de Menores es subsumido por el de Trata de Personas en la medida que aquél aparece citado no solo en la finalidad pretendida por el agente activo, sino también, por razón de la punición que se ha establecido cuando se está en frente a personas menores de edad y ello es precisamente lo que acá ha sucedido."

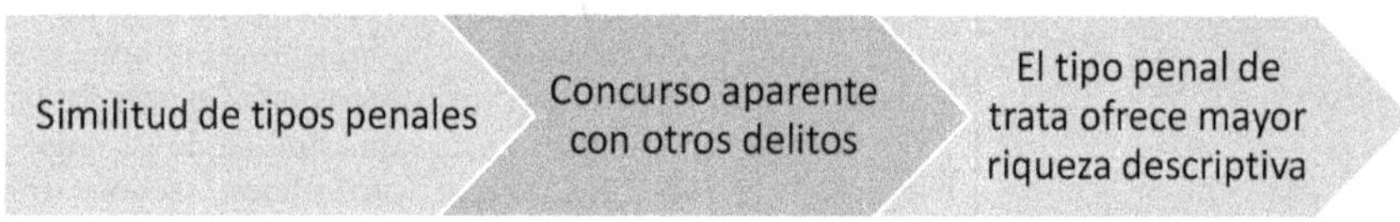

2. EXTRATERRITORIALIDAD DE LA LEY PENAL

SENTENCIAS	ANÁLISIS
N° 2006-01128 del 24 de abril de 2013	Sin duda la trata de personas es un delito que puede ser cometido en varios partes simultáneamente, dentro del mismo territorio nacional o fuera de él. Por lo tanto, existirán problemas de competencia e incluso de cuestionamientos a la aplicación de la ley penal. Por ejemplo, en este caso, la defensa argumenta que es improcedente la aplicación de la extraterritorialidad de la ley penal colombiana al acusado que se encontraba en

	Hong Kong. La Sala señala que en este caso existe una coautoría con una división clara del trabajo que empieza en Colombia con el reclutamiento y termina en Hong Kong con la explotación lo que permite una aplicación de la territorialidad subjetiva.

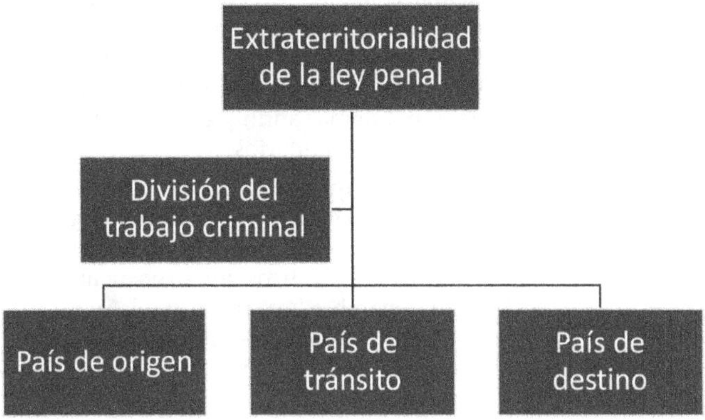

3. CONSENTIMIENTO

SENTENCIAS	ANÁLISIS
N° 2011-04358 del 12 de abril de 2013 N° 2009.00101.00 del 17 de noviembre de 2009 N° 2011-80352 del 1 de agosto de 2013 N° 05001-60-00208-2006-09920 del 12 de mayo de 2008	Uno de los principales cuestionamientos jurídicos nace a partir del consentimiento. No son pocos los casos en los que la víctima decide autónomamente trasladarse para prostituirse a cambio de un beneficio económico, pero así mismo, no se puede desconocer que los tratantes aprovechan esta situación para poder explotarla. En referencia a esto podemos resaltar las siguientes precisiones hechas por los despachos: "El consentimiento de la víctima en dicha forma de explotación no constituye en manera alguna causal de exoneración de la responsabilidad penal". También subraya que la finalidad de combatir la trata de personas radica no en penalizar la prostitución en sí misma, sino la conducta de los tratantes que atenta contra la libertad sexual de la mujer y el bien jurídico de la autonomía personal. Este presupuesto se desarrolla en el entendido en que la víctima es engañada para ser explotada sexualmente con la finalidad de un lucro económico, quien una vez sometida ve como se desvanecen sus posibilidades para restablecer su autonomía personal.

	Por otro lado, "independientemente de que la víctima de o no el consentimiento para el ejercicio de la actividad en mención, lo cual no constituye exoneración, lo que se puede advertir es que la forma empleada por los coautores para ligarla al ejercicio del acto servil de prostitución, consistía en buscar la manera de que la persona adquiriera deudas impagables por alimentos, estadía, consumo de bebidas, llegadas tarde, retiros esporádicos del bar durante las horas de labores (...) quedando de esta manera la persona atada a pagar las mal llamadas multas para salir algún día de ese horrendo lugar, por demás antihigiénico en cuanto a su estructura y servicios sanitarios". La defensa argumenta el consentimiento de la víctima a lo que el juzgado responde que "el mismo no es válido, ello por cuanto, como se ha señalado en precedencia los bienes jurídicos que se encuentran en juego, son de tal raigambre, que no es viable su renuncia, pues lo que se protege es la dignidad humana, derecho que es irrenunciable dada su connotación en la esencia del ser humano". Cualquier forma de consentimiento expresado en orden a la realización de una conducta de las antes mencionadas no tiene validez, se configura una clasificación de derechos fundamentales entre aquellos renunciables y no renunciables, o indisponibles en el entendido que se caracterizan entre otras cosas por "estar sustraídos tanto a las decisiones de la política como del mercado. En virtud de su indisponibilidad activa, no son alienables por el sujeto que es su titular: no puedo vender mi libertad personal o mi derecho de sufragio y menos mi propia autonomía contractual. Debido a su indisponibilidad pasiva, no son expropiables o limitables por otros sujetos, comenzando por el Estado. Ninguna mayoría, por aplastante que sea, puede privarme de la vida, de la libertad o de mis derechos de autonomía." (Luigi Ferrajoli)

4. COAUTORÍA

SENTENCIAS	ANÁLISIS
Nº 2006-01458 de febrero del 2010 Nº 2009-00001 de 15 de mayo de 2013	La ejecución del delito de trata de personas generalmente es distribuida en una red de delincuentes. Los funcionarios del Estado encargados de investigar, procesar y juzgar a los tratantes se enfrentan a grupos organizados, con distribución de tareas, jerarquía y asignación de responsabilidades; dificultando las gestiones en contra de ellos. Pero en este sentido, la ley está bien articulada, pues cada uno de los delincuentes puede ser procesado, por cualquier verbo rector del tipo penal, sin necesidad de participar en todas las actividades de la empresa criminal. A continuación, algunos ejemplos de esta problemática bajo la lupa de los jueces: En el primer caso, "los detalles que ofrecen las pruebas reseñadas, las cuales son de total recibo para el despacho por ser coherentes, concordantes y complementarias entre sí, muestran sin temor a equívocos que en este asunto efectivamente existía una organización criminal conformada con el fin de captar, trasladar al exterior y explotar sexualmente a mujeres, actividad de la cual obtenían grandes dividendos económicos, lo cual permite afirmar que se está ante un concurso

	homogéneo y sucesivo de la conducta de trata de personas, en concurso heterogéneo con los ilícitos de concierto para delinquir, lavado de activos enriquecimiento ilícito.", esta valoración se hace respecto a que fueron varias las víctimas. Hace el análisis el juzgado que "una actividad como estas, solo puede ser el fruto de un plan previo, en el que una pluralidad de personas ha acordado sus voluntades con vocación de permanencia y con carácter indeterminado, con el fin de captar de manera indefinida todas aquellas damas que por sus características físicas y socioculturales fueran idóneas para ejercer la prostitución". En el mismo sentido, "de acuerdo con los breves razonamientos normativos y jurisprudenciales, fácil resulta colegir que las procesadas son COAUTORAS, a título de Coautoría Impropia del delito de Trata de Personas, por cuanto mediante acuerdo común, expreso y previo, guiadas por el mismo propósito, dividiendo el trabajo y la actividad criminal, así como sus roles, realizaron cada uno de los verbos rectores de la conducta (...) Todo lo anterior dentro de un designio común tendiente a obtener provecho económico, mediante la prostitución ajena de las tres mujeres víctimas de este ilícito. Ahora bien, de tal magnitud era la división del trabajo criminal, que se encontraba debidamente articulada todo una empresa u organización criminal de tratantes para la obtención de dichos cometidos (...) Son estos los presupuestos facticos y probatorios que permiten la estructuración de una Coautoría Impropia en cabeza de las acusadas."

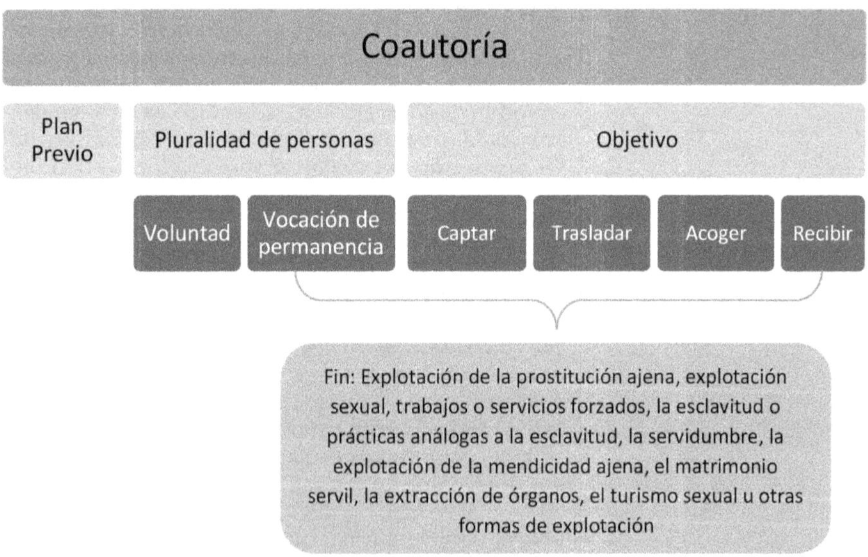

5. CONTEXTO GENERALIZADO DEL DELITO

SENTENCIAS	ANÁLISIS
Transversal N° 2011-80352 del 1 de agosto de 2013 N° 2009-004 del 5 de junio de 2009 N° 2008-648 del 13 de marzo de 2009 N° 2013-00004 del 19 de diciembre de 2013 MARIA EUGENIA ROLDAN 19 de septiembre de 2008	Sin duda el delito de trata violenta los derechos fundamentales de las personas y se aprovecha de las necesidades provocadas por el contexto cultural y socioeconómico del país. En uno de los casos, una mujer en razón de su juventud y situación económica fue víctima de un engaño, ya que supuestamente iba a cuidar a una mujer embarazada con una expectativa de regreso de cuatro meses, por el contrario, fue explotada sexualmente. El despacho menciona que la trata "es una conducta antijurídica que violenta el bien jurídico de la Autonomía Personal y otras garantías, bien jurídico que va en estrecha cercanía o conexión con la Dignidad Humana, ya que el Estado lo que pretende es la protección del ser en su integridad, no solo de su autonomía, pues la máxima de todo estado es el respeto e integridad del ser humano". En el mismo sentido, precisa un togado: "Con la conducta (...) se resquebrajó el bien jurídico de la autonomía personal, pues las damas víctimas del presente asunto han sido reducidas a la condición de mercancía sexual; a una inversión de la cual se espera que rinda réditos. Incluso podía decirse han sido reducidas a la condición de esclavas sexuales. Por otro lado, la existencia de este grupo de personas puso en serio peligro a las damas de cierta condición física y socio económico,quienes al verse sin oportunidades claras dentro de una sociedad competitiva e insolidaria, pudieron verse seducidas a buscar una mejor posición económica a cambio de ser explotadas sexualmente. Lo anterior sin que se observe ni remotamente alguna circunstancia generadora de una causal de justificación." Continuando con el análisis respecto a la vulnerabilidad de las mujeres víctimas: "la existencia de este grupo de personas puso en serio peligro a las damas de cierta condición física y socio económico,quienes al verse sin oportunidades claras dentro de una sociedad competitiva e insolidaria, pudieron verse seducidas a buscar una mejor posición económica a cambio de ser explotadas sexualmente. Lo anterior sin que se observe ni remotamente alguna circunstancia generadora de una causal de justificación." En los alegatos de la defensa, menciona que una de las procesadas fue víctima antes de ser victimaria, pero esto no influye en la dosificación de la pena en el preacuerdo, la cual es igual a la del resto de procesados. Por otro lado, el juez hace una valoración de la conducta del procesado a partir de la turbia estrategia que usaba para captar mujeres: "resulta extremadamente peligroso para la sociedad, soportar que un peluquero reconocido

	en el sector de Santa Fe donde hay tanta prostitución en la capital, esté dispuesto a aprovechar su actividad para embaucar a mujeres, entregarlas a estas redes y ser sometidas a la explotación que para el caso que nos ocupa, era de carácter sexual, y que por el mero interés de ganar un porcentaje en dinero dentro del negocio, estuviera dispuesto y atento a desplegar semejante conducta". No cabe duda de que las personas que están dispuestas a comercializar a sus semejantes, no valoran la dignidad propia de su misma naturaleza. Por ejemplo, a continuación unas reflexiones de la Corte sobre el trato dado a las víctimas: "Se observa un factor común en todos los miembros del concierto. Para estos traficantes de cuerpos, las damas que captan y envían a Singapur no son seres humanos, no son personas, son mercancía de bajo costo, constituyen una inversión a recuperar. No les interesa su suerte, ni su bienestar. Son mercancía cuyo deterioro genera una perdida dineraria a su propietario, la que hay que evitar de cualquier modo. No se les puede dejar engordar, no porque estén interesados en su salud, sino porque constituye un deterioro para la mercancía. Como caballos o yeguas, Magnolia en una conversación con María Eugenia Roldán Giraldo dice que domar viejas debe ser muy horrible. Domar viejas, como si se tratara de perros o mascotas que se puedan domar. Y si se fugan de su triste destino, dice Magnolia, que "uno pierde la plata" denotando una total y absoluta falta de humanidad. Es inevitable asimilar este tipo de conversaciones a las sostenidas por los negreros en tiempos de la esclavitud o por los nazis en los campos de concentración de Treblinka, Bergen Belsen o Auschvitz. Una de las damas incluso es rechazada por Mónica porque pese a tener un cuerpo precioso, tiene "cara de marrano" y rechaza a otras "por chaparras", que no vuelve a cometer ese error. Es decir, no es negocio traficar con mujeres cuando éstas son muy bajitas."

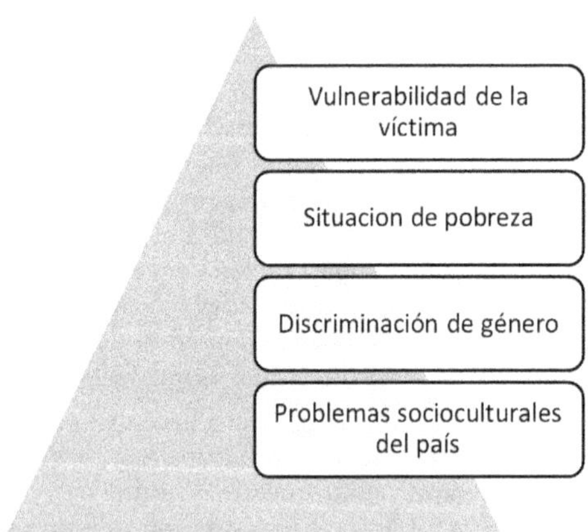

CAPÍTULO X

CONSIDERACIONES FINALES SOBRE EL CUMPLIMENTO DEL ESTADO COLOMBIANO, FRENTE A LOS ESTÁNDRES INTERNACIONALES.

¿ESTÁ CUMPLIENDO EL ESTADO COLOMBIANO CON LOS ESTÁNDARES INTERNACIONALES PARA HACERLE FRENTE A LA ESCLAVITUD CONTEMPÓRÁNEA O ESCLAVITUD DEL SIGLO XXI?

Si bien es cierto, el Estado colombiano ha hecho esfuerzos normativos para cumplir con los compromisos internacionales adquiridos en los convenios y tratados de los que forma parte y ha ratificado; así, como con los deberes que han sido impuestos por la Corte Interamericana de Derechos Humanos; promulgando leyes y decretos : Ley 985 de 2005, la Ley 800 de 2003, la Ley 747 de 2002, los Decretos 1974 de 1996, 1069 de 2014 y 1066 de 2015, mediante los cuales ha abordado los diferentes temas, que desde un punto de vista normativo-abstracto y ante la mirada calificadora de algunas organismos internacionales como es el caso del Departamento de Estado, de los Estados Unidos, que en el último informe le da una calificación acertada, se pudiera tener una percepción positiva de eficacia; pero, desafortunadamente no puede darse por sentado que efectivamente se le está haciendo frente a la esclavitud del siglo XXI con cumplimiento de los Estándares Internacionales, tal como se fue anotando a lo largo del contenido de esta investigación.

El último informe del Departamento de Estado, de los Estados Unidos, que corresponde al año 2016, ubica al Estado Colombiano en la Categoría A, es decir dentro de aquellos Estados que cumplen con los estándares **mínimos** para eliminar la trata de personas. Lo que se pudo establecer es que esta calificación es producto de un informe que envía el Ministerio de Relaciones Exteriores, basado en la suma de todas las labores que han desarrollado cada una de las Instituciones que conforman el Comité Interinstitucional, pero que dentro de dicho informe no existe una verdadera coherencia de los programas desarrollados. Es una suma de todos, no una interacción institucional, con énfasis en la normatividad expedida. En los informes de años anteriores del

Departamento de Estado de Estados Unidos, el Estado Colombiano aparecía como incumpliendo con las exigencias internacionales, pero a ello no haremos referencia de manera destacada. Lo que si vale la pena destacar es que esa última calificación no nos puede dar total tranquilidad, por cuanto esa calificación se basa fundamentalmente en los progresos normativos; pero no en progresos de implementación y verdaderas políticas de eficacia para hacerle frente al problema y menos aún pensar en su eliminación. Aunado, a que la calificación se basa en el cumplimiento de los estándares y obligaciones mínimas, no es una exigencia de mayor grado en resultados y efectividad.

Sin desconocer la importancia de la existencia de normas para tratar cualquier asunto de Estado, tampoco es menos cierto que la ley por si sola en abstracto no soluciona los fenómenos que aquejan a una sociedad, con mucha menos razón si hablamos de problemas macro, donde se necesitan políticas y recursos para materializar los programas.

En el desarrollo de esta tesis, se pudo comprobar tanto desde el punto de vista teórico como con el trabajo de campo, que, tanto al Estado Colombiano desde sus instituciones, como a la sociedad, les falta un verdadero, serio y coherente compromiso para que en realidad se enfrente de manera sólida el flagelo de la Esclavitud Contemporánea, no con pretensiones de erradicarla, sabemos que el delito en ninguna de sus MANIFESTACIONES se erradica, mientras la conducta esté tipificada siempre habrá alguien que infrinja la ley; pero por lo menos que se logre disminuir sustancialmente el delito, se le preste atención a las víctimas en debida forma y se evite la impunidad.

Si con las políticas no se logra atenuar el delito, tampoco se debe permitir la impunidad; este fenómeno se va convirtiendo en un incentivo para las bandas organizadas, que como bien lo señaló el doctor Jhon Asprilla, de la Defensoría Delegada para los Derechos de las Mujeres y Asuntos de Género, oficina competente sobre la trata de personas en la Defensoría del Pueblo de Colombia, la delincuencia organizada tiene gran capacidad criminal: "(…) si la institucionalidad tuviera las capacidades que tienen las redes tratantes, esto no se presentaría, ellos se organizan, se alían, buscan nuevas redes, llegan a nuevas partes del mundo (…)"[274]; y, si con esos potenciales de criminalidad operan con gran libertad, con mayor razón cuando encuentran un incentivo más que es la impunidad.

Con la impunidad no se le está garantizando a la víctima los derechos a la verdad, justicia y reparación; y por existir este fenómeno, podemos ir adelantando que no se están cumpliendo los estándares internacionales para afrontar la problemática de la trata de personas.

---

274 JHON ASPRILLA. *Entrevista Defensoría del Pueblo* (Bogotá, 2016). Entrevistas completas disponibles en los anexos.

Existe en Colombia un organismo conformado por 16 instituciones, este es el Comité Interinstitucional. La Ley 985 de 2005 lo denominó como el Comité Interinstitucional para la Lucha contra la Trata de Personas, presidido por el Ministerio del Interior, encargado de coordinar la política pública por intermedio del Grupo de Lucha contra la Trata de Personas de la Dirección de Gobierno y Gestión Territorial de la misma entidad.

Fuente. Ley 985 de 2005.

Hasta ahí, todo parecería indicar que el Estado colombiano ha desarrollado una política eficiente para enfrentar el fenómeno creando un marco normativo e institucional para atenuar la comisión de este delito y darles una pronta respuesta a las víctimas, pero veremos que existen una serie de graves obstáculos. Para desarrollar este planteamiento veamos las siguientes gráficas.

A continuación, se presentan tablas estadísticas de las capturas por el delito de trata de personas desde el año 2003 hasta el año 2015. Debemos precisar que en este periodo de tiempo ha habido modificaciones en el tipo penal; por esta razón, organizamos la información en tres tablas según el tipo penal aplicable conforme al año de su vigencia. En las gráficas se discriminan los casos en los que se cometió la conducta agravada.

GRÁFICA 1. N° DE CAPTURAS AÑOS: 2003 - 2006

Artículos aplicables:

Texto original de la Ley 599 de 2000:

ARTÍCULO 215. El que promueva, induzca, constriña o facilite la entrada o salida del país de una persona para que ejerza la prostitución, incurrirá en prisión de cuatro (4) a seis (6) años y multa de setenta y cinco (75) a setecientos cincuenta (750) salarios mínimos legales mensuales vigentes.

ARTÍCULO 216. Las penas para los delitos descritos en los artículos anteriores, se aumentarán de una tercera parte a la mitad, cuando la conducta:

1. Se realizare en persona menor de catorce (14) años.
2. Se realizare con el fin de llevar la víctima al extranjero.
3. El responsable sea integrante de la familia de la víctima.

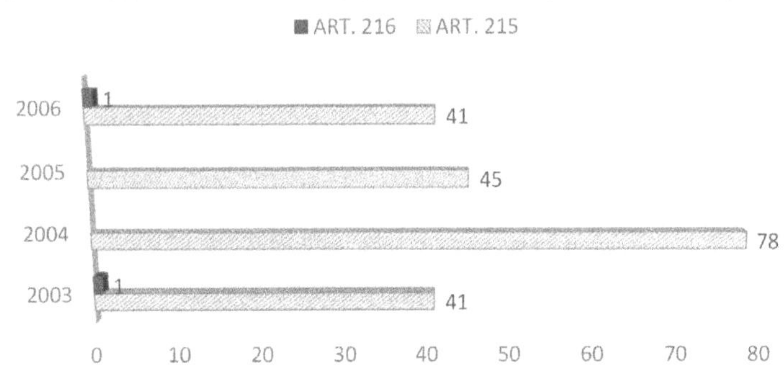

Fuente: Policía Nacional de Colombia. Delitos y Capturas Trata de Personas 2003-2006.

GRÁFICA 2. N° DE CAPTURAS: AÑO 2007

Artículos aplicables:

En el año 2007 se da la transición del tipo penal contenido en el art. 215 al contenido en el art. 188 A.

Texto original de la Ley 599 de 2000:

ARTÍCULO 215. El que promueva, induzca, constriña o facilite la entrada o salida del país de una persona para que ejerza la prostitución, incurrirá en prisión de cuatro (4) a seis (6) años y multa de setenta y cinco (75) a setecientos cincuenta (750) salarios mínimos legales mensuales vigentes.

Texto actual de la Ley 599 de 2000:

ARTÍCULO 188-A. TRATA DE PERSONAS. <Artículo modificado por el artículo 3 de la Ley 985 de 2005. El nuevo texto es el siguiente:> El que capte, traslade, acoja o reciba a una persona, dentro del territorio nacional o hacia el exterior, con fines de explotación, incurrirá en prisión de trece (13) a veintitrés (23) años y una multa de ochocientos (800) a mil quinientos (1.500) salarios mínimos legales mensuales vigentes.

Para efectos de este artículo se entenderá por explotación el obtener provecho económico o cualquier otro beneficio para sí o para otra persona, mediante la explotación de la prostitución ajena u otras formas de explotación sexual, los trabajos o servicios forzados, la esclavitud o las prácticas análogas a la esclavitud, la servidumbre, la explotación de la mendicidad ajena, el matrimonio servil, la extracción de órganos, el turismo sexual u otras formas de explotación.

El consentimiento dado por la víctima a cualquier forma de explotación definida en este artículo no constituirá causal de exoneración de la responsabilidad penal.

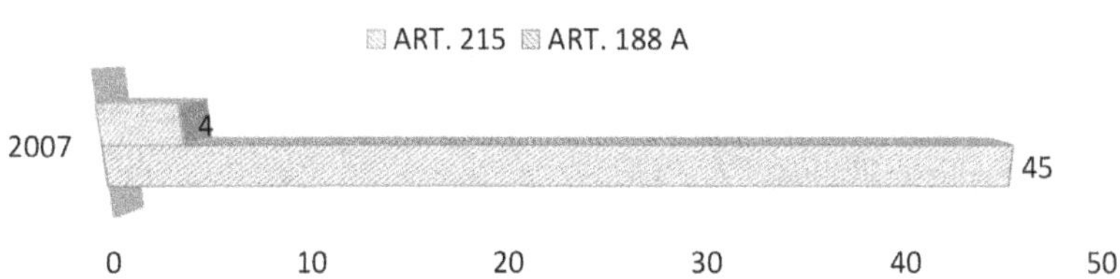

Fuente: Policía Nacional de Colombia.
Delitos y Capturas Trata de Personas 2007.

GRÁFICA 3. N° DE CAPTURAS: AÑO 2008 - 2015

Artículos aplicables:

Texto actual de la Ley 599 de 2000:

ARTÍCULO 188-A. TRATA DE PERSONAS. <Artículo modificado por el artículo 3 de la Ley 985 de 2005. El nuevo texto es el siguiente:> El que capte, traslade, acoja o reciba a una persona, dentro del territorio nacional o hacia el exterior, con fines de explotación, incurrirá en prisión de trece (13) a veintitrés (23) años y una multa de ochocientos (800) a mil quinientos (1.500) salarios mínimos legales mensuales vigentes.

Para efectos de este artículo se entenderá por explotación el obtener provecho económico o cualquier otro beneficio para sí o para otra persona, mediante la explotación de la prostitución ajena u otras formas de explotación sexual, los trabajos o servicios forzados, la esclavitud o las prácticas análogas a la esclavitud, la servidumbre, la explotación de la mendicidad ajena, el matrimonio servil, la extracción de órganos, el turismo sexual u otras formas de explotación.

El consentimiento dado por la víctima a cualquier forma de explotación definida en este artículo no constituirá causal de exoneración de la responsabilidad penal.

ARTÍCULO 188-B. CIRCUNSTANCIAS DE AGRAVACIÓN PUNITIVA. <Artículo adicionado por el artículo 3 de la Ley 747 de 2002. El nuevo texto es el siguiente:> Las penas para los delitos descritos en el artículo 188 y 188-A, se aumentará de una tercera parte a la mitad, cuando:

1. Cuando se realice en persona que padezca, inmadurez psicológica, trastorno mental, enajenación mental y trastorno psíquico, temporal o permanentemente o sea menor de 18 años.
2. Como consecuencia, la víctima resulte afectada en daño físico permanente y/o lesión psíquica, inmadurez mental, trastorno mental en forma temporal o permanente o daño en la salud de forma permanente.
3. <Numeral CONDICIONALMENTE exequible> El responsable sea cónyuge o compañero permanente o pariente hasta el tercer grado de consanguinidad, segundo de afinidad y primero civil.
4. El autor o partícipe sea servidor público.

PARÁGRAFO. Cuando las conductas descritas en los artículos 188 y 188-A se realice sobre menor de doce (12) años se aumentará en la mitad de la misma pena.

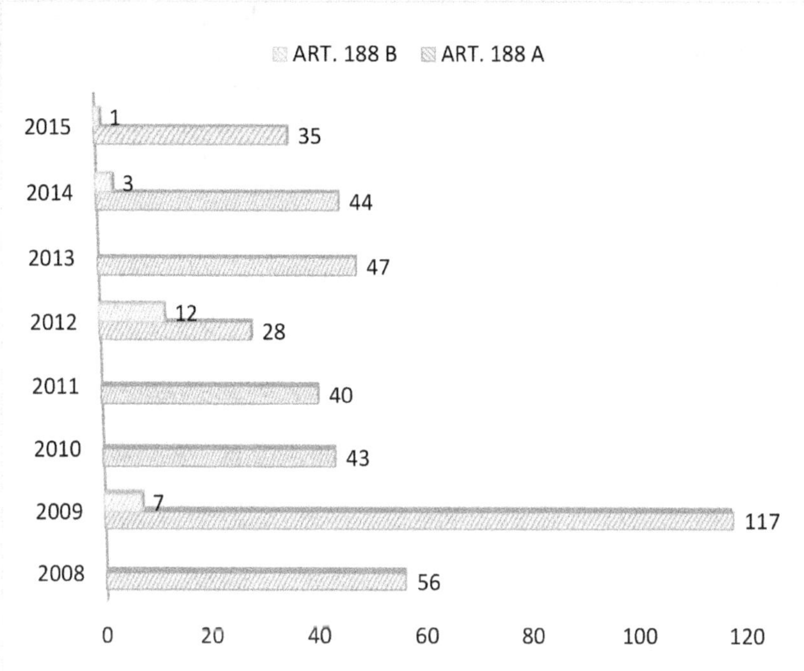

Fuente: Policía Nacional de Colombia.
Delitos y Capturas Trata de Personas 2008-2015.

Anotaciones a las estadísticas

En cuanto a las estadísticas por captura, se nota que no existe una gran variación. El cálculo se encuentra dentro de un rango de 35 a 45 capturas anuales, lo que significa una muy baja representación frente a la realidad del problema, y estas estadísticas bajas hacen que las autoridades no le presten la atención que merece el tema, solo se hace realmente por la exigencia internacional. La presencia de estas estadísticas tan bajas frente a la magnitud del asunto reflejan que Colombia es un Estado reactivo y no proactivo, como si sucede por ejemplo en Estados Unidos, donde según MANIFESTACIONES del doctor Leonardo Mendoza Community Outreach Media Relationes Ljaison de la Office of the State Sttorney Katherine Fernández Rundle -Eleventh Judicial Circuit of Florida , en conversación personal con la suscrita señaló que:

" (...) la policía en Estados Unidos se hacen pasar como clientes y si detectan algún caso de tráfico humano o trata de personas.. ahí comienza el caso.... no esperan a que les llegue el caso sino que ellos salen a buscarlo (...)"[275]

Todo esto de las bajas estadísticas también sucede por cuanto como lo anotamos en el desarrollo de esta investigación, el delito de trata de personas es fácilmente confundido con otras conductas punibles, y esto hace que en apariencia tenga una estadística realmente baja comparada con las capturas por la comisión de otros hechos delictivos. Otra de las causas, es que,por lo Sui Generis de esta conducta son pocas las veces que se denuncia por las razones que a lo largo y ancho de esta tesis se expusieron.

Por otro lado podemos ver un aumento significativo en el año 2009, fenómeno explicable por la operación Cándida Eréndida, en la que fueron capturadas (69) personas.[276]

***

Analicemos ahora la tabla suministrada por la Fiscalía General de la Nación durante el periodo del 1° de enero de 2005 al 4 de octubre de 2016, fecha en la que se surtió la entrevista con la oficina de Sección Articulación de las Subdirecciones Seccionales de Fiscalías y Seguridad Ciudadana y veremos si se ajusta a la realidad reflejada en el mundo externo.

Tabla 1.
Procesos Trata de Personas

ETAPA PROCESAL	ACTIVO	INACTIVO	TOTAL GENERAL
EJECUCIÓN DE PENAS	9	82	91
INDAGACIÓN	672	816	1488
INVESTIGACIÓN	46	8	54
JUICIO	61	21	82
QUERELLABLE	5	9	14

275 LEONARDO MENDOZA. Community Outreach Media Relationes Ljaison de la Office of the State Attorney Katherine Fernández Rundle -Eleventh Judicial Circuit of Florida.

276 EL ESPECTADOR. *Así Desmantelaron una gran Red de Trata de Blancas,* en: http://www.elespectador.com/noticias/judicial/articulo146222-asi-desmantelaron-una-gran-red-de-trata-de-blancas

TERMINACIÓN ANTICIPADA	9	1	10
TOTAL GENERAL	802	937	1739

Fuente: Fiscalía General de la Nación

Anotaciones a la tabla

Del 1° de enero de 2005 al 4 de octubre de 2016, esto es durante 11 años, 91 condenas.

Del 1° de enero de 2005 al 4 de octubre de 2016, esto es durante 11 años, 1488 indagaciones. De estas 1488 más de la mitad están inactivas, 816 en total. Esta inactividad nos refleja impunidad.

Del 1° de enero de 2005 al 4 de octubre de 2016, 54 investigaciones, 8 inactivas que van sumando a impunidad.

Del 1° de enero de 2005 al 4 de octubre de 2016, 82 casos en etapa de juicio. De estos casos 21 están inactivos sumando a la impunidad.

Estas son las cifras más relevantes. Si observamos, la cifra más elevada se encuentra en la variable de indagación, es decir, que no se ha podido efectuar una imputación de cargos; y así mismo en esta variable, el mayor conteo corresponde a indagaciones inactivas, lo que implica en términos procesales archivos provisionales.

En que radica esta expresión de inactividad, en que las políticas, técnicas y mecanismos de investigación están fallando, por cuanto se pretende que para un delito de semejante envergadura se utilicen los mismos medios, técnicas y personal de policía judicial que se utiliza para investigar otra clase de delitos; olvidando la complejidad de esta conducta punible no solo porque los tratantes pertenecen a organizaciones criminales de gran poder económico y administrativo, sino porque la complejidad para identificar a la víctima también hace que se requiera de instrumentos y técnicas de investigación muy particulares y especializadas, así como el elemento humano encargado de investigar debe tener la suficiente preparación y capacitación para determinar en cualquier momento un posible caso de trata de personas.

Fueron unánimes las respuestas de los funcionarios pertenecientes a los distintos órganos del comité interinstitucional en señalar que uno de los inconvenientes que tenían era la remoción constante de funcionarios, con la inevitable consecuencia funesta que quien estaba preparado y capacitado al ser removido dejaba el cargo a un inexperto en el tema que poco o nada podía aportar para los objetivos propuestos.

Señaló Laura Victoria Díaz Henao, de la Coordinación de Prevención del Delito del Ministerio de Relaciones Exteriores:

La "secretaria técnica coordinan (sic) son 16 entidades (...) las personas cambian mucho, cada 3 meses, 6 meses, ya sabían por ejemplo tema y cambian de personal interno de todas las instituciones (...) por ejemplo ahorita la Coordinadora del Comité Contra Trata de Personas en el Ministerio del Interior duró como tres meses, ahorita hay otra persona, entonces digamos que hay una reunión (sic) que no se ha podido desarrollar también por ese cambio de personal de ellos pero también de las otras entidades (...) yo creo que es como el liderazgo del Ministerio del Interior, no puede haber continuidad (...) hace 5 o 6 meses no se ha podido reunir (refiriéndose al comité)".[277]

Todo apunta, de conformidad a lo hallado en esta investigación, que a nivel teórico y de normatividad el Estado colombiano ha cumplido con las exigencias internacionales, esto significa que las leyes y decretos que regulan la materia han sido incorporados al derecho interno cumpliendo con los parámetros y exigencias del Derecho Internacional de los Derechos Humanos expresado en los convenios y tratados, pero que, en la ejecución real y efectiva de dicha normatividad, existe una falla de gestión interinstitucional que impide señalar que Colombia verdaderamente este cumpliendo con los estándares internacionales para hacerle frente a dicha esclavitud del siglo XXI.

Por ello, es importante destacar las fallas más sobresalientes que se han logrado establecer con esta investigación, que son a su vez recomendaciones. Con su mejoramiento se logrará llegar a determinar que efectivamente el Estado colombiano si cumple con los estándares internacionales de debida diligencia; deber de prevenir, investigar y juzgar y el deber de reparación a las víctimas y la obligación de no repetición, para hacerle frente a la esclavitud del siglo XXI o esclavitud contemporánea:

1. Falta de recursos. El Estado no aporta los recursos suficientes para los programas diseñados por las distintas instituciones que tienen a su cargo el tema de trata de personas.

2. Ausencia de articulación y coordinación entre las entidades que conforman el Comité Interinstitucional.

3. Los funcionarios de la policía, la fiscalía y de las demás instituciones, incluida la Secretaría Técnica del comité no tienen continuidad en los cargos.

---

277 LAURA VICTORIA DÍAZ. *Entrevista Ministerio de Relaciones Exteriores* (Bogotá, 2016). Entrevistas completas disponibles en los anexos.

4. Los programas de prevención no son monitoreados para saber con certeza si produjeron o no el objetivo fijado.

5. No existe continuidad en los programas trazados como preventivos.

6. No hay capacitación suficiente para los distintos funcionarios que integran el Comité Interinstitucional.

7. No existe el liderazgo y compromiso suficiente por parte del Ministerio del Interior como ente de coordinación.

8. No existe interacción de corresponsabilidad entre los diferentes organismos que integran el comité. Cada uno actúa por sus propios medios y con sus propios programas y recursos.

9. El informe que envían para el Departamento de Estado de los Estados Unidos para que Colombia sea certificado como un país que lucha efectivamente contra la trata de personas, no es el resultado de un trabajo conjunto, eficiente, coherente y articulado, sino es la suma de las distintas actividades desarrolladas por todos los entes que integran el comité interinstitucional de manera independiente e individual.

10. Además de lo anterior, el Departamento de Estado de los Estados Unidos califica a los Estados basado especialmente en las respuestas normativas, mas no en la efectividad y aplicación real de las mismas; lo que implica, una falsa apreciación que puede influir en que el Estado colombiano se conforme y tranquilice sin que emprenda de manera real y efectiva programas para minimizar el flagelo de la trata.

11. Las víctimas reciben atención inmediata por escasos 6 días aproximadamente.

12. La burocracia y tramitología impiden actuar de manera pronta y oportuna, lo que implica que en muchas ocasiones, cuando se presentan casos en el exterior, el cónsul tenga que asumir con sus propios recursos los gastos que requiera la víctima de manera inmediata.

13. La ayuda mediata a la víctima se extiende también a escasos 6 meses, en la mayoría de los casos según se pudo verificar se les pierde, lo que impide hacer efectivos los derechos de verdad, justicia y reparación y garantía de no repetición.

14. La ausencia de personal capacitado hace que no se logre detectar a la víctima, pues son muy raros los casos en los que permite o busca

ser descubierta; generalmente en los casos de explotación sexual, se siente culpable, o con vergüenza ante sí misma, sus familiares, o la sociedad, o siente temor por su vida, su integridad personal o la de sus allegados. Y, en general en todos los casos, está atemorizada y bajo presión de amenaza, así que solo con personal capacitado se podrá detectar.

15. Tampoco el Estado colombiano es proactivo ante el fenómeno criminal de la trata de personas; sino que simplemente es reactivo, y como lo hemos señalado por las circunstancias conocidas en la mayoría de los casos, la víctima quiere mantenerse en la penumbra, no va a ser ella quien de la primera voz de alerta, salvo algunos pocos casos, como sucedió para desarticular la banda criminal en el caso de la operación Cándida Eréndida que fue una de las víctimas quien logró dar aviso a las autoridades, y sólo así fue como se puso en fucionamiento el órgano estatal, pero esto casi nunca sucede; y las autoridades no van en búsqueda de la persona tratada, sino que se esperan que llegue la *noticia criminis* para empezar a actuar.

16. No existe una policía especializada para la trata, lo que hace que en muchas ocasiones se mire a la víctima como gestora de su propia situación o aún más grave, se mire como "vendedora de su cuerpo" o simplemente como prostituta. Mientras que en Estados Unidos por ejemplo, no solo se le presta gran atención, sino que inclusive se le borran sus antecedentes judiciales. (Parafraseando conversación con doctor Leonardo Mendoza)[278]

17. No existe una concientización social para entender que la esclavitud no ha desaparecido, que la servidumbre , el trabajo forzoso, el matrimonio servil, la venta de órganos obligada, la mendicidad obligada, entre otras tantas situaciones, son formas de esclavitud contemporánea.

18. No existen campañas dirigidas a poblaciones vulnerables que les hagan comprender que ningún beneficio se le hace al individuo sacándolo de su hogar con la pretensión de brindarle un mejor futuro, a cambio de perder su dignidad como ser humano.

19. Existe una creencia generalizada en el contexto social, que la explotación solo tiene que ser sexual con fines económicos y provecho

278 LEONARDO MENDOZA. Community Outreach Media Relationes Ljaison de la Office of the State Attorney Katherine Fernández Rundle -Eleventh Judicial Circuit of Florida

para un tercero para poder hablar de esclavitud, desconociendo las otras formas de esclavitud.

20. Se desconocen muchas formas de esclavitud como la mendicidad y el matrimonio servil, así como el trabajo forzoso. Por ello, no se le presta atención al fenómeno social de la mendicidad en los semáforos viéndolo como una actividad normal dentro del contexto colombiano, sin establecer que vínculo existe por ejemplo entre el menor y su acompañante mientras se mendiga.

21. Los procesos penales por trata tienen grandes complicaciones para adelantarse. Por lo general cuando surgen las capturas se hace contra grandes redes, lo que implica la detención de más de (3) personas y la intervención de (2) o más abogados; esto en muchos casos impide el normal funcionamiento de la justicia, ya que no se pueden llevar a cabo las diligencias por la ausencia de alguno de ellos, lo que convierte el proceso en un largo y engorroso trámite. Por ejemplo, la llamada operación Cándida Eréndida, en la que se capturaron (69) personas[279], según lo comentado por funcionarios de la Fiscalía, se encuentra en un limbo procesal, ya que sin estar presentes todos los abogados de los procesados no se puede adelantar las audiencias de juicio oral y seis años después no se ha podido terminar el juicio.

    Este factor imposibilita el poder finalizar los juicios, proferir sentencia y lograr la efectividad de los derechos a la verdad, la justicia y la reparación. Por tanto, debería buscarse una solución jurídica, tal vez estableciendo una causal de ruptura de la unidad procesal cuando nos encontremos ante esta clase de situaciones. Esta es una de las falencias del Estado colombiano, que no busca soluciones reales y concretas, sino que se queda en una normatividad abstracta sin mirar donde radican realmente los problemas que provocan la impunidad, y esto, tiene que ver con el deber de la debida diligencia, por ello consideramos que no cumple con este estándar internacional.

    Por ejemplo, después de 16 años del Protocolo de Palermo, hasta hace escasos 3 años, la Defensoría del Pueblo se vino a ocupar del tema de trata; es decir, durante 13 años se ignoró el tema. ¿Qué sucedió durante esos 13 años? ¿no fue importante el tema? ¿se desconocieron

279 EL ESPECTADOR. *Así Desmantelaron una gran Red de Trata de Blancas,* en: http://www.elespectador.com/noticias/judicial/articulo146222-asi-desmantelaron-una-gran-red-de-trata-de-blancas

los derechos de las víctimas? ¿cumplieron con el deber de debida diligencia? La respuesta es negativa; por cuanto no se puede desconocer el papel fundamental que despliega la Defensoría del Pueblo de cualquier país para la protección de los derechos humanos.

22. No existe coordinación efectiva entre los entes nacionales y territoriales en el tema de trata. Los alcaldes no desarrollan políticas que puedan por lo menos detectar el problema.

23. No existen recursos en el Plan de Desarrollo destinados para este fin, ni nacionales ni locales. Por ello, en las entrevistas se pudo detectar el inconformismo y la frustración que sienten los funcionarios porque la falta de recursos obstaculiza los planes que intentaron ejecutar. En este sentido, la funcionaria del Ministerio de Relaciones Exteriores señaló que no hay recursos para tal fin, entretanto, los funcionarios de la Fiscalía mencionaron que no existe un presupuesto específico y debían acudir al presupuesto general de la entidad, en donde casi nunca se financiaban programas específicos contra la trata y debían trabajar con los recursos disponibles.

24. En el mismo comité interinstitucional no existen estrategias claras para prevenir la trata, cada entidad de manera independiente hace su propio plan de trabajo, sin que exista un programa verdadero y coherente para prevenir, investigar, juzgar y reparar a las víctimas; así que prácticamente todo lo delegan a las instituciones.

25. No existe un observatorio que pueda definirnos con seguridad que está sucediendo con la trata en Colombia; que mida los indicadores tanto de las acciones delictivas, como de la impunidad y el registro de la estadística negra.

26. Otro problema detectado de conformidad a lo hallado en el trabajo de campo, es la percepción que tienen los funcionarios de la corrupción que existe en migración, circunstancia que permite dar vía libre a las bandas criminales para trasladar a su víctima hacia otros destinos diferentes del país.

27. No solamente existe falencia en la preparación y capacitación del personal para prevenir y reaccionar frente a la problemática de la trata, sino que, no existen intérpretes tanto para la víctima que habla un idioma diferente, como para las que tienen alguna limitación funcional u orgánica, como por ejemplo los sordos. De esto se queja expresamente la Defensoría del Pueblo. El Estado debe dotar con

los recursos necesarios a sus instituciones para que puedan realizar diligentemente todas sus gestiones.

28. Por falta de sensibilización en los funcionarios que tienen contacto con las víctimas de trata, presumen estos la mala fe de la víctima y le trasladan la carga probatoria y emocional, violando sus derechos. Recordemos que la víctima no puede ser discriminada, menos por un funcionario del Estado, y que, además, la investigación penal no puede depender de la iniciativa procesal de la víctima.

29. El Estado no tiene albergues para las víctimas de trata, esta labor la suple en algunas ocasiones las ONG's, Ni siquiera en el Instituto de Bienestar Familiar existen albergues especializados para los niños que han sido tratados.

30. No hay asistencia sicológica especializada. Este trabajo se les cede a los sicólogos de las EPS, y todos conocemos la deficiencia de estas instituciones en la prestación de servicios.

CAPÍTULO XI

CONCLUSIONES Y PROSPECTIVA

1. Si bien es cierto, el Estado Colombiano, aún antes de ser ratificados la convención y el protocolo de Palermo por medio de la Ley 800 de 2003, ya desde el año 2002 se había promulgado por parte del Congreso de la República la Ley 747 de 2002 que adicionó al Código Penal (Ley 599 de 2000) los artículos 188A, 188B Y 188C; tipificando la conducta de trata de personas de manera expresa y sin equívocos; ya que antes se confundía con el delito de migración ilegal descrito por el articulo 188; y, luego ha continuado haciendo esfuerzos por legislar sobre la materia, al promulgarse la ley 985 de 2005 y en el 2014 expedirse el Decreto 1069, para hacerle frente a la Esclavitud del siglo XXI.

2. Continúa haciendo falta una sistematización de las normas reguladoras del fenómeno, ya que si observamos, se encuentran dispersas, lo que conlleva en muchas ocasiones el desconocimiento de las mismas, no solo por parte de los ciudadanos, sino también de las mismas autoridades de Policía, funcionarios de la Fiscalía y jueces de la Republica. Esta situación abre paso a la confusión, lo que en muchos casos permite que conductas de trata de personas no sean investigadas bajo este parámetro delictivo, sino que se investiguen y juzguen por delitos distintos como por ejemplo el constreñimiento ilegal, abuso sexual, secuestro, etc.

3. Como consecuencia de la coyuntura enunciada en la Conclusión N° 2, el umbral de esta conducta es muy bajo en las estadísticas delictuales, lo que genera de manera ineludible la falta de atención debida por parte del Estado en cuanto a la Política Criminal y la generación de respuestas prácticas y eficaces para afrontar este fenómeno criminal, que como ya se ha reconocido por distintas autoridades internacionales y en distintos documentos, es el tercer delito más cometido después del narcotráfico y el tráfico de armas, llegándose inclusive a señalar que puede pasar fácilmente en los próximos años a ocupar el segundo o primer lugar.

4. Sin lugar a dudas las respuestas jurídicas de los Organismos Internacionales y de los Estados son parte del devenir histórico del cambio de las sociedades.

5. Los cambios normativos que señalamos en este documento, analizados desde su utilidad social, son producto de las transformaciones de las dinámicas sociales y en las que ha intervenido indiscutiblemente la globalización. Es por esto, que el delito ha tenido distintas connotaciones, pues cada una es una definición hecha a partir del contexto social e histórico de ese momento determinado. La globalización ha mutado la percepción que teníamos de la conducta, porque justamente ha sido la conducta la que ha mutado como tal.

6. Consideramos que no se ha hecho conciencia social que la Esclavitud, que todos creíamos era cuestión del pasado, es una realidad cruel e inhumana en pleno siglo XXI. Los organismos y autoridades Internacionales, así como escritores y doctrinantes han encontrado que existe la "Esclavitud Contemporánea o la Esclavitud del siglo XXI". Muchos mirándola desde una óptica sociológica, criminológica, jurídica o literaria, pero ya plenamente identificando este crimen atroz que estuvo en la penumbra durante mucho tiempo por cuanto se miraba a la víctima como delincuente (crimino-céntrico); hasta hoy lograr un cambio de paradigma y verlo desde una perspectiva diferente hacia la persona tratada (victimo-céntrico).

7. Otro aspecto que llama la atención es la aceptación social, todos sabemos, que esto es un combustible que hace aumentar de manera desmesurada esas prácticas delictivas

8. La esclavitud fue una institución amparada por la ley hasta bien entrado el siglo XVIII.

9. La esclavitud fue aceptada por pensadores y sociedad en general.

10. En el siglo XVIII se da comienzo a la abolición de la esclavitud.

11. La esclavitud al igual que las sociedades evolucionó en nuevas formas más crueles e inhumanas que inclusive las del pasado.

12. Se pudo demostrar que el fenómeno de la esclavitud ha ido evolucionando al ritmo del desarrollo de las sociedades, y que, a pesar de la abolición interna por parte de los Estados, es un fenómeno que ha mutado en distintas formas de expresión, no solo por la evolución social sino también con el fin de poder evadir las prohibiciones y regulaciones por parte de los Estados y Organizaciones Internacionales; es evidente

que la esclavitud es una manifestación aberrante del ser humano que esta distante de desaparecer para el mundo jurídico y la sociedad.

13. Los Organismos Internacionales con tratados y convenios obligaron a los Estados a tomar medidas en el Derecho Interno para afrontar el tema de trata de personas.

14. Gracias al Bloque de Constitucionalidad es que Colombia se ha visto obligada a seguir las directrices de los instrumentos internacionales y de esta manera evolucionar su legislación frente a las distintas formas de esclavitud, toda vez que se puede evidenciar que el cambio hecho en el tipo penal es considerable, en cuanto a su literalidad es más claro en lo referente a las acciones que determina como punibles. Sin embargo, queda en deuda el legislador frente a la inclusión de verbos en la descripción del tipo penal como "el facilitar y financiar" pues este tipo de delitos muchas veces es realizado por grandes organizaciones criminales que debido a la limitación al momento de describir el tipo quedan en impunidad. Es entonces notorio que al estar en un país donde el sistema judicial queda sin capacidad de respuesta debido a la cantidad de delitos que suceden; sino fuese por la influencia de estos Acuerdos Internacionales se descuidarían estos dispositivos jurídicos y las instituciones no estarían obligadas a rendir cuentas frente a los casos donde se vulnere la dignidad humana por la práctica de las distintas manifestaciones de esclavitud.

15. Como consecuencia del análisis jurisprudencial realizado, es evidente que se necesita una mayor cooperación y trabajo en conjunto por parte de las autoridades de los Estados, toda vez, que en muchos casos la comisión del delito se hace en diferentes territorios lo que implica un conflicto de competencia en lo que refiere a la aplicación de la ley penal, lo que en muchas ocasiones resulta siendo en una burla a la ley por la imposibilidad de su aplicación debido a la Extraterritorialidad de la ley penal.

16. Los Estados aunque de una manera muy lenta han venido adecuando su legislación interna para darle cumplimiento a los compromisos internaciones.

17. En el desarrollo de esta tesis, se pudo comprobar tanto desde el punto de vista teórico como con el trabajo de campo, que, tanto al Estado Colombiano desde sus instituciones, como a la sociedad, les falta un verdadero, serio y coherente compromiso para que en realidad de manera sólida se enfrente la trata de personas. Así mismo se pudo estable-

cer las fallas más sobresalientes y que a su vez son recomendaciones para que Colombia pueda garantizar una verdadera prevención, protección y castigo frente a este fenómeno criminal y social; resulta imperativo capacitar a los funcionarios y darles continuidad en los cargos a aquellos que tienen que luchar contra este fenómeno pues fue este el inconveniente más grande que de manera unánime señalaron los distintos funcionarios de los órganos del comité interinstitucional; y en consecuencia poder ahondar más en el trasfondo de la comisión de este delito pues ya quedo demostrado a lo largo de esta tesis que es una actividad que va evolucionando y que no se le da la relevancia que tiene este tema por parte de los funcionarios que comprenden el organigrama de lucha contra la esclavitud en Colombia ya que hay manifestaciones modernas de esta institución que debido al contexto del país parecen normales y cotidianas.

18. La trata de personas para los Organismos Internacionales y para los estudiosos sobre el tema está estrechamente ligado con el fenómeno de migración.

19. La trata de personas afecta a las personas más desfavorecidas de la sociedad.

20. La globalización económica trajo consigo la globalización de las organizaciones criminales.

21. Las organizaciones criminales para la trata de personas han obtenido gran espacio internacional.

22. El delito de trata de personas es el tercero después del narcotráfico y el tráfico de armas que mayor provecho económico le aporta a la delincuencia.

23. El Estado Colombiano ha hecho esfuerzos normativos para cumplir los estándares internacionales de diligencia, deber de prevenir, investigar, juzgar y sancionar; así, como el de reparación, garantía y no repetición.

24. El Estado Colombiano no ha cumplido con los estándares internaciones de Debida diligencia, deber de prevenir, investigar, juzgar y sancionar, ni con el deber de reparación y garantía de no repetición, por cuanto la implementación de la ley tiene graves falencias que impiden que las medidas sean eficaces.

25. La esclavitud del siglo XXI ha sido considerada como flagrante violación de los Derechos Humanos.

26. Las Naciones Unidas, la Organización de los Estados Americanos, y la Unión Europea han desarrollado importantes políticas para hacerle frente a la esclavitud contemporánea.

27. La trata de personas no distinción de sexo, pueden ser víctimas mujeres, hombres, niños y la comunidad LGTBI.

28. Las mujeres y los niños son las mayores víctimas.

29. Dentro de las organizaciones criminales es normal la presencia de mujeres como victimarias.

BIBLIOGRAFÍA

ABOSO, E. 2013. "Trata de Personas". Editorial Ibdef. Buenos Aires: Argentina.

A. GÓMEZ MENDEZ (ed.): Sentido y contenidos del sistema penal en la globalización, ed. Gustavo Ibáñez, Bogotá,2000.

ALEXY R. 2012. "Teoría de los Derechos Fundamentales" Centro de Estudios Políticos Y Constitucionales. Madrid.

ALEXI ROBERT, teoría de los Derechos Fundamentales, Centro de Estudios Políticos y Constitucionales, Madrid 2002, 2° edición.

ALEXI ROBERT, Teoría de la Argumentación Jurídica, Centro de Estudios Políticos y Constitucionales, Madrid 2012, 2° edición

ALSOGARAY, J. 1933. "Trilogía de la Trata de Blancas". Segunda Edición. Editorial Tor. Rio De Janeiro 760. Buenos Aires.

AMBOZ KAI, El Estado de Roma de la Corte Penal Internacional, Universidad Externado de Colombia.

ALZATE GIRALDO, Pedro Juan, Estado Enemigo El Derecho Penal de la Exclusión, Editorial Ibáñez, Bogotá.

ARMIN KAUFMANN, teoría de las normas, traducción de Enrique Bacigalupo y Ernesto Garzón, Ediciones Depalma, Buenos Aires, 1977.

A. O. PEREZ PINZON: Introducción al Derecho Penal, ed. Gustavo Ibañez, 4ª Edic. Bogotá, 2002.

Asamblea General de las Naciones Unidas. 2016. "Declaración Universal de Derechos Humanos". Base Documental Naciones Unidas [Citado 10 junio de 2016] Disponible en: Http://Www.Un.Org/Es/Documents/Udhr/

Asamblea Nacional Constituyente. 2016. "Constitución Política de Colombia". Base Documental Secretaría del Senado, [Citado 03 junio de 2016]

Disponible en: Http://Www.Secretariasenado.Gov.Co/Senado/Basedoc/Constitucion_Politica_1991.Html

Asociación Colombiana de Derecho Procesal Constitucional. 2012. "Derecho Procesal Constitucional, Tomo III". Ediciones Ltda.

Asociación Colombiana de Derecho Procesal Constitucional. 2013. "Derecho Procesal Constitucional, Tomo IV". Ediciones Ltda.

Asociación Colombiana de Derecho Procesal Constitucional. 2014. "Derecho Procesal Constitucional, Tomo V". Ediciones Ltda.

Asociación Colombiana de Derecho Procesal Constitucional. 2015. "Derecho Procesal Constitucional". Editorial Legis.

BALES, K. 2000. "La Esclavitud en la Economía Global (Traducido Fernando Borrajo Castañedo)". Siglo XXI de España Editores. Madrid.

BAGNI SILVIA, Justicia Constitucional Comparada, Editorial Porrúa, México

BARRIOS GONZÁLEZ BORIS, La Tutela Jurisdiccional de los Derechos Fundamentales, Biblioteca Jurídica DIKE , primera edición, 2014

BORMANS, C. "Esclavitud Moderna e Ideología Antigua".

C.A. GOMEZ PAVAJEAN, Constitución, Derechos Fundamentales y Dogmática penal, Ed. Gustavo Ibáñez, Bogotá, 2000

CARRASQUILLA, J. 1998. "Principios y Normas Rectoras del Derecho Penal". Editorial Leyer. Bogotá: Colombia.

CASADEI, T. "La Nueva Esclavitud. Anales de la Catedra Francisco Suarez". Libertad Y Seguridad, Nª 43, 2009

Compilación de Jurisprudencia y Doctrina Nacional e Internacional Derechos Humanos Derecho Internacional Humanitario y Derecho Penal Internacional Volumen II. 2001.

Compilación de Jurisprudencia y Doctrina Nacional e Internacional Derechos Humanos Derecho Internacional Humanitario y Derecho Penal Internacional Volumen III. 2001.

Congreso de la República de Colombia. "Ley 747 De 2002". Base Documental de la Alcaldía de Bogotá, [Citado 29 de julio de 2016] Disponible en: Http://www.Alcaldiabogota.Gov.Co/Sisjur/Normas/Norma1.Jsp?I=5964

Congreso de la República de Colombia. "Ley 890 De 2004". Base Documental de la Alcaldía de Bogotá, [Citado 29 de julio de 2016] Disponible en: Http://www.alcaldiabogota.gov.co/sisjur/Normas/Norma1.Jsp?I=14137

Congreso de la República de Colombia. 2016. "Código de la Infancia y la Adolescencia -Ley 1098 de 2006".

Congreso de la República De Colombia. 2016. "Código Penal Colombiano -Ley 599 de 2000". Base Documental de la Secretaría del Senado, [Citado 29 de julio de 2016] Disponible en: Http://Www.Secretariasenado.Gov.Co/Senado/Basedoc/Ley_0599_2000.Html

Congreso de la República de Colombia. 2016. "Ley 5 De 1979". Base Documental Sistema Único de Información Normativa Gobierno de Colombia, [Citado 20 de julio de 2016] Disponible en: Http://Www.Suin-Juriscol.Gov.Co/Clp/Contenidos.Dll/Leyes/1560270?Fn=Document-Frame.Htm$F=Templates$3.0

CORCOY, M. 2008. "El Delito Imprudente Criterios de Imputación del Resultado". B De F. Montevideo- Buenos Aires.

Corporación Espacios De Mujer. 2016. "La Trata de Personas en Colombia la Esclavitud Moderna". Base Documental Departamento de Estado (U.S.A), 17 De Junio De 2016, En: Http://Www.Tipheroes.Org/Media/1597/La-Trata-En-Colombia.Pdf

Corte Constitucional de Colombia. "Sentencia C-820 de 2005". M.P. Dra Clara Inés Vargas Hernández.

Corte Constitucional de Colombia. "Sentencia T. 1078, 2012". M.P. Dr Jorge Ignacio Pretelt Chaljub.

Corte Constitucional De Colombia. "Sentencias C. 027 de 1993, C-179 De 1993, C-225 De 95, Sobre Bloque De Constitucionalidad".

Corte Constitucional De Colombia. 2009. "Sentencia C. 931 de 2009". M.P. Dra. María Victoria Calle Correa.

Corte Constitucional De Colombia. 2012. "Sentencia T-1078/12 -Tutela Instaurada por Amalia".

Corte Suprema de Justicia de Colombia. "Sentencia 29158 de 6 de Marzo de 2008". M.P. Dr. Augusto Ibáñez.

DE LA CUESTA, J. 2013. "Tráfico y trata de Seres Humanos, Regulación Internacional y Europea". En Estudio Sobre la Trata de Seres Humanos. Thomson Reuters. Pamplona.

De LEÓN Villalba, F. 2003. "Tráfico de Personas e Inmigración Ilegal". Tirant Lo Blanck. Valencia.

Delegatarios de los Estados Colombianos. 1886. "Constitución Política de Colombia". Base Documental de la Alcaldía de Bogotá [Citado 20 de julio de 2016] Disponible en: Http://Www.Alcaldiabogota.Gov.Co/Sisjur/Normas/Norma1.Jsp?I=7153#1

DELGADO RUEDA, Elsa Norma, PIVA TORRES, Gianni Egidio, Teoría del Bien Jurídico Tutelado por el Derecho Penal Español, Bosch Editores, España, 2020.

DWORKIN, R. 2014. "Los Derechos en serio". Editorial Ariel.

EMILIO OCTAVIO TOLEDO Y UBIETO, sobre el concepto de derecho penal, U. Complutense de Madrid, Madrid, 1984.

ENRIQUE PEÑARANDA RAMOS, CARLOS SUÁREZ GONZALES Y MANUEL CANCIO MELIA, un nuevo sistema del derecho penal, consideraciones sobre la teoría de la imputación de Gunther Jakobs. Edit. AD HOC, Buenos Aires, 1999.

E.R. ZAFFARONI: Derecho Penal, Parte General, ed. Ediar, Buenos Aires, 2000.

ESCOBAR, G. 2013. "La Protección de los Derechos Humanos por las Defensorías del Pueblo", Editorial Dykinson S.L.

F. VELASQUEZ: Derecho Penal, Parte General, ed. Temis, 3ª ed. Bogotá, 1997.

FERNANDEZ, J. "Principios y Normas Rectoras del Derecho Penal". Grupo Editorial Leyer. Bogota.

FERNANDEZ, J. 2012. "Derecho Penal Parte General Teoría del Delito y de la Pena Vol. 1: El Delito Vision Positiva y Negativa. Ibañez. Bogotá.

FERNANDEZ, J. 2012. "Derecho Penal Parte General Teoría del Delito y de la Pena Vol. 2: El Delito Visión Positiva y Negativa". Ibañez. Bogotá.

FERRAJOLI, L. 1995. "Derecho y razón". Trotta, Madrid.

FERRAJOLI LUIGI, José Juan Moreso y Manuel Atienza, La Teoría del Derecho en el Paradigma Constitucional, Editorial Fontamara, Madrid, Mexico,2010, 1° edición.

FERRAJOLI, LUIGI, Derecho y Razón, Editorial Trotta S.A, 1.995.

GARCÍA ARÁN, M. y Otros. 2006. "Trata de Personas y Explotación Sexual". Comares. Granada

GAROFALO, R. 2007. "Criminología". Valletta Ediciones.

GREGORIO ROBLES, Introducción a la teoría del derecho, ed. Debate, Barcelona, 1992.

GREGORIO PECES- BARBA, Introducción a la Filosofía del Derecho, Ed. Debate, Barcelona, 1993.

GOMEZ, A. 2000. "Sentido y Contenidos del Sistema Penal en la Globalización". Ediciones Jurídicas Gustavo Ibáñez. Bogotá.

GONZALES, E. 2012. "El Franquismo contra la Mujer". Editorial Siglo XXI.

GUNTHER JAKOBS, Derecho Penal Parte General, Fundamentos y teoría de la imputación, traducción Joaquín cuello contreras y José Luis Serrano Gonzales de Murillo, Marcial Pons, Madrid, 1995.

GUNTER JAKOBS, sociedad, norma, persona en una teoría de un derecho penal funcional, traducción Manuel Cancio y Bernardo Feijoo, U. Externado de Colombia, Bogotá,1996.

HANS WELSEL, Más allá del derecho natural y del positivismo jurídico, ed. Ariel, Barcelona, 1962, Hay ed. De Gustavo Ibañez, Bogotá, 2003.

HEINRICH, H. 1981. "Tratado de Derecho Penal Volumen Primero". Bosch. Barcelona.

HURTADO y LIANZO. 2015. "Miradas Críticas Sobre la Trata de Seres Humanos". Universidad De La Sabana.

K. TIEDEMANN: Constitución y Derecho Penal. Ed. Palestra, Lima 2003.

JARAMILLO, A. 2013. "Mujeres Maltratadas". Universidad de Antioquia.

I. BERDUGO, L. ARROYO, e al.: Lecciones de Derecho Penal, Parte Gneral, ed. Praxis, Barcelona 1999

IKLAS LUHMANN, Sistemas Sociales, lineamientos para una teoría general. Anthropos, Bogotá, u. Javeriana, 1998.

JEFFEYS, S. 2012. "Industria De La Vagina". Pardos.

JORDAN, A. 2011. "La Esclavitud y el Trabajo Forzado, la Servidumbre por Deudas y la Trata de Personas de la Confusión Conceptual a de Soluciones Acertadas".

JURGUEN HABERMAS, Facticidad y Validez, sobre el derecho y el Estado democrático de derecho en términos de teoría del discurso. Introducción y traducción Manuel Jiménez Redondo, Trotta, Madrid, 1998.

JURGUEN HABERMAS, Teoría de la Acción comunicativa, tomo II, ed. Taurus, 1987.

LARA Aguado, A. 2012. "Estudios Sobre la Lucha Contra la Trata de Personas con Fines de Explotación Sexual. Un Enfoque Interdisciplinar". Thomson Reuters. Pamplona.

La Protección de los Derechos Humanos por las Defensorías del Pueblo, Editor Guillermo Escobar Roca, Madrid

LENGELLE, M. 2002. "Esclavitud Moderna". Editorial Bellaterra.

LIROLA Delgado y Martínez. 2001. "La Corte Penal Internacional". Editorial Ariel.

LIROLA Delgado Isabel, Magdalena Martin Martínez, La Corte Penal Internacional, Ariel Derecho, 2001.

LIZCANO Bejarano, Jesús Eduardo, La Cláusula de Exclusión, Ediciones Nueva Jurídica, 2015.

LÓPEZ, C. 2002. "Nuevos Códigos Penal y de Procedimiento Penal -Comentados y confrontados con los Anteriores". Universidad Externado de Colombia. Bogotá: Colombia.

MATEUS, A., Varón, A., Londoño, B., Luna De Aliaga, B., Vanegas M. 2009. "Aspectos Jurídicos del Delito de trata de Personas en Colombia". [Citado 20 de agosto de 2016] Disponible en: Https://Www.Unodc.Org/Documents/Colombia/2013/Septiembre/Investigacion_U_Rosario.Pdf

MEILLASSOUK, C. "Antropología de la Esclavitud". Siglo XXI.

Mir Puig S. "Derecho Penal Parte General". Ppu. Barcelona España.

MIR PUIG SANTISAGO, Derecho Penal parte general, 5ªedición, 4ª reimpresión, Barcelona, 2001.

MONESTIERS, M. "Los Niños Esclavos". Alianza Editores. España.

MOULIER-BOUTANG, Y. "De la Esclavitud al Trabajo Asalariado". Editorial.

MUÑOZ, F. 1996. "Derecho Penal Parte Especial". Tirant Lo Blanch. Valencia.

Oficina de las Naciones Unidas Contra la Droga y el Delito Colombia. 2015. "Protocolo de Investigación y Judicialización para el Delito de Trata de Personas en Colombia". Base de Datos Documental de las Naciones Unidas, [Citado 10 de agosto de 2016] Disponible en: Https://Www.Unodc.Org/Documents/Colombia/2016/Marzo/Protocolo_De_Investigacion_Y_Judicializacion_Sede.Pdf

Oficina en Colombia del Alto Comisionado de las Naciones Unidas para los Derechos Humanos, Compilación de Jurisprudencia y Doctrina Nacional e Internacional vol. I y II.

Oficina de las Naciones Unidas contra la Droga y el Delito. 2013. "Compilación Normativa sobre la Trata de Personas en Colombia".

Oficina del Alto Comisionado para los Derechos Humanos. 2016. "Formas Contemporáneas de Esclavitud". Folleto Informativo Nª 14.

Organización de las Naciones Unidas. "Carta de las Naciones Unidas y Estatuto de la Corte Internacional de Justicia". Nueva York.

Organización de las Naciones Unidas. "Protocolo para Prevenir, Reprimir y Sancionar la Trata de Personas, Especialmente Mujeres y Niños que Complementa la Convención de las Naciones Unidas contra la Delincuencia Organizada Trasnacional".

Organización de las Naciones Unidas. 2000. "Resolución de la Asamblea General N°5525 del 15 de noviembre del 2000".

Organización de las Naciones Unidas. 2001. "Compilación de Jurisprudencia Y Doctrina Nacional e Internacional -Volumen II".

Organización de las Naciones Unidas. 2004. "Convención de las Naciones Unidas Contra la Delincuencia Organizada Trasnacional y sus Protocolos". Nueva York.

Organización de las Naciones Unidas. 2009. "Promoción y Protección de Todos los Derechos Humanos, Civiles, Políticos, Económicos, Sociales y Culturales, Incluido el Derecho al Desarrollo. Informe de la Relatora Especial sobre la Trata de Personas, Especialmente Mujeres Y Niños, La Sra. Joy Ngozi Ezeilo. A/Hrc/10/16". [Citado 15 de agosto de 2016] Disponible en: Http://Rcientificas.Uninorte.Edu.Co/Index.Php/Derecho/Rt/Printerfriendly/2203/4157

Organización de las Naciones Unidas. 2016. "Pacto Internacional de Derechos Civiles y Políticos". Base Documental Naciones Unidas, [Citado 10 de junio de 2016] Disponible en: Http://Www.Ohchr.Org/Sp/Professionalinterest/Pages/Ccpr.Aspx

Organización de los Estados Americanos. 2016. "Convención Americana Sobre Derechos Humanos". Base Documental Organización de los Estados Americanos, [Citado 10 de junio de 2016] Disponible en: Https://Www.Oas.Org/Dil/Esp/Tratados_B-32_Convencion_Americana_Sobre_Derechos_Humanos.Htm

PABÓN, P. 2015. "Código Penal Esquemático, Cuarta Edición". Ediciones Doctrina Y Ley. Bogotá: Colombia.

PERELMAN, C. 2006. "Tratado de la Argumentación la Nueva Retórica. Gredos. Madrid.

PÉREZ, E. 2007. "Tráfico De Personas E Inmigración Clandestina (Un Análisis Sociológico, Internacional Y Jurídico Penal)". Tirant Lo Blanck. Valencia.

. PEDRAZA Jaimes, Miguel Ángel, La Detención Preventiva en el Sistema Acusatorio Ediciones Jurídicas Andrés Morales, Bogotá, 2010.

PERELMAN, CH, L. OLBRECHTS-TYTECA, Tratado de la Argumentación, la Nueva Retorica, Editorial Gredos Biblioteca Románica-Hispánica, Madrid, 1.989.

PÉREZ, E. 2014. "Esquema de Conceptos Básicos del Master -Globalización, Migración Internacional y Formas Contemporáneas de Esclavitud: Respuestas Jurídico-Penales desde la Perspectiva Internacional y Europea".

Presidente de la República de Colombia. 1980. "Código Penal -Decreto 100 de 1980". Librería Publicitaria. Bogotá: Colombia.

QUINTANO, A. 1958. "Derecho Penal de la Culpa (Imprudencia)". Bosch. Barcelona.

RAMITO, P. "Silencio Ensordecedor". Editorial.

Real Academia Española. 2016. "Diccionario de la Lengua Española". Base de Datos de la Real Academia Española, , [Citado 07 de agosto de 2016] Disponible en: Http://Dle.Rae.Es/?Id=Vqtl8xn

REYES, A. 1984. "Derecho Penal Parte General". Universidad Externado de Colombia. Bogotá: Colombia.

RINCÓN, S. 2013. "7 Formas De Esclavitud Moderna".

RODRIGUEZ, JORGE L Lógica de los sistemas jurídicos, Centro de estudios constitucionales, Madrid, 2002.

RONALD DOWRKIN, Los Derechos en serio, ed. Ariel 5ª ed. 2002.

RONALD DOWRKIN, El Imperio de la Justicia, ed. Gedisa, Barcelona, 1994.

ROXIN, C. 1998, "Dogmática Penal y Política Criminal". Idemsa. Lima- Perú.

SERRA y LLORIA. 2007. "La Trata Sexual de Mujeres, de la Represión del Delito a la Tutela de la Víctima". Madrid.

SIDDHARTH, K. "Tráfico Sexual el Negocio de la Esclavitud". Editorial.

SILVA SÁNCHEZ, JESÚS MARÍA, Política Criminal en la dogmática, algunas cuestiones sobre su contenido y limites, Política Criminal y nuevo derecho penal, libro homenaje a Claus Roxin, Bosch, Barcelona, 1997.

TATIS, J. "VÍCTIMAS o Victimarios: La Reflexión sobre Jóvenes", Editorial.

TIBIRIÇÁ AMARAL y SILVA DE SEIXAS. 2014. "Sistema Constitucional de Garantías". Ensaios e Reflexoes.

TIRADO ACERO, M. 2013. "Comercio Sexual". Instituto Latinoamericano de Altos Estudios.

VELASQUÉZ, F. 1995. "Derecho Penal, Parte General, Segunda Edición". Editorial Temis. Bogotá: Colombia.

VILLACAMPA, C. 2011 "El Delito de Trata de Seres Humanos, una Incriminación Dictada desde el Derecho Internacional". Aranzandi, Thomson, Reuters. Pamplona.

VILLALIBRE FERNANDEZ, V. 2009. "Esclavitud Moderna? Reflexiones desde el Derecho Internacional de Derechos Humanos". Editada por la Oficina de la Comisión de Paz y de los Derechos Humanos de la Generalidad de Cataluña. Barcelona.

ZAFFARONI, E. 2000. "Derecho Penal Parte General". Sociedad Anónima Editora, Comercial, Industrial Y Financiera. Buenos Aires: Argentina.

ZAFFARONI, Eugenio Raúl, La Palabra de los M.

El delito de trata de personas. Esclavitud del siglo XXI
de
ELSA NORMA DELGADO RUEDA
se imprimió en la República Argentina en
marzo de 2022.